大都會文化
METROPOLITAN CULTURE

世紀大審

從權力之巔到階下之囚

李濤◎編著

Ultimate Justice

目　錄
CONTENTS

第一法庭
金錢與美女的誘惑

當人已是位高權重時，自然就有高處不勝寒的感慨，因為那裡有三「患」：權患、錢患、情患。權力是個好東西，不知道有多少人的自尊心和虛榮心源於此，它能給掌權人帶來多少意想不到的好處，我們已無法簡單地去估量。它也是把雙刃劍，用好了，它可以一劍沖天，用不好必定就是個禍害。尤其那些到了權力金字塔頂尖的人，就像走在剃刀邊緣，稍不留神就可能大禍臨頭。而那禍，往往源自「錢惑」，也有「色惑」。然而，錢是死的，是不會產生罪惡的，所有的禍患、罪惡都是活生生的人自己造出來的！不知道田中角榮、埃斯特拉達兩人坐在被告席上時是否深有同感。

第1被告 田中角榮
——頑強的活力與權錢政治

被 告 人：田中角榮

國　　別：日本

身　　份：日本前首相

被控罪名：受託受賄和違反外匯法

刑　　罰：5億罰金、4年徒刑

結案陳詞：田中角榮的受賄不僅僅折射出他的個人問題，人們可以從中看到田中角榮當時所在的日本自民黨乃至日本整個政界的弊端。很長一段時間以來，日本政界和財界關係密切。以經濟團體聯合體為代表的日本財界向日本政界，尤其是當時的自民黨提供大量政治資金，並對日本諸多政策的形成起到關鍵的影響作用；日本經濟事務中的「政府計畫成分」很大，政府高官可以通過指導方式對經濟界發揮作用。在這種「政官財複合體」的政治結構下，權錢交易司空見慣，並根植於日本政治文化和制度內部了。著名政治家伊藤昌哉曾說，「關東武士」將以其強有力的方式徹底清除這些「京都公卿」並最終登上政界舞台。

一·以土木建築發家

1976 年 7 月 27 日上午 9 點，日本前首相田中角榮被捕。

消息傳出，日本舉國一片大嘩，誰也不敢相信，4 年前登上首相寶座的「平民首相」田中角榮忽然間就從天上跌落到了地上。

在日本政史上，田中角榮可算得上是一位「前無古人」的傳奇首相。他出身寒微，僅接受過小學教育，全憑個人的不懈努力攀登上首相高位。這在家族勢力和名校背景風行的日本算得上是一個特例。在兩年的首相任期中，他成功地實現了中日邦交的正常化，積極推動了日本國內的列島改造、新幹線和高速公路建設，政績斐然。

如果不是「洛克希德案」，田中角榮載入日本史冊的本該是輝煌業績，然而「洛克希德案」的發生讓田中角榮徹底陷入政治的泥淖，背負污名。此案的發生，還推倒了日本政壇尤其是自民黨內部「權錢政治」的第一塊「多米諾骨牌」。

田中角榮的出生，對於他的父母來說，是巨大的驚喜。他的父母對生育兒子是望穿秋水，可是連生了三個女兒，他們已經不敢奢求上天的眷顧了。正當他們放棄了希望的時候，1918年 5 月 4 日，一個男嬰降生了，這就是田中角榮。

田中角榮的父親是一個恬淡的人，對物質沒有過高的追求。因為生來愛馬，索性就以販馬為生，在他看來，在暖洋洋的太陽下，一邊看著心愛的馬兒，一邊飲著清酒就是人生最大

的幸福。

田中一家人本來過著殷實的生活，但一切都毀於三頭來自荷蘭的乳牛。略有薄蓄的父親從遙遠的荷蘭買回了三頭乳牛，本打算牛生牛再生牛，就此繁衍出一個大牧場。然而長途勞頓、不服水土，三頭被全家寄予厚望的乳牛居然都染病死去。田中家買這三頭牛可謂是傾其所有，牛的死去使一個原本殷實的家庭忽然變得家徒四壁。

對於小田中來說，更是禍不單行。年僅兩歲時，他患白喉症發高燒性命垂危，雖然僥倖逃過了死神的召喚，卻留下了口吃的後遺症。

因為口吃，田中的小學教育生活充滿著苦悶。他被人喊作「結巴」，還有一次上課，前面一個小孩把桌子弄得咯吱作響並哈哈大笑，老師以為是田中做的就將他訓斥了一頓，本來就無法自如說話的田中受了冤枉後更加張口結舌，說不出話來。繼承了母親堅毅好勝的田中從這件事後，決心一定要糾正口吃。他積極參加學校組織的唱歌等文藝節目演出活動，尤其喜歡練唱日本的傳統歌曲「浪花調」。經過刻苦的練習，田中終於將口吃病矯正了過來，並且還練就了口若懸河的演講本領，成為後來吸引和發動選民的有力手段。

從早期的這件事上，可以見到田中性格中的堅忍不拔。家境貧寒令田中無法繼續接受教育。小學畢業後，他便開始做工。先到村裡援農土木工程派遣所當短期工，隨後又去柏崎土木工程臨時辦事處做工。雖無法接受學校的正統教育，但田中

沒有放棄，他在工作之餘自學大學內部教材，並立志去東京讀書。

16 歲，田中獨自來到了東京。他去了井上工業公司當學徒，開始了白天工作、晚上讀書的緊張生活。白天，田中騎著自行車在井上的三個工地之間忙碌奔波，下午 5 點鐘一下班又得馬上騎車趕往中央工學校參加晚上的課。中央工學校開設機械、製圖、土木、建築等課程。除了工業英語稍有難度外，其他三堂對他來說非常輕鬆。

上了一天班的田中疲憊至極，在課堂上常常愛打瞌睡。他拿出了小時候的那股執著勁，在手掌心輕輕放上一把小刀或錐子，每當昏昏欲睡時，鋒利的刀錐尖刺痛了手掌心，他便驚醒過來，繼續聽課。上完 3 個小時的課後，晚上 9 點，田中又從學校趕回井上公司，為第二天的工作做準備。做完工作準備已是午夜 12 點，田中還不能入睡，他還得在狹窄的小巷裡洗衣服，還得溫習功課。做完所有的事情，僅僅睡三四個小時天就破曉了，忙碌的一天又重新開始。

田中追逐著時間，一年又一年，他的少年時期就在緊張艱苦的學習生活中倏忽而過。少年時代艱苦奮鬥的生活磨礪著田中，使他擁有了堅定的意志和頑強的活力。憑著堅強的意志，田中以優異的成績從中央工學校畢業。畢業後的田中角榮在中村永吉開的建築事務所工作。由於這個事務所和大河內的理研化學研究所業務緊密，田中也得以常常去理研化學研究所。

在這裡，他有緣見到理研化學研究所的董事長大河內先

生。起初田中並不認識大河內先生。有一天他在理研化學研究
所等電梯，電梯門一開，田中就不假思索地跳進去，他發現除
了一個老先生緩緩走入電梯外，其他人都原地未動。當女服務
生恭恭敬敬地向這位老先生行禮，田中才發現這位老人就是自
己仰慕已久的大河內先生。一周以後，田中又在同一地點再度
邂逅大河內先生，這回田中沒有冒冒失失地闖入電梯，而是和
其他人站在一邊，謙遜地請大河內先生先上去。沒想到頗具風
度的大河內卻微笑邀請田中一塊乘坐電梯。田中隨著老先生走
進電梯。這回田中沒有像上次那樣失禮。他先把大河內送上 6
樓，電梯到 6 樓停下，大河內走出去時見田中留在裡面沒有出
來，便詫異地問他怎麼不在這裡下，田中回答說自己是要去 5
樓的。

這件事讓大河內對田中頗有好感，他當天就找人了解了一
下田中角榮的情況，並把他本人叫到董事長室問詢情況，田中
原原本本地介紹了自己的情況。在介紹過程中，大河內也許是
被田中的經歷打動，一再首肯，並問他是否願意進理研化學研
究所工作。大河內的器重令田中一時不知所措，他思索了一下
自己的處境，回答說考慮好了再來接受大河內的指示。

在以後的日子裡，這段淵源使得田中和大河內公司保持了
長達幾十年深厚的合作關係。而在田中剛剛 19 歲時他便自立
門戶，掛出了「共榮建築事務所」的招牌，事務所主要承接的
就是理研化學研究所及其附屬公司的工程。田中開始走上發跡
的道路。

田中事業起步伊始正值戰爭時期，20 歲的他不得不應徵入伍，但他在中國東北待了 3 年後就因病復員了。1941 年返鄉後，23 歲的田中恢復了以前的事業，並且成了家。成家後的田中繼承了妻子家的產業，而這也成為田中事業的一個重要轉捩點。田中接手了岳丈家處於停業狀態的建築和木材公司，並於 1943 年正式更名為「田中土建工業株式會社」，成了一位名副其實的企業家。

　　在大河內的幫助下，田中的公司越來越興盛，到 1945 年日本戰敗後，田中土建公司在全國土木建築行業已經進入了前 50 名企業之列。而戰爭結束後，東京幾成廢墟，田中戰前買的房地產卻倖免於空襲。加上戰後初期來勢凶猛的通貨膨脹，田中轉瞬變成了百萬富翁。

二‧從商人到政客的轉變

　　促成田中從商人到政客這一角色轉變的關鍵人物是原東條英機的內閣國務大臣大麻維男。大麻維男看上田中，僅僅就是因為他那鼓鼓的錢袋——大麻維男希望田中能為其所屬的民政黨提供 500 萬日元的活動經費。到了後來，他乾脆勸田中本人參加競選。青年得志的田中經過一番思量也下定決心從商界步入政界，追逐仕途輝煌。

　　1946 年，日本舉行二戰後的第一次大選，田中首次參加國會議員競選。由於經驗不足，競選未能成功，但他沒有氣

餿。第二年，在新憲法生效後的
第一次大選中，田中再次參加競
選。這回經過周密的策劃，田中
當選為眾議員，時年 29 歲。

田中具有天生的政治敏銳
性。「只有站在巨人的肩膀上，才
能看得更遠。」這句話被田中改
為「只有投入『大將』的懷抱，
才能站在權力的高峰，將各方面
的關係和動向一覽無餘。」而這
個所謂的「大將」，田中認為是
時任自由黨總理的吉田茂。

母親常對田中說：「角榮啊，
可別再說大話了！」圖為田中
與母親在一起。

田中本來是民主黨推薦的候選人才當選為眾議員的，1947
年，他退出民主黨，投靠了「大將」吉田茂。田中等人從民主
黨跑到自由黨，共同組成了民主自由黨，對於吉田茂來說是一
個很大的支持，吉田茂由此對田中青睞有加。而田中也沒有讓
吉田茂失望，他為吉田茂繪製了詳細的選舉地圖，為吉田茂鞏
固領袖地位立下大功。

田中真正被吉田茂視為心腹大將則是在民主自由黨的黨務
大會上。

1948 年 10 月，時當內閣更替。因內部閣僚接受賄賂，民
主黨領袖蘆田領導的內閣不得不下台。順理成章接替他的本來
是民主自由黨總理吉田茂，然而民主自由黨內一些反感吉田茂

的人，尤其是盟軍總部民政局和民主黨設下圈套，企圖抬出幹事長山崎做總理，把吉田茂推下總理的位子。

在對此事進行表決的黨務會上，吉田本人眼看回天無術，正打算表態辭掉總理職務，這時一個聲音響起使吉田沒來得及開口。說話的正是田中，他此時當選議員不過一年，位列總務末席。在眾人的注目下，他侃侃而談：「日本雖然是一個戰敗國，卻無論如何不能接受美國干涉日本的內政，而美國指使誰可以當首相、誰不可以當就是干涉內政。」

田中這番話引起了大家的認同，從而扭轉了局勢，吉田茂得以登上首相的寶座。從此吉田茂更將田中引為心腹大將，剛一上台就將他提拔為法務省政務次官。從此田中的仕途前方鋪開了康莊大道。和田中同為吉田茂得力部屬的還有池田和佐藤，田中和他們都建立了深厚的友情。

在政治生活中田中得到歷練，逐漸變得圓熟通達、左右逢源，在歷屆內閣中都受到了重用。吉田茂下台後，池田和佐藤各自為政，分別單獨競選內閣總理（首相）。田中和他們二人都保持了良好的關係：他加入了佐藤派，以幫助佐藤的胞兄岸信介參加競選，同時他又把自己的養女嫁給了池田的侄子，與池田結成了親戚關係，可謂左右逢源。

及至 1960 年岸信介下台，田中又積極支持池田上台。池田上台後也對其委以重任，授予他地位極其重要的大藏大臣（主管財政金融）一職，田中遂成池田內閣的台柱。1964 年池田因病下台後，田中又費盡九牛二虎之力力挺佐藤上台。佐藤

連續在位長達 7 年之久。其間,田中成功指揮了幾次重要選舉,為佐藤政權的建立和鞏固立下了汗馬功勞。

在為歷屆內閣竭盡全力效犬馬之勞的同時,田中也得以展現才能、建立威信、培植自己的力量。在工作中,田中顯露了其出色的領袖智慧和工作能力。1957 年,田中受命出任郵政大臣時才 39 歲,是日本歷史上最年輕的大臣。從 1962 年到 1965 年,他又連任池田內閣和佐藤內閣的大藏大臣。

田中僅接受過小學正規教育,中央工學校的課程是半工半讀完成的,以前也未涉及財政金融,但他卻成功地擔當了重任。他負責國家財政管理工作和財政金融政策的制定、實施。工作中,田中表現出不拘一格、講究實效、善於學習、不矯揉造作的平民風格,處理了很多難題,對日本經濟持續高速增長和加速國際化的進程,起了不可忽視的作用,為日本從鎖國經濟、溫室經濟向開放經濟體制轉變、穩步走向世界奠定了基礎。他鼓勵手下積極發揮創造性、放手工作,而出了問題田中自己主動承擔責任。他的這種工作作風使那些一流大學畢業的精英官僚佩服不已,甘願為他所用。

西方有評論曾經說道:「一個小學畢業生將一群優秀的東京大學畢業生玩弄於股掌之中,簡直不可思議。」評論雖有些偏頗,但田中的傑出領導才能可見一斑。

田中繼承了父親豪爽大方的性格,並在官場中將其發揮到了極致。他善於交際、平易近人,他還利用自己超強的記憶力,記住同僚下屬的姓名、年齡和特徵,讓每個在他身邊的人

都有受到重視的感覺。

金錢方面他也很慷慨。大臣一般都有自己的機密費用，一般人都將其揣進自己荷包。田中卻沒有這麼做，在擔任郵政大臣期間，他把這筆錢公開化，令次官以下各級官員都可以使用。而擔任大藏大臣期間，田中還曾用自己的「零用錢」為全省課長以上官員發「紅包」，這一舉動從明治維新以來都很罕見。

在任自民黨幹事長期間，田中利用手中負責選舉和分配政治資本的權力培植黨羽。他為自己推薦的自民黨候選人送去其需要的大筆款項，這些人遂對田中感激涕零，忠實追隨。

即使對那些沒能及時網羅為自己手下的人，田中也能夠變通處理，挽回事態。

1969 年參加自民黨大選的渡部恆三本來沒有得到田中的支援，為此對他心懷不滿。然而開票這天，渡部卻出乎田中意料當選為自民黨議員。記者採訪田中角榮時，問他如何評論無黨派渡部恆三的當選，沒想到田中很坦率地承認了自己沒有批准渡部的錯誤，並對記者說要馬上請渡部入黨。本來對田中不滿的渡部，聽到這番對白後芥蒂頓消，並且「在一分鐘內就變成了田中的支持者」。後來在佐藤和田中的對峙中，渡部也忠實地站在了田中這一邊。

對當選的人如此，對在選舉中落選的議員，田中也沒有冷落他們，仍然為他們發放與當選同樣的津貼。而對於非本派議員，田中也關照有加，在他們困難時及時給予幫助。

　　田中憑藉自己傑出的工作能力和交際能力建立了強韌的關係網絡，在第一年當選的議員中，佐藤派 59 人當中有 50 人其實是田中派。這個網路在他單獨競選首相時顯示出了強勁的張力。

　　在爭奪首相寶座的決戰中，田中的主要對手是岸信介的掌門弟子福田赳夫。岸信介本是佐藤的兄長，過繼給池田家才改姓的。兄弟倆政見相投，他們早已暗下約好，佐藤下台後便將政權「禪讓」給福田赳夫。對此，田中和他的謀士們不慌不忙地拿出了自己的對策。他們先是利用佐藤的「戀權」心理積極促成佐藤連任。在佐藤任職期間田中借機加緊培植自己的力量，在佐藤派內建立和擴大田中派的勢力，積極地與自民黨內大平正芳派、三木武夫派和中曾根康弘派建立友好合作關係。田中一派還費盡心思竭力打破由現任總理指定新總理的局面，促成由自民黨國會議員和黨內各大派閥選舉新總理。

　　如此合縱連橫果然見到了成果。1972 年，田中角榮、福田赳夫等人參加自民黨總理首輪選舉，田中獲得 156 票，福田赳夫獲得 150 票，大平正芳和三木武夫分別獲得 101 票和 69 票。

　　由於選舉規定當選者得票數必須超過半數，議員當場又對田中和福田進行了最後投票。這次投票中，大平和三木兩派按事先約定改投田中。結果，田中得到 282 票，遠勝於福田的 190 票。田中終於實現了多年的夙願，登上高位，就任自民黨總理和內閣首相。

三・英雄末路：辭職

1972 年，田中角榮的政治事業達到了頂峰，這位「平民首相」開始大刀闊斧地實施自己的政治抱負。

在國內政策方面，他推出了「日本列島改造論」的大構想，為 20 世紀 70 年代日本經濟發展奠定了基調；而在國外政策方面，田中推進了與中國關係的正常化，成為戰後第一位訪問中國的日本首相，還和毛澤東、周恩來、鄧小平等中國第一代領導人建立了友誼，從而改變了日本政治向美國一邊倒的局面。

「日本列島改造論」是田中從政 25 年以來政治主張的精髓所在。1967 年田中任自民黨城市調查會會長時，主持制定了自民黨的《城市政策大綱》，這個大綱其實就是「列島改造論」的最初藍本。

1972 年 6 月 20 號，田中公開發表了《日本列島改造論》，明確提出了要重新規劃國土，改變現有產業佈局，以消滅經濟高速增長時期遺留下來的分佈不均、過密過疏等問題，田中還許諾說要提高人民的生活水準。田中內閣大力進取的工作作風給廣大國民帶來了希望，他的一系列措施也推動了日本的經濟發展。

然而，還未及完全實踐他的宏圖偉業，田中即遭遇一股不利於他的颱風——全球性的「石油危機」令對外依賴性極強的日本經濟受到挫折，物價暴漲，搶購、哄抬物價、炒賣地皮等

違規行為充斥日本國內。

1974 年 10 月 9 日，評論家立花隆在《文藝春秋》第 11 期發表了題為《田中角榮研究──其財源與人脈》的文章，向田中發出了第一炮轟擊。文中揭露了田中資產來歷不明、男女關係混亂等內幕，使得本來就對當前國內現狀不滿的日本民眾將矛盾對準了田中，一時間不利於田中的輿論沸沸揚揚，怨聲載道。緊接著，10 月 12 日，在田中首相召開的記者招待會上，記者們咄咄逼人，追問田中的財源問題，記者招待會變成了審查會議。

日本政黨內反對田中的人借機加緊了對田中的批判和倒戈。日本政治高層，從參議院的大藏委員會到自民黨內部，都要求田中公開個人所得和與田中有關的企業法人所得。三木、福田、中曾根三派年輕議員和骨幹議員組成了「重新建黨議員聯盟」，他們明確表示，要麼召開黨的臨時大會，要麼召開參眾兩院大會，總之要將田中財源問題追查到底。

至此，對「田中金權政治」的批判，宛如火山爆發，一發不可收拾。一向堅強的田中，面對從不同方向匯聚來的重重壓力，不得不考慮退位。

10 月 25 日，在和參議院議長的會談中，田中迫於壓力，表明了自己意欲退位的態度，他稱自己對於政權並不留戀，並估計下個月肯定會有一場大的風潮。第二天，談話內容就被登上了各大報紙──「田中在考慮辭職」的標題在報紙頭條格外醒目，田中的進退問題被公開了。就連自民黨內部也已經開始

討論田中首相離職後的事宜。

11 月 8 日，美國總統福特訪日，更加速了田中的離職步伐。11 月 20 日福特總統訪日的正式日程結束。第二天，各大報紙都在早刊中登出「田中首相決意引退」的消息。田中政權的氣數已盡已經是不爭的事實。

11 月 26 日內閣會議上，官房長官竹下登發佈了田中的引退聲明。田中的引退聲明題為《我的決意》，聲明開始說「從執政兩年零四個多月以來，我一直銘記果斷與實踐這一信條。」還算鏗鏘有力，而結尾卻讓人頗覺悲壯——「可是，當我考慮國家的前途大業時，恰似一夜豪雨洗滌大地，令我耳目一新。」英雄末路的感慨溢於言表。

就這樣，執政 2 年零 4 個月的田中在內外交迫的壓力之下，還沒來得及完全施展他的抱負，便不得不快快離去。然而，他沒有想到，自己的仕途跌落之勢遠沒有終止，真正讓他跌入政治深淵的事件正在前面等候著他。

四·田中被捕

田中下台之後雄心未泯，他冷眼旁觀著接受爛攤子的三木內閣。看到三木手忙腳亂，他按捺不住喜悅，私下裡活動著以圖有朝一日重回內閣等事宜。可是，他卻沒看到自己頭上的烏雲越積越厚，其勢壓頂。

1976 年 2 月 5 日，在日本國會的例行會議上，三木武夫

內閣因經濟蕭條而一籌莫展，國會審議的各項議題也由於在野黨和執政黨意見分歧，紛爭不息，無法達成統一。

正在三木束手無策的時候，一則轟動的消息傳到了國會：洛克希德飛機製造公司為了向日本全日空公司兜售民航客機，通過丸紅公司和兒玉譽士夫向政府高級官員贈送了金錢。

這則消息來源於當日的早報，並得到了美國人庫欽的證實。洛克希德公司的副董事長庫欽，在美國參議院外交委員會會議上證實：「我公司交給日本代理人丸紅公司專務伊藤宏的現款，轉交給了日本政府的有關官員。」

一石激起千層浪，這一消息引起了日本國會議員的群情騷動。議員們議論紛紛，認為政府高官接受贈款就是收受賄賂，大家都主張一定追查清楚「高官」究竟指的是誰。

敏感的三木首相隱約感到，前任首相田中角榮和此事恐怕脫不開干係。他意識到抓住這個機會揪出「受賄的高官」將有利於轉移執政危機，穩定本屆內閣。三木當即在國會表示：此事關係到日本的政治聲譽，有必要把問題查清。

追查行動很快就展開了，日本眾議院預算委員會要求美國消息中提到的人物——國際興業公司總理小佐野賢治、全日空公司總經理若狹得治和副總經理渡邊尚次到國會接受詢問。但當這三人被問到洛克希德公司如何通過他們向政府高官贈送金錢時，他們都矢口否認。第二天，預算委員會又傳訊了丸紅公司董事長檜山廣、總經理松尾泰一郎、專務大久保利春和伊藤宏等人，依然沒有得到任何有價值的線索。

在對洛克希德案件的追查上，日本國會出擊不利，追查工作陷入了停滯狀態。三木武夫只好求助於美國，希望他們幫助提供「包括接受金錢的高官名單在內一切有關洛克希德事件的詳細資料。」然而，美國回覆的消息卻頗令三木失望。美國國務卿基辛格認為，擴大洛克希德事件會擾亂盟國日本的政治，因而對提供資料持保守態度。

案件沒有進展，在野黨卻一再向自民黨施加壓力，要他們務必儘快查清事實真相。於是，三木在國會會議上再次聲明了一定要徹底追查此事的決心。會上，日本參議院全體會議還一致通過決議，要求美國參議院提供有關資料。三木也表態，他要親自給福特總統寫一封信，轉告全體國民的這一意願並請求他協助。當天，三木就將自己的親筆信送交給了美國政府。信中，三木還力促美國按照《司法協助協議》向日本提供洛克希德案的資料，並保證在涉及日本高級官員時會妥善處理。

這回三木沒有失望。1976 年 4 月 10 日，3000 多頁有關洛案的材料由美國提交給了日本。4 月 11 日，負責洛案的 7 位主要領導人聚集在東京千代田區檢察合議庭 8 樓的一間會議室，對這些資料進行了秘密清查。為了保密，他們連翻譯都沒請，利用英日辭典認真核查資料。他們終於從厚厚的資料中找到了一張領受人為田中角榮的收據，金額高達 5 億日元。

獲取這份重要證據後，檢察機關並未直接對田中動手，而是依次逮捕了丸紅公司常務董事大久保利春，丸紅公司、國際興業公司和全日空公司數位董事和負責人。前前後後，總共被

逮捕的涉案人員達到了 14 人。一時間輿論四起，媒體天天報導，紛紛猜測最後落網的政界「大人物」到底會是誰。

這個時候，三木內閣的法務大臣稻葉修出面接受了記者的採訪，他對記者說：「若拿相撲的力士來比喻，現已逮捕的人物不過是『十兩』或『前頭』（日本相撲力士的級別名稱）。超級力士還沒有出場，好戲還在後頭。」

顯然，稻葉修是話中有話——檢察機關馬上就要向政界「大人物」動手了。人們緊張又興奮地等待著這條「大魚」浮上水面。

從洛克希德案發生後，東京地方檢察廳門口成為一系列逮捕事件的第一現場，天天有眾多記者和攝影師圍堵在這裡等候第一手新聞。1976 年 7 月 27 日，7 點左右，人群中有人按捺不住問執勤警官：「今天是誰啊？」警官笑了笑：「是大家都非常熟悉的一個人。」20 分鐘後，一輛黑色的小轎車在眾人的矚目下緩緩地停在了門前，後車門被打開，從裡面下來了一個人。這個人一露頭就引來人群一片驚呼：「天啊，田中角榮！」

記者們蜂擁上前拍照，有人興奮得連按動相機快門的手都在顫抖。只見田中還和往日一樣習慣地舉起右手和記者打招呼，檢事松田則緊隨田中身後，連聲催促田中快走，生怕出現什麼意外。

在記者驚訝興奮的眼光中，田中走進了檢察廳，此時正好是 9 點鐘。早已等待多時的檢事長高瀨禮二拿出準備好的逮捕

證對田中說：「東京地方檢察廳以違反外匯法嫌疑逮捕你。」

田中聽後面無表情，沒有說一句話。過一會他便鎮靜了下來，向檢事長借了紙和筆，向自民黨總部寫了退黨申請，並給田中派「七日會」寫了一封短信，陳明他因被捕要求退出，並請檢察廳代為轉交了申請和信。

兩個小時後，田中被移交東京拘留所。從 7 月 27 日開始，田中在這裡度過了 21 天的拘禁生活。同一天，田中任首相時的秘書榎本敏夫也在家中被捕，被送到了東京拘留所。

田中被捕，三木是第一時間知道情況的。當天早晨，檢察廳開向田中家的汽車剛剛出發，法務大臣便馬上給三木武夫打電話即時通報了情況。當天中午，三木就田中被捕之事接受記者採訪時說：「自民黨前任總理被捕，面臨著建黨以來最大的考驗，為整肅和重建自民黨，全黨必須加強團結，共同努力。同時，為消除國民的疑念和自民黨的不信任心理，要盡力查清洛克希德案件的真相。」

人們清楚地看到三木的茶色眼鏡後掩飾不住的淡淡的得意之光。還是在當天，東京地方檢察廳搜查了田中在目白的房屋、議員會館的辦公室和田中書務所，秘書榎本敏夫的兩處住宅也被徹底搜查。

而丸紅公司的檜山廣、大久保利春和伊藤宏被捕後，也失去了當日在國會矢口否認的氣勢，紛紛招供。他們承認，在田中角榮擔任首相職務期間，檜山廣曾為推銷「三星」民航客機一事到田中家密談，請田中促成全日空公司購買「三星」民航

客機，並許諾事成之後付給田中 5 億日元報酬。田中答應協助辦理。後來，全日空公司果然如期購買了洛克希德公司的「三星客機」，許諾給田中的 5 億酬金，也從 1973 年 8 月 10 日到 1974 年 3 月 1 日，由伊藤宏分 4 次交給了田中的秘書榎本敏夫。

這樣，對於洛克希德案，東京地方檢察廳獲取了更全面的證據。他們認為，洛克希德公司行賄的金錢是通過丸紅公司和全日空公司流入政府官員手中的。丸紅公司是一條重要行賄管道，涉及的「政府高官」核心人物就是當時擔任日本首相的田中角榮。

8 月 16 日，東京地方檢察廳對田中提起訴訟。當日上午，記者將檢事長高瀨禮二的辦公室擠得水泄不通。9 點鐘，檢事長對著話筒，神情凝重地宣讀對洛克希德案疑犯的起訴書——以行賄罪對檜山廣、大久保利春和伊藤宏起訴，以受託受賄和違反外匯法罪對田中角榮起訴。起訴書陳述，前首相田中角榮在 1972 年 7 月 7 日至 1974 年 11 月 26 日任職期間，授意秘書榎本敏夫分 4 次接受了洛克希德公司 5 億日元的賄賂款，這是關係到本身職權的受賄。起訴書還引用日本法律，論證田中角榮和榎本敏夫接受洛克希德公司的 5 億日元是違反外匯法律的。

負責該案件的檢事長高瀨禮二在處理過程中也面對著兩種不同的壓力。一方面，有人誇獎逮捕田中角榮這事幹得好，另一方面，有人對逮捕田中這樣對國家有過巨大貢獻的人表示抗

議。

事後，田中角榮向東京地方法院提出「保釋申請」。日本法律規定，被捕的嫌疑犯交納一定金額的「保釋金」即可離開拘留所，出去自由打官司。東京地方檢察廳要求田中交 2 億日元的保釋金，田中的秘書榎本敏夫需要交 3000 萬日元。田中家人拿出 2 億日元保釋金，同時還支付了秘書的 3000 萬日元。在被捕 21 天後，田中走出拘留所的大門，回到目白的家裡。

從此，除了「政治家」、「前首相」、「議員」外，田中角榮又多了一個頭銜——「刑事被告人」。

五‧起起伏伏的庭審拉鋸戰

誰也不曾料到，拘捕田中角榮僅僅是一場戰鬥的開始。

走出拘留所後，田中給母親打電話報了平安，接著又照常接待客人，處理各種事務。同時也開始著手準備力求擺脫干係。以為田中角榮會輕易低頭認罪的人是太不了解他的經歷和為人了，田中角榮畢竟是田中角榮。

最初，檢察方面的工作一直是比較順利的。丸紅公司專務伊藤宏供認，丸紅公司轉送給田中的 5 億日元都是由他一手經辦，他交代了這 4 次交款的時間、金額和地點。前三次都是在路上進行的，分別是 1973 年 8 月 10 日的 1 億日元；1973 年 10 月 12 日的 1.5 億日元和 1974 年 1 月 21 日的 1.25 億日元；

最後一次是 1974 年 3 月 1 日，在伊藤宏家裡轉交了 1.25 億日元。伊藤供認，這四次交款都是將現鈔放在紙箱裡由榎本敏夫接收的。前三次在路上轉交時在場的人還有榎本敏夫的司機和伊藤自己的司機松岡克浩。

後經檢察廳查明，為榎本敏夫開車的司機就是田中家的司機笠原政則，於是決定通知笠原政則到檢察廳接受查詢。

7 月 31 日，笠原政則到東京地方檢察廳接受查詢，整個查詢過程笠原政則表現得很配合。當被問及是否用車送過榎本敏夫到什麼地方去，以及是否見到榎本敏夫向車上裝過大的物件時，笠原政則承認確實送過，並在檢事坪內利彥的提示下回憶了榎本敏夫向車上抬放紙箱的經過。

據笠原政則回憶，一次是送榎本去富士見町公寓，到達目的地後，笠原在車上等候了一會兒就見到榎本抱著一個紙箱子上車，當時笠原急忙跨出車外幫助榎本將箱子放到車的後排座上，笠原感覺到箱子是沉甸甸的。另外一次是在鑽石飯店方向一座大樓前的坡道上，笠原剛停好車便見後面跟來了一輛綠色的小轎車，有人從那輛車下來搬了一個紙箱子放到笠原開的車裡。第二天，經過笠原指認伊藤宏的司機松岡克浩的照片，檢察機關確認綠色小轎車的司機就是松岡克浩。

8 月 1 日這天，在坪內利彥的加緊追問之下，笠原又交代了另兩次交換紙箱的地點。當被問及具體時間時，笠原回答說都是田中首相在位期間，但具體時間一時想不起來。坪內便讓笠原回去仔細回憶，第二天再來接受查詢。這一天的查詢進行

到晚上 7 時 18 分，之後笠原離開了檢察廳。

在這兩天的查詢中，笠原寫了四頁證詞，但由於時間還沒有確定，坪內沒有收進案卷裡，而是讓笠原帶走了。檢察方面沒想到，笠原這一走，使得本來進展順利的偵查工作陷入了僵局。

就在翌日早晨，在日本埼玉縣的一條山林小路上，一個過路的卡車司機發現路旁停著一輛小轎車，車沒熄火，車上的人卻仰坐在司機席上沒有動靜。卡車司機感覺不對勁，急忙停車察看，卻發現小轎車裡的人沒有任何反應，立即打電話通知埼玉縣小川員警署。員警到達現場後發現車裡人已經死亡，經過查明，死者正是田中角榮的司機笠原政則。法醫馬上對笠原的屍體進行了檢查，沒有發現外傷，也沒有藥物反應。警方根據現場情況推斷死因是一氧化碳中毒，笠原用塑膠管將汽車排出的尾氣引入車內自殺身亡。

對於笠原的死因。檢察方面和員警的看法並不一致。檢察方認為，笠原本人並不是嫌疑犯，只是一個十分重要的證人，從他當時的精神狀態和接受調查的合作態度來看，他根本不會自殺。然而員警卻認定自殺證據明顯，無須進行詳細的屍體解剖就能斷定自殺無誤。事後，東京地方檢察廳雖然對外聲明笠原自殺「對洛克希德案件的搜查沒有影響。」但在隨後的法庭審理中，事實證明笠原的死亡還是給他們指控田中有罪造成嚴重阻礙。

當年年底，日本政壇又經歷了一次內閣更替，三木武夫因

自民黨在眾議院選舉中失敗而自動辭職。12月24日，臨時國會上，自民黨總理福田赳夫獲得首相候選人提名，後出任首相。

　　1977年1月27日，田中角榮被捕半年以後，人們等來對洛克希德一案的公審。上午10點鐘，審判長岡田光了及3名法官入庭，審判開始。

　　上午主要是宣讀起訴書，檢察方面詳盡地列舉了田中在任期間接受洛克希德公司5億日元賄賂的犯罪事實。在這期間，田中默默地聽著，時不時用筆記錄一下，偶爾抬起頭來看一看審判官席或者仰視天花板。

　　起訴書宣讀完畢後，田中的辯護律師新關勝芳站起來開始辯護，他以「內閣首相對民間航空公司購買民用客機沒有干涉的職權，因此『受託受賄罪』不能成立。」為由，力陳田中無罪，要求駁回起訴。

　　下午，輪到被告人申訴，田中走到法庭中央的陳述台前說：「違犯外匯管理法和這個事件本身與我沒有任何關係。受到這樣的犯罪嫌疑我感到非常意外……」田中的申訴完全推翻了丸紅公司的委託，「通融」全日空購買「三星」飛機的起訴事實。

　　申述過程中，田中拿著準備好的文稿慷慨陳詞，他越念越激動，聯手都有些顫抖。為了冷靜下來，他不得不將稿子放在講台上兩手摁著繼續讀下去。然而漸漸他無法控制自己的情緒，聲音漸漸哽咽，陳述也只好斷斷續續地進行。

第 1 被告 **田中角榮**——頑強的活力與權錢政治

「我認為，不論起訴的事實存在與否，我身為一名前總理大臣，因為在職期間的貪污嫌疑而被逮捕、拘留，甚至被起訴，這件事情本來就足以玷污總理大臣的榮譽，損害日本國的名聲，實當萬死。我曾經考慮過，如果透過向國民賠禮道歉，並主動脫離政界就能使事態全部平息而有利於國家的話，我將毫不猶豫地這樣去做。但是，這一事件並非以此便可了結，必須通過正當的法律程序弄清事實真相，通過法院的法庭證明，曾經是總理大臣的我，無違法行為，以便維護新憲法中新規定的內閣總理大臣的名譽和權威。」

這番陳述實際上是告訴大家，「僅被起訴一事，便罪當萬死」，但由於「要通過法庭程序證明自己的清白以謝國人，因而不能因此退出政界」。接著，田中談到 1976 年雖然被控告，卻仍被家鄉新潟縣第三選區選民選為議員一事，這時他再也無法很好控制情緒，淚流滿面，無法繼續讀下去。

田中的「悲情申辯」不僅大出檢察官們的意料，連在座旁聽的人們也啞然無聲，法庭裡的氣氛一時間凝重得讓人無法喘息。後來，記者們還將這一幕稱為「哭訴無罪——最精彩的一幕」。

最後田中再次重申：「控告我是沒有事實根據的，我強烈希望法庭徹底查明本案的真相。」此後，在整個洛克希德案審理過程中，除了第一次公審和最後一次公審外，無論檢察方面怎麼質問，田中都由律師代他爭辯，自己一言不發。

讓人們吃驚的還不僅僅是田中角榮。他神通廣大的秘書榎

本敏夫也同樣爆出冷門。他在庭審中推翻了以前的供詞，並說是檢察方面有意捏造的。

時間一晃便到了 1981 年的春天，此時距 1977 年 1 月 27 日第一次公審洛克希德案件已經過去了 4 個年頭。期間經過多達 125 次公審，檢察方面以其掌握的證據立論田中接受了洛克希德公司的 5 億日元。

4 月 15 日，田中方面忽然提交了一本「清水筆記」，反駁檢察廳的立論。「清水筆記」中的清水指的是清水孝士，他是總理府的職員、榎本敏夫公用車司機。「清水筆記」則是他記的「行車備忘錄」。清水的行車日記提供了榎本敏夫不在現場的證明，徹底否認了田中秘書榎本敏夫接受現款的可能性。

據清水的記錄，檢察廳提出的 4 次交款時間，榎本敏夫都坐著清水孝士的車到別處去了。田中的辯護律師據此向法庭陳述：「秘書榎本敏夫接收 5 億日元不是事實，所以，律師的立論中心也在這一問題上。」隨後，法庭遂傳喚證人清水孝士。清水孝士也證明「榎本敏夫那些時間在我開的公用車上。」

從此，「不在場證明」成為辯護方立證無罪的法寶。1981 年 6 月 21 日，在洛克希德案的第 135 次公審中，日本國會議員後藤田正晴出庭作證，證明 1973 年 8 月 10 日，也就是檢察方面立證的第一次交接現款的時間，他和榎本敏夫在首相官邸見面。此後日本議員毛利松平、山崎尤男、山下元利、鳩山邦夫等人都曾就同一情況出庭作證，證明他們在 8 月 10 日那一天見到榎本敏夫。

檢察方面陷入了僵局，然而他們還是認為「不在場證明」的證據並不充分，下決心尋找別的突破點。這個突破點就是榎本敏夫的離婚妻子三慧子。

　　正在田中和他的律師暗暗得意之際，三慧子經檢察方面的再三要求終於同意出庭作證。「榎本敏夫當時親口對我講的，收下了 5 億日元。」三慧子的證詞不啻於一個震撼彈，粉碎了田中方面花費 4 年時間，費盡心機妄圖洗刷自己罪名的美夢。這也意味著，整個洛克希德案的基本事實已澄清，田中對檢察方長達 4 年時間的拉鋸戰發生了明顯傾斜。

　　而榎本敏夫也沒能承受住這突如其來的打擊，三慧子是他官運亨通時與原配離婚後娶的，這位如花似玉的美人在自己陷入牢獄之災時和自己離婚，現在又出庭作證，使自己多年的努力毀於一旦。兩個月後，榎本敏夫突發腦溢血，從此再也沒能離開病床，直至終老。

六・身故後的終審判決

　　田中角榮的這場官司，從 1976 年 7 月到 1983 年 10 月一審判決共耗去了 7 年多的時間。這七年光陰中，案件的當事人在逐漸變老，處理此案的人員也換了一批又一批。

　　田中方面和檢察方面各執一詞，互不相讓。爭論的焦點集中在對於田中的「職務許可權」的確認上。

　　日本法律規定，「受託受賄罪」必須具備三點要素才能成

立：第一，被告人確實接受了賄賂；第二，行賄方面確實對被告人有過託求；第三，被告人確實有「職務許可權」。如果僅前兩項成立，而第三項不成立，即沒有職務許可權，則被告人無罪。

洛克希德案中，前兩項都已經證據分明，沒有疑點，唯有第三條，首相是否具備干涉飛機購置的許可權這一點，田中和監察機關論爭不已，沒有定論。全日空這樣的民間航空公司購買飛機是否與首相有關，法律上所有的條文都沒有對此做出明文規定。田中自然會牢牢把守住這最後一道防線。

他在被捕之前就多次講過：「首相和民間航空公司有什麼關係呢？正如首相不能去干涉農民買什麼農用機器一樣。」

而東京地方檢察廳卻始終咬定田中有職務許可權。原因是田中在職期間為了糾正美日貿易不平衡，有權通過對運輸公司的指導，引進美國飛機。而全日空公司要促進運輸機械的大型化，也必須接受運輸行政的監督。如此一來，田中對全日空公司選定和引進特定機種就有進行行政指導的職務許可權。

檢察官們大都畢業於東京大學、京都大學、名古屋等有名大學，他們利用母校關係，影響了一批法學方面的教授、學者。這些學者先後出庭為檢察方作證，或者在輿論界發言支持檢察方，形成了一股反對、牽制田中的力量。

田中方面卻提出「職務許可權是法律解釋的問題，法庭上沒有立證的餘地。」同時也找了大量的官僚、飛機公司員工為自己出庭作證或發表文章。還有一些私立大學的學者加入進

來，為田中無許可權辯解。如 1982 年 4 月，日本政界名士古井喜實就在一篇雜誌上發表文章說，首相無權干涉民間航空公司購買哪一國、哪一種飛機的職權。

一時間，從新聞媒體到法庭辯論雙方，關於這個話題的辯論甚囂塵上，莫衷一是。

檢察方面率先打開膠著狀態。1982 年，東京地方法院基本結束了事實審理，並為一審判決之前的最後一道程序做好了準備：對田中量刑。日本法律中的量刑，就是檢察方面依據法律提出《論罪書》，要求法院對被告人判某種刑罰。1983 年 1 月 26 日，檢察方面在法庭上宣讀了對田中的《論罪書》，這是量刑中最主要的內容。

30 萬字的《論罪書》詳盡而周密地闡述了對田中量刑的理由。從洛克希德案在美國被揭露時起，到搜查過程、到檜山廣等 4 名被告的自供錄、到美國外調來的證明資料，《論罪書》清晰地描繪了「首相犯罪」的全過程。檢察當局還強調，首相的這種行為必將影響國家公務員的綱紀和全體國民道義的維持，使國民對政治行政的信賴程度大為下降，必須要嚴正處置。

基於以上指證，檢察方面向法院提出要對田中處以嚴重的懲罰：判刑 5 年、罰款 5 億日元。

田中在 5 月中旬進行了最後申辯。申辯書長達 100 多萬字，相當於論罪書的 4 倍，申辯書陳述對洛克希德案件進行搜查本身就違法的，也就是說事件本身就是人為捏造的，是陷害

田中的政治陰謀，申辯書還專門對榎本敏夫不在場證明和職務許可權進行了著重強調。

1983 年 10 月 12 日，東京地方法院成了萬眾矚目的焦點。雖然法庭只能接納 52 名旁聽者，但想去旁聽的人從當天中午就開始排隊，以至於開庭前，法院前的旁聽隊伍綿延長達兩公里長。空中各大報社的直升機不停盤旋，地上警車密佈，員警嚴陣以待。

東京地方法院 701 號法庭在全日本的矚目下，對洛克希德案件的審理最後一次開庭。10 點整，岡田光了宣讀了對田中角榮的判決：田中角榮因受託受賄，違反外匯法，觸犯刑律，判處 4 年徒刑，罰金 5 億日元。宣判後，田中交了 5 億日元的罰金，辦了保釋手續，在員警的嚴密保護下回到目白。

對他來說，官司還遠未結束，那僅僅是漫長申訴的一個開始。回到家中，田中通過他的秘書早坂茂三聲明了自己的態度：為了伸張我無罪的事實，今天我當場提出上訴，我確信，不需要多長時間，就可以通過上一級審判證明我的清白，今後我仍不退縮，決心鬥爭到底。

然而一般民眾卻不相信他是清白的，並由此爆發出了對官場黑暗、腐敗的不滿。各地群眾遊行示威，譴責田中，要求他辭去議員職務，退出政界。10 月 12 日這天晚上，為慶祝田中被治罪，數千群眾自願組織起來，打著燈籠在田中家附近遊行。

在野黨也借機譴責自民黨的金權政治，呼籲日本進行政治

改革，重新選舉。自民黨內部反對田中的人士也馬上呼應，抨擊田中，要求他「本著自己的良心」，「採取與其政治家身份相稱的行動」。然而田中卻絕不甘心就此認輸。

　　日本的司法制度是「四級三審」，東京法院為一審，對一審判決不服的當事人可以上訴至東京高級法院二審，仍不服者，可以再上訴到日本最高法院進行最高審判。儘管新聞輿論認為田中角榮一審被判有罪，二審也肯定無法翻案，田中卻不屈不撓地向二審機關投遞了上訴書，開始了他的漫漫上訴之路。

　　洛克希德案帶給田中角榮的是無窮無盡的麻煩和越來越沉重的打擊。在案件經年累月的漫長審理過程中，田中也因歲月蹉跎日漸衰老，當年身體強健、口若懸河的他雙鬢漸被霜染，行動也越來越遲緩。上訴時的精神和信心也大不如以前了。

　　1985 年 2 月 27 日，一審後的一年，心力交瘁的田中突發腦溢血入院，雖然經過搶救保住了生命，卻造成半身癱瘓、失去了說話和下床活動的能力，此後其生活一直需要依靠輪椅和看護。

　　1987 年 7 月 29 日，東京高級法院經過近 4 年的審理，駁回田中的上訴，維持原判。再度經受沉重打擊的田中又上訴至最高法院。而這時日本政局已經發生了翻天覆地的變化，內閣幾度更迭，從田中之後的三木武夫、福田赳夫、大平正芳、鈴木善幸、中曾根康弘到竹下登，無論是昔日的盟友還是對頭都或死或退，在歷史的長卷中漸漸淡出。一度龐大的田中「軍

「團」也隨著他日漸衰弱走向衰落，尤其自竹下登崛起後就更是滑向了谷底。

田中此時已是一個久病臥床的七旬老人，他終於明白並接受了「新陳代謝」這一亙古不變的規律。1989 年 10 月 14 日，他委託女婿、國會議員田中直紀鄭重宣佈：正在養病的前首相田中角榮不再參加下屆眾議院選舉，在本屆眾議院議員任期結束後，退出政界。田中就此結束了他充滿酸甜苦辣、長達 43 年的政治生涯。

1993 年 12 月 16 日，田中角榮在東京寓所病逝，享年 75 歲。此時，最高法院還沒就他的案子做出最後判決，可以說田中是抱著遺憾死去的。

1995 年 2 月 22 日，日本最高法院法官、洛克希德案的審判長正式宣佈：駁回二審上訴、維持原判。作為終審判決，這是不可更改的最終結果。至此，這場震驚世界、長達 19 年之久的重大受賄案正式結案，落下了帷幕。

俗話說「子承父業」，繼承田中角榮衣鉢的是他的女兒、自民黨眾議員、前內閣科技廳長官田中真紀子。田中真紀子始終堅持為自己的父親辯解，堅稱田中角榮是清白的。不過，大多數日本國民可不這麼看，都認為最高法院的判決是公正的。前首相、社會黨委員長村山富市呼籲政界人士要吸取田中的教訓——「政治家必須行為端正！」

第 2 被告 **埃斯特拉達**
——以「盜竊國家財產罪」被投入監獄

被 告 人：約瑟夫・埃斯特拉達（Joseph Estrada）

國　　別：菲律賓共和國

身　　份：菲律賓前總統

被控罪名：瀆職罪、竊盜國家財產罪

刑　　罰：被判終身監禁，後被特赦

結案陳詞：「當我角逐市長時，他們恥笑我，當我角逐參議員和副總統時，他們再次恥笑我，現在我角逐總統時，我希望他們繼續嘲笑我，因為我將是笑到最後的人。」這是埃斯特拉達在競選菲律賓總統時躊躇滿志的發言。身後是平民的背景、頭頂著影星的光環，埃斯特拉達以破紀錄的高得票數被平民推上菲律賓的最高政治舞台。然而自他上台之後，人們沒有盼來他兌現「發展農業、剷除腐敗、消除貧困」等政治宣言的消息，卻不斷聽到他「嗜酒、好賭、貪色、斂財」等醜聞傳來。埃氏將國家政治舞台當作娛樂舞台，肆意滿足一己私欲，最終被控掠奪國家財產罪，在人們的唾棄聲中被趕下政治舞台。

一·權力、美酒與女人

2001 年 1 月 20 日，菲律賓總統約瑟夫·埃斯特拉達由於涉嫌盜竊國家財產罪被迫離開總統府，在眾叛親離中結束了一年半的總統任期，無奈地退出了政治舞台。

埃斯特拉達的一生充滿了傳奇色彩，他扮演的三個角色個個非常引人注目：電影明星、總統、囚犯。作為影星，他紅極一時；競選總統時，他的得票數之高創下了菲律賓歷史紀錄，而最後當他淪為階下囚時卻又遭到了萬民的唾罵。他的一生比他自己主演的任何一部電影都跌宕起伏。

1937 年 4 月 19 日，埃斯特拉達出生於馬尼拉市的貧民區裡，童年的記憶對他來說不是明朗幸福而是灰暗痛苦的。在馬尼拉大學巴帕技術學院學習機械工程的埃斯特拉達，沒有畢業便輟學在電影界闖蕩。24 歲，他一舉成名。在他 20 多年的演藝生涯裡，埃斯特拉達主演過 100 多部電影，其中大部分角色都是出身寒微、劫富濟貧的英雄形象，深受廣大民眾的喜愛，被譽為菲律賓的「羅賓漢」。埃斯特拉達曾連續五次被評為菲律賓的「最佳男主角」，成為家喻戶曉的明星。

1967 年，「演而優則仕」，埃斯特拉達從電影界投身政界。先是當上了聖胡安市長，在位任職達 16 年之久。1987 年和 1992 年，他又以「捍衛貧民的利益」為口號，爭取廣泛支持，當選為菲律賓議員和副總統。1998 年 5 月，埃斯特拉達競選菲律賓總統，獲得 1072 萬張選票，占總票數的 39.9％，

以絕對優勢戰勝其他九位候選人，入主馬拉卡南宮，成為菲律賓歷史上第 13 任總統。

據調查，埃斯特拉達的支持者幾乎都來自菲律賓的社會底層。之前的羅慕斯（Fidel Valdez Ramos）政府依靠扶持大工商業主的政策，明顯拉大了社會貧富差距，底層民眾對少數既得利益者不滿情緒日益強烈，他們渴望找到一個替他們抱打不平、伸張正義的英雄。而埃斯特拉達正好符合他們心目中的標準。

埃斯特拉達身材魁梧、嘴上留著一道八字鬍，他的外形讓人聯想到一個草莽英雄。在性格上他也大咧咧、不拘小節，直率豪爽和極富幽默感的個性讓人第一感覺是為人隨和。加上他早年塑造的劫富濟貧的舞台英雄形象深受民眾喜歡，人們希望在現實中他也能主持公道、伸張正義，成為他們的救星和代言人。

埃斯特拉達素有好色、酗酒、嗜賭等惡名。對此他倒是很坦率，說如果讓他在這世界上選兩件事，那麼他就會選擇美酒和女人。競選總統時，埃斯特拉達曾信誓旦旦地說，他將戒掉好色、酗酒等壞毛病。但他登上總統寶座後，仍然惡習難改，花天酒地、沉迷女色。

腐敗，使一個曾深孚眾望的菲律賓總統身陷囹圄（圖為民眾對埃斯特拉達表示不滿）。

埃斯特拉達當總統前，除了太太露易莎・埃赫西多（Luisa Ejercito）外，他還有五位情婦。當上總統後，他的好色沒有絲毫收斂，依然不停地尋找新歡。

在菲律賓，誰都不知道總統有多少情婦。在通宵達旦的飲酒賭博的聚會中，他的身邊經常出現一些新面孔的女人。徹夜狂歡後，埃斯特拉達一擲千金，賞給這些女人一百萬甚至幾百萬比索的錢。

埃斯特拉達還為他的情婦們建造了多棟豪華別墅。他為最寵愛的情婦恩利奎茲（Laarni Enriquez）在馬尼拉建的一幢豪宅就占地 7145 平方米，價值逾億。豪宅裡模仿菲律賓勝地博拉凱，建有游泳池，池邊鋪上人造細白沙灘，並配備有製造波浪和煙霧的機器。

為了吃喝玩樂，埃斯特拉達不看書、不看報，甚至荒於政務，不召開內閣會議。他最喜愛的地方就是餐桌、賭桌邊，為了不離開筵席和賭局，他常常臨時取消會見外賓的日程，不出席安排好的演講會。

甚至，他連政府事務會議都經常在總統府的餐桌邊進行，部長們一邊向總統報告工作，一邊看他雄踞桌旁，對著琳琅滿桌的烤乳豬、龍蝦等美食大吃大嚼，滿嘴流油。他還常常邀請一些親戚朋友加入晚餐，陪著他一邊大吃一邊聽報告，部長們常常搞不清楚自己是在做工作報告，還是在為這些大快朵頤的人們客串表演，以助其吃興。因為一邊吃一邊聽，總統的朋友也會忍不住插上幾句評論建議，本來嚴肅的政策討論就會流於

笑談，無果而終。

久而久之，總統的「午夜內閣」就人盡皆知了。人們漸漸發覺這位「草莽英雄」其實不過是個「草莽大王」，他更專注於自己的享受，而忘了民眾的疾苦。於是，對他的失望在民眾心裡蔓延開來。

2000 年 4 月，反對黨因此聲討他，要求他下台。他的政府部長為他的政治命運擔心卻不敢和他直說，不得已只好走裙裾路線。多位部長和總統幕僚聯合邀請了埃斯特拉達的一名情婦共進晚餐。在部長們看來，這位情婦是埃斯特拉達眾多情婦當中對政治最精明、敏感的，他們寄希望於這位情婦向埃斯特拉達吹吹枕邊風，勸他收斂一些。然而他們的苦心白費了，埃斯特拉達還是我行我素。

2000 年 9 月，埃斯特拉達居然公開讓他的情婦戈梅茲（Guia Gomez）陪同出訪美國，並出席聯合國千禧年峰會。他的太太氣得與他決裂，憤而收拾行裝離開了總統官邸。而這位頗受埃斯特拉達恩寵的女人真是太「春風得意」了，在接受某婦女雜誌訪問時公然透露，她擁有 33 家公司的股份，並且準備繼續擴大投資，成立更多的公司。這麼多錢從哪來的？人們不免會想到她背後的那個人物。

果然，2000 年 10 月 9 日，一聲炸雷驚醒了他的美夢。他的前盟友，南怡羅戈省省長路易士·辛森揭發他接受賭博集團 4 億多比索的賄賂，並且貪污了 2 億多比索的菸草稅金。一場覆滅埃斯特拉達的政治風暴終於被引發了。

二‧彈劾審訊的第一輪較勁

在菲律賓，賭博是一項很興盛的活動，最熱門的是「六合彩」和「花檔」。而辛森則是在菲律賓經營「花檔」的大賭王。

辛森曾是埃斯特拉達的親密夥伴兼賭友，他們之間的「交情」匪淺，埃斯特拉達為辛森的賭博交易提供庇護，辛森由此向他支付佣金。他倆一起花天酒地，一起豪賭狂飲，好得不分你我。可是，辛森卻忽然「咬」出埃斯特拉達，並且聲稱，每月的保護費就是由自己上繳給總統，不能不讓人感到其言可信。

當然，也有人曾質疑過辛森的動機。需要指出的是，對埃斯特拉達的每一項指控都牽涉到辛森自己，把埃斯特拉達拉下水，辛森不免也要遭受牢獄之災。

事實上，辛森的忽然倒戈是內部利益之爭的結果。和辛森一樣，同為埃斯特拉達賭友的還有洪阿東。洪阿東也從事賭博行業，與辛森相比，他和總統的關係甚至更密切些，從埃斯特拉達把經營一種新的數字賭博遊戲的特許權給了他就能看出來。這種合法賭博的經營模式必然會衝擊辛森的「花檔」的生意，辛森自然心裡又酸又氣。也因為這樣，才有了辛森鋌而走險揭發埃斯特拉達的事。

醜聞揭發的當晚，在觀看完新聞播報後，埃斯特拉達對他身邊的顧問說：「為什麼要讓我捲進去？這不過是他們之間的恩怨。」此時的他還不以為然，認為這不過辛森和洪阿東兩位

賭王之間的紛爭，沒有意識到此事已經點燃了毀滅自己的導火線。

埃斯特拉達否認了辛森的指控，說辛森只是在要求被回絕後，以一種「酸葡萄」的心理貶損於他。然而人們卻不相信他的話。辛森的指

彈劾案起因於菲律賓南伊羅省省長揭露埃氏收取了價值 800 多萬美元的非法賭博賄賂，並扣留了該省的部分茲草稅。圖為菲律賓參議院開始對該國總統埃斯特拉達彈劾案進行審理。

控馬上在菲律賓政界、宗教界、民間引起了軒然大波。很快人們群起而攻之，要求總統說明真相，參議院也開始著手調查此事。

辛森在揭發埃斯特拉達前，曾跑到菲律賓的馬尼拉紅衣主教辛海棉（Jaime Cardinal Sin）那裡懺悔，辛主教為辛森的懺悔所打動，決定支持他揭發總統。要知道，在菲律賓人口中，天主教徒占了三分之二。在 1986 年的時候，正是辛主教輔佐前總統艾奎諾（Corazon Aquino）夫人，通過「人民力量革命」一舉推翻了馬可仕的獨裁政權。可想而知，一旦宗教界也涉及其中，對埃斯特拉達來說是多麼不利。

2000 年 10 月 12 日，天主教會領袖辛主教公開要求埃斯特拉達自己謝罪下台。隨後，頗得人心的副總統格洛麗亞·馬

卡帕加爾—艾若育（Maria Gloria Macapagal-Arroyo）也宣佈撤銷她對總統的支持，並辭去了她所兼任的社會福利部長職務，退出埃斯特拉達總統領導的內閣。緊接著，眾議院議長和參議院的主席也宣佈不再支持總統，跟隨他們決定的還有一些內閣部長。此外，反埃派還發動了聲勢浩大的遊行示威。10月18日，前總統艾奎諾領導成千上萬的群眾上街遊行，要求總統下台。

一片聲勢浩大的反對聲中，10月25日，艾若育組成了反對總統的聯合陣線。艾若育稱得上是名門之後，她的父親是已故總統奧斯達多·馬卡帕加爾（Diosdado Pangan Macapagal）。她本人是有著經濟學博士學位的經濟專家，在美國華盛頓喬治敦大學讀書時結識了後來的美國總統柯林頓，他們之間關係一直不錯。在1992年，她當選過參議員，1998年當選副總統。

艾若育還是菲律賓最大的在野黨「力量黨」的黨魁。儘管身為反對派，艾若育卻一直盡心輔佐埃斯特拉達，在各種醜聞漩渦中替他周旋，但這次埃斯特拉達受賄案被揭發後，艾若育也忍無可忍。她表示，為了避免國家經濟遭受更大

儘管她的功過可以任由後人評說，但是，作為一名女性，她是政治舞台上不可忽視的一股力量。圖為連任過兩屆菲律賓總統的艾若育。

的損失，重新樹立政府在民眾心中的形象和威信，埃斯特拉達必須辭職。於是，「力量黨」與另外兩個反對黨——「改革黨」和「外省黨」成立了反對埃斯特拉達的聯合陣線，艾若育被推為這一陣線的領袖。

菲律賓各界對埃斯特拉達來勢凶猛的抗議絕不僅僅由於其醜聞的曝光。如果說，在經濟增長的環境下，人們也許對腐敗還會有相對強的承受力，但當經濟陷入停滯時，政治矛盾就會變得尖銳，人們對腐敗的反對也表現在對政權的反對。埃斯特拉達當權時，東南亞金融危機的影響還沒有消退，而埃斯特拉達不僅沒有拿出恢復經濟的有效措施，反而頻頻傳出各種醜聞，這就不免過於挑戰民眾的忍耐性了。

事情終於一發不可收拾。11 月 13 日，眾議院決定對埃斯特拉達總統進行彈劾，並將彈劾動議呈交參議院。2000 年 12 月 7 日下午 2 時，對總統埃斯特拉達的彈劾審訊開始。這天一早，菲律賓天主教會就舉行了「全國祈禱真相」彌撒。辛主教發表演講，敦促議員們要恪守「做出公正裁決」的誓言，讓真相大白於天下。為了進一步促使參議員憑良心給埃斯特拉達判罪，下午 500 名示威者在艾奎諾和艾若育的率領下環繞參議院大樓舉行「耶利哥」遊行。

這一天參議院外面不是一般的熱鬧，埃斯特拉達的反對者和支持者都齊聚於此，相互對峙。7 萬名反對者穿著印有「埃斯特拉達下台」字樣的襯衫，3 萬名支持者的襯衫上則寫著「我們仍然支持埃斯特拉達」的字樣。他們手持標語、在鑼鼓

中載歌載舞、互相較勁。

在參議院裡面，檢方列舉了彈劾埃斯特拉達的四條罪狀：受賄、貪污腐敗、背叛公眾信任、違反憲法。檢控官指出，除了埃斯特拉達的姓名外，他違犯了他在就職時的一切誓言。還說：「我們不能讓一個像賊一樣的人來管理我們的國家。」

檢方對埃斯特拉達的指控都集中在貪污腐敗上。據辛森證詞所言，1998 年 8 月，在埃斯特拉達的家裡，埃斯特拉達與辛森討論怎麼把「花檔」的保護費交給他。埃斯特拉達指示辛森不要讓「花檔」賭王比尼達直接把錢交給自己，而要通過辛森轉交。此後，辛森每半個月就給埃斯特拉達交去一次保護費，僅 2000 年上半年就一共交了 5350 萬比索保護費。不僅這些，辛森還揭發總統及其家人扣留了 13000 萬比索的菸草稅。那是政府發放給生產菸草的南怡羅戈省的菸草稅款中的 10%，該筆錢是由辛森和洪查利一起送到總統府的。

然而彈劾過程並不順利，辛森的指控沒有確鑿的證據，他指認的 19 名證人也沒有一個能提供直接的有力證據。整個彈劾過程中，埃斯特拉達本人一直是一副滿不在乎的態度，對辛森的證詞一概否認，並且沒有絲毫引咎辭職之意，大有不做滿總統任期絕不甘休的勢頭。

12 月 15 日起，檢控官小組的工作又有了新的方向。彈劾審訊的焦點集中在建南國際商業銀行（Equitable PCI BanK）的一個戶頭文件上。這份被密封在褐色信封裡的文件是一張 14200 萬比索的支票副本。檢控官認為，這張支票的簽名雖然

不是總統的，但筆跡很像他的，他推斷這張支票是埃斯特拉達為他的情婦購買豪華別墅所花的錢。主審法官達維德建議將這份檔作為彈劾審訊的主要證據，但是這卻遭到了總統辯護律師的反對，辯護律師認為這份文件未包含在眾議院呈交給參議院的彈劾動議的證據裡，因而拒絕接受這份新證據。

與此同時，埃斯特拉達的好友迪查維茲也跳了出來，申明說他才是那個秘密戶頭的主人，並以捍衛自己的憲法權利為由拒絕律師開啟文件，公開他的憲法檔案。儘管事情進展不盡如人意，但在 12 月 20 日的時候，主審法官還是排除阻力批准打開了那個神秘信封。那時，人們發現信封裡裝的是兩張簽名樣本單和一份 12 頁的銀行結算單。

簽名樣本單沒有填寫完整，沒有開戶者的地址、電話、職業、國籍、身份證號碼和最初存款數額等資料。而且，簽名樣本上的名字是「胡塞維拉爾德」（Jose Velarde），而非總統的名字。同時總統也站出來否認那是他的戶頭，聲稱那是私人問題，他和銀行無關。一時間，對於總統的調查再次陷入僵局。

總統的辯護律師團在當天的審訊結束後宣稱，他們已取得了第一輪的勝利。

三・峰迴路轉：關鍵人物出現

就在總統的辯護律師剛剛宣佈他們獲得了第一輪勝利時，一個爆炸性證人的出現扭轉了彈劾審訊的局面。耶誕節前 3

天，控方律師傳喚了一名證人，她就是建南國際商業銀行副總裁，45 歲的女士奧坎波（Marissa Ocampo）。她向參議院作證，胡塞維拉爾德就是埃斯特拉達。

奧坎波稱，2000 年 2 月 3 日，埃斯特拉達的私人律師對她說過他的一位客戶要向一家公司貸款 5 億比索。第二天，她帶著銀行文件到總統府，請總統批准簽字。當時她距離總統並不遠，清楚地看到埃斯特拉達當著她的面簽下了「胡塞維拉爾德」這個名字。奧坎波說當時在場的還有建南銀行的法律部門律師古拉多和總統的秘書長拉計安。

隨後，奧坎波還向法庭提交了「胡塞維拉爾德」的信託戶頭簽名單、投資管理協議和那個戶頭的 5 億比索「投資意向書」。這 5 億比索的錢是要借給總統的好友、華商張偉廉的公司，奧坎波本來決定不認證埃斯特拉達的簽名，但當時的銀行董事長吳宇宙卻命令她在 18 小時內批准那些戶頭。奧坎波所說的給埃斯特拉達開方便之門的吳宇宙其實也是總統的「好友」。在「好友」遭彈劾審訊後不久，他便辭去銀行董事長的職位，表示他不希望銀行受到任何懷疑或者捲入貪污審判的風暴中。

奧坎波還表示她擁有簽名為「胡塞拉威爾德」秘密銀行戶頭的許多記錄。奧坎波說她最後決定出庭作證的原因是害怕有人會殺人滅口。

對於奧坎波的證詞，埃斯特拉達只說「我不認識她，讓律師來回答這個問題。」並且極力否認自己擁有一個 5 億比索的

銀行戶頭。儘管埃斯特拉達極力否認，但奧坎波的證詞不啻一個震撼彈，媒體本來估計彈劾案將會是有驚無險告終，但奧坎波的出現，她手中那些有力的證據無疑使彈劾案的前景變得撲朔迷離、難於把握。

彈劾案不僅讓埃斯特拉達本人不得安生，而整個菲律賓社會也因為這而變得動盪不安起來。

2000 年的最後一天，在短短的兩小時之內，首都馬尼拉就發生了 5 起爆炸案。爆炸案發生後，政界的兩派勢力都以此來攻擊對方。埃斯特拉達總統召集政府相關部門舉行會議，商討對策，並對外發言指責是菲律賓共產黨和回教叛軍勾結起來製造了這些爆炸事件。對此，菲律賓共產黨和回教解放陣線的發言人都予以否認。菲律賓共產黨主席甚至還駁斥回擊稱是總統策劃了一連串爆炸案，目的就是旨在轉移公眾視線，以便伺機在彈劾審訊中脫身。

一連串爆炸案的發生，使首都馬尼拉頓時陷於一片恐慌之中，彈劾法庭也不例外，主審官達維德以及其他審判員、律師、證人都受到了死亡威脅。財政部長埃斯皮利杜、建南銀行女高級副總裁奧坎波和銀行法律部主任古拉多先後受到死亡威脅，並相繼逃往國外。

一系列的現象表明，對總統埃斯特拉達的彈劾正在向血與火的邊緣推進。

四‧「沒有什麼可以替代自由」

據奧坎波的證言，埃斯特拉達將執政一年半累積的 33 億比索以假名存入一個銀行戶頭，這份銀行戶頭文件被稱為「第二個神秘信封」。檢方宣稱這項記錄可證明總統埃斯特拉達在執政 18 個月間涉嫌貪污，如果不公開它，就等於繼續讓總統本人違犯憲法，遂要求參議院批准公開這份文件。然而埃斯特拉達的辯護律師仍以那些檔不包括在眾議院呈交給參議院的彈劾條款裡而予以拒絕。

經過 6 個多小時的激烈爭辯後，雙方決定投票表決是否公開那些文件，投票結果以 10 票支持、11 票反對、1 票棄權否決了檢方提出的要求。

菲律賓參議院共有 22 名參議員，憲法規定對總統的彈劾需要 2/3 的票數通過。也就是說檢方需要獲得 15 票才能對總統進行彈劾，而這次投票中，檢方僅獲 10 票。這預示著，對埃斯特拉達的彈劾很可能在 2001 年 2 月 12 日的彈劾裁決中遭到失敗。這一表決結果實際已使埃斯特拉達在彈劾案中獲判無罪。

對於這次投票，一名檢控官說，這是無恥地投下讓總統獲得無罪釋放的票數。面對投票結果，反對派參議員表示難以接受，一時間會場到處是怨氣，群情洶湧。

參議院的會議結束時已經是午夜時分，得知消息的天主教會領袖辛海棉馬上發動人民集中到埃剎大道，舉行祈禱集會。

在 1986 年的時候，「人民革命力量」就是在埃剎大道發起起義推翻了當時的獨裁者馬可仕。而在 2001 年 1 月 17 日的凌晨，菲律賓人民又在這裡聚集，到早晨，人數已達上千人。

　　參與集會的除了普通民眾，其中還包括前總統柯拉蓉・艾奎諾、艾若育和一些參議員，抗議聲威愈壯。抗議群眾中的修女、上班族與學生，手中高舉「有罪」與「正義在昨晚已死」的標語，口裡喊道：「夠了就是夠了，你已原形畢露，滾出去。」整個埃剎大道篝火與煙火相映，爆竹與喇叭齊鳴，群情激昂、人聲鼎沸，抗議的聲勢越來越浩大。

　　當日早上，參議院議長比敏特爾宣佈辭去參議長的職位。他說參議院的決定無可挽回地傷害了參議院的公正，他不願意領導一個不能體現公正的機構。11 名檢控官也紛紛回應他，集體提出辭職。主審法庭就此宣佈彈劾審訊無限期休庭。

　　這一消息很快傳到集會地，頓時抗議的浪潮掀起了一個高峰。馬尼拉的集會人群迅速增加到十萬人，全國其他大城市得到消息也舉行了集會。眼看抗議運動風起雲湧，覆蓋全國，埃斯特拉達趕緊公開發表演講，他在演講中不僅沒有對彈劾作出解釋，反而激烈地抨擊了彈劾審判，指責檢控官在為一些人製造證詞時十分內行，並攻擊證人是職業說謊者，一直在一本正經地撒謊。

　　埃斯特拉達的發言無疑使局勢越發緊張，當時，在菲律賓國內人們紛紛議論著軍人政變的可能。對此，艾若育也發表了申明。她提醒菲律賓民眾，在這個動盪不安的時候有一個集

菲律賓前總統埃斯特拉達因涉嫌侵吞國家財產被逮捕。圖為埃斯特拉達父子在被押往監獄的途中。

團要篡奪政權，密謀建立軍管政府。同時，她也堅信人民會反對那些密謀奪權的人，並將以一切代價揭發這個赤裸裸的奪權企圖。特地從香港返回參加了群眾示威活動的前總統羅慕斯認為，參議院的行為已引發了第二次革命，真相即將大白，人民和真相將推翻埃斯特拉達。

時局一觸即發之際，菲律賓的一家媒體以大篇幅版面公開了埃斯特拉達的銀行往來記錄，指出他以假名登記的戶頭上財產達 33 億比索。

民眾的情緒已經達到頂峰了，要求埃斯特拉達下台的聲浪排山倒海而來，「人民力量」紀念碑周圍聚攏了 50 多萬人，沿著埃剎大道人們還手拉手組成一道長達 10 公里的「人牆」，

從人民力量聖殿延伸到馬卡蒂商業區。在馬卡蒂商業區，還聚集著為數不少的親埃示威者，於是兩方人馬相互對峙，互扔石塊。混亂局面幸虧在員警的阻止下得以控制，事態也沒有進一步擴大。

但火山噴發之勢不可阻擋。在 19 日下午，菲律賓武裝部隊參謀總長雷耶斯對示威群眾宣佈，他也將撤銷對埃斯特拉達的支持。至此，菲律賓政局形勢急轉直下。接下來的一個多小時內，武裝部隊所有高級將領和國防部長梅爾卡多都也向示威者宣佈支持艾若育，要求埃斯特拉達下台。

讓人意想不到的是，國家員警首長拉克松也宣佈警方領導層不再支援總統。拉克松是埃斯特拉達的親信，他的臨陣倒戈對於埃斯特拉達來說是一記重擊，埃斯特拉達失去了最後的靠山。所謂牆倒眾人推，隨後政府 22 名閣員中有超過半數的人也與埃斯特拉達公開決裂。軍方第二號頭領卡林林更是驅車前往總統府，向總統兼總司令的埃斯特拉達發出最後通牒。

事已至此，埃斯特拉達也意識到大勢已去，當天，他兩次發表電視講話，先是同意打開信封讓彈劾審判得以繼續進行，後又建議國會批准在 5 月份舉行總統選舉。同時，他本人也承諾不參加新的選舉。但反對派拒絕了他的建議，認為這不過是一種企圖蒙混過關的拖延手段。很快，艾若育宣佈自己為武裝力量的「新總司令」，並勒令埃斯特拉達於 2001 年 1 月 20 日凌晨 6 時宣佈辭職。

1 月 20 日，埃斯特拉達萬般無奈地離開了總統府，結束

了歷時僅一年半的總統生涯，副總統艾若育宣誓就任總統。新一屆政府的反貪專員公署迅速著手對埃斯特拉達貪污受賄案展開刑事調查。

4 月 26 日，埃斯特拉達因被控在擔任總統期間通過收取賄賂和回扣盜竊 40 億比索的國家財產被逮捕。隨後，他一直被軟禁在馬尼拉以東的一座度假別墅中。不想，這一「禁」就是 6 年半。在同年的 10 月，庭審開始。在接下來的時間，漫長的審訊斷斷續續進行著。前兩年中，控方聽取了 76 名證人證詞，呈交了 1500 多份證據。而在 2004 年 12 月，埃斯特拉達保外出國就醫，庭審也因此中斷。

時間的車輪來到 2007 年 9 月 12 日，菲律賓反腐敗法庭終於有了結果。法庭認定已 70 歲的埃斯特拉達犯有瀆職罪、盜竊國家財產罪，一審判處他終身監禁。得知判決的埃斯特拉達決定放棄上訴權，轉而向現任總統艾若育提出特赦請求。按照菲律賓法律，只有總統有權決定是否給予特赦。

10 月 25 日下午，艾若育赦免了埃斯特拉達，並恢復了他的公民民事權和政治權，但法庭對其住所及其美元存款的沒收判決仍然有效。

2007 年 10 月 26 日，被軟禁了 6 年半的菲律賓前總統埃斯特拉達重獲自由。在離開他的軟禁地時，人們聽到埃斯特拉達的感嘆——「沒有什麼可以替代自由」。

第二法庭
專制獨裁者的罪有應得

　　東方的佛教講究因與緣同。佛教認為已做不失，未做不得，有前因必然相應得到果報。俗話說的天網恢恢，就是這個道理吧。西方基督教也宣傳善惡報應，認為今世所做之善惡將在世界末日審判中得到報應。凡善者將進入天國，享永生的幸福；惡者則被罰下煉獄，遭受永世之劫。可見，為人做事都是善有善報，惡有惡報，不是不報，時候未到。時候一到，哪怕你曾經是高高在上，諸如菲律賓的馬可仕、智利的皮諾切特，也難逃一切都報的「罪有應得」。

第 3 被告 馬可仕
——客死他鄉的「斂財機器」

被 告 人： 費迪南德‧馬可仕（Ferdinand Marcos）

國　　別： 菲律賓共和國

身　　份： 菲律賓前總統

被控罪名： 敲詐、勒索、挪用公款、貪污、腐敗等數百項罪名

刑　　罰： 1988 年 10 月，美國聯邦最高法院最先起訴馬可仕，後因 1989 年 9 月 28 日馬可仕死於檀香山而不了了之。

結案陳詞： 馬可仕是菲律賓歷史上在位時間最長的總統，獨裁統治菲律賓長達 20 年之久。在這 20 年間，馬可仕夫婦利用欺詐、勒索、貪污等手段，為己斂財達 50 億到 100 億美元，幾乎掏空了菲律賓的國庫，拖垮了菲律賓的經濟，搞得美麗的菲律賓烏煙瘴氣、民不聊生。這一國家蛀蟲及其妻子伊美黛（Imelda）置人民疾苦於不顧，過著驕奢淫逸的腐敗生活，其奢靡程度令世人驚嘆。然而，馬可仕也為自己的貪污腐敗付出了慘痛的代價，最終落得眾叛親離、有國難回、客死他鄉的悲慘下場。

世紀大審
從權力之巔到階下之囚

一．**罪惡的謀殺**

2007 年，紐約世界銀行發佈了一份全球九大貪污官員排行榜。這份榜單是由世界銀行通過調查銀行存款以及流動資金數目，做出該官員全部資產的分析評估而得出的。

這份「光榮榜」又被稱為「國家大蛀蟲」榜，因為進入榜單的官員的資產都並非以正當手段得來，而是通過貪污或者竊取國家財產聚斂而來。這九大貪官，無一不是曾經呼風喚雨的獨裁者、曾經身處要職的「朝廷命官」。如今，他們有的人已經不在人世，有的則淪為階下囚徒。

在這份榜單中，印尼前獨裁者蘇哈托排在了首位，而「屈居」第二位的就是菲律賓前總統費迪南德・馬可仕。據說，馬可仕為了取悅妻子伊美黛從不吝惜花錢。在其擔任菲律賓總統的 20 年間，他所聚斂的財富達到 50 億～ 100 億美元，其中大部分都由伊美黛掌管。

費迪南德・馬可仕，於 1965 年 11 月以壓倒性的勝利擊敗了競選對手萊遜，成為菲律賓自 1964 年獨立後的第六任總統，開始了他的獨裁者之路。就職儀式上，馬可仕身穿傳統服飾，滿面紅光、精神煥發地走上了就職儀式的講台。在演說中，他談內政方針、論對外政策，信誓旦旦、慷慨激昂，持續半個小時的演說精彩熱烈，曾被 19 次雷鳴般的掌聲所打斷。而其在第一任總統期滿以後，以推行改革為綱領，獲得了連任。

很快，時間走到了 1972 年。這一年又到了菲律賓總統改選的日子。按照菲律賓憲法，馬可仕在第二任總統任期滿了以後不能再繼續連任總統。但是，8 年的總統生涯讓馬可仕已經欲罷不能。為了保住權力，建立自己的王朝，馬可仕政府宣佈戒嚴，在全國實行軍事管制，解散國民議會，停止一切政黨活動，並禁止罷工、集會和示威遊行。

馬可仕長時間的倒行逆施，使菲律賓一度出現經濟發展遲緩、政治危機四伏的窘境。人民群眾對馬可仕的獨裁統治日漸不滿。而將菲律賓尖銳的社會矛盾全面激化的則是 1983 年 8 月反對黨領袖班尼格諾・艾奎諾（Benigno Servillano "Ninoy" Aquino, Jr.）從美國回國，在馬尼拉機場遇刺身亡。該事件激起了民眾的憤怒，抗議浪潮迅速席捲菲律賓。

政府統治出現危機，馬可仕的健康狀況在那一時期也不斷惡化，其獨裁的惡果也適時地呈現出來：眾叛親離、人民反對、被美國遺棄……種種跡象無不昭示馬可仕政府已經陷入了即將崩潰的境地。

1986 年 2 月 7 日，馬可仕政府提前舉行總統大選。在選舉中，執政黨採取舞弊手段，使馬可仕再次當選。對此，反對黨予以強烈譴責，上百萬人舉行抗議、示威活動。22 日，菲律賓國防部長安瑞利（Juan Ponce Enrile）和代理總參謀長羅慕斯發動兵變，占領了國防大樓，逼迫馬可仕辭職，並支持班尼格諾・艾奎諾的妻子當選總統。當晚，馬可仕被迫乘美國直升機飛往克拉克空軍基地，隨後離開菲律賓，開始了流亡美國

的落魄生活。

　　1989 年 9 月 28 日，馬可仕病逝於檀香山。

　　如果沒有班尼格諾‧艾奎諾的遇刺事件，也許馬可仕的王朝不會過早地覆滅。正是馬可仕策劃暗殺艾奎諾事件的曝光，才進一步激發了人們壓抑許久的對獨裁統治的不滿情緒，激起了民眾的反抗。

　　本來，馬可仕多年的獨裁統治和奢侈無度的個人生活，就使他在國內極不得人心，政權搖搖欲墜。偏偏那時，折磨馬可仕多年的腎病突然惡化。1983 年 8 月，已經 67 歲的馬可仕在馬尼拉的腎臟中心做了第一次腎臟移植手術，但是手術結果並不樂觀。

　　1983 年，政權的爭奪已經達到了白熱化的程度，在如此緊要的關頭，馬可仕健康狀況惡化的消息是絕對不能讓外界知道的。儘管做了一系列嚴格的保密措施，這一消息還是傳到了外界。消息不脛而走，很多人猜測馬可仕隨時都有去世的可能。

　　馬可仕得知自己的主要政治對手、反對黨領袖班尼格諾‧艾奎諾決定結束在美國的流亡生活，要返回菲律賓的消息之後，他陷入了極度的恐懼之中。他知道，要是艾奎諾回到菲律賓，四分五裂的反對黨就等於有了一個眾望所歸的領袖人物，那對他的政權將會造成極大的威脅。

　　1977 年，班尼格諾‧艾奎諾曾以從事顛覆和私藏武器等罪名被菲律賓軍事法院判處死刑。1978 年，他又以戴罪之身

在獄中宣佈參加臨時國民議會的競選，這使他在菲律賓的政治名聲大振，加上當時國際上救援呼聲很高，馬可仕總統不得不下令重新審查此案。

在重新審理的過程中，艾奎諾被假釋出獄，赴美做心臟手術。手術後的艾奎諾並沒有立即返回菲律賓，而是留在美國繼續進行反馬可仕政府的政治運動。此次艾奎諾回國，完全是因為一直以來只有裝飾作用的國會即將舉行新一輪的選舉，而他則想在選舉中團結反對黨各方面的力量，盡自己最大的努力挽回菲律賓不斷惡化的局勢。

其實，在艾奎諾回國前，菲律賓當局就警告過他，說其回國可能會遭人暗殺，而馬可仕的夫人伊美黛還特地飛赴美國對艾奎諾軟硬兼施，勸說他不要回國。她告訴艾奎諾，如果他能待在美國，將永遠不會缺錢花，艾奎諾可以從伊美黛在曼哈頓銀行的戶頭隨意支取現金，但艾奎諾卻不為所動。伊美黛看到軟的不行，就告誡艾奎諾，稱他們在菲律賓有很多忠誠的追隨者，很可能會因為支持馬可仕而做出暗殺艾奎諾的傻事。對此，艾奎諾表現得很樂觀，認為等待他的無非是監禁或軟禁，這和政治上腐敗透頂、經濟上陷入絕境帶給菲律賓人民的痛苦相比，根本算不了什麼。他已經下定決心，在國家、人民最需要自己的時候，挺身而出，無視危險，毅然回國。

在回國之前，艾奎諾給他的日本朋友石原慎太郎寫了一封信，信中提及他深知回國的危險，迄今為止，菲律賓的歷史上還沒有哪個人走過這條危險的道路。艾奎諾還表明了自己要和

甘地一樣，同可鄙的獨裁者鬥爭到底的決心。

　　1983 年 8 月 13 日，艾奎諾從波士頓啟程飛往洛杉磯。為了不暴露自己的行蹤，擺脫馬可仕的眼線，艾奎諾並沒有直接飛抵菲律賓，而是首先飛到了日本東京，隨後又轉機到了馬來西亞。在抵達吉隆玻後，艾奎諾讓他在菲律賓的支持者們為其辦了一份假護照，他又來到了香港，然後從香港飛往桃園國際機場，從而完成了他的最後一段旅程——台灣至馬尼拉。

　　在桃園機場，一些從秘密管道得知消息的新聞記者打算護送艾奎諾回國，其中有一位是以舊金山為基地的資深電視台記者、也是艾奎諾的連襟肯·卡希瓦亞拉。

　　在登機的前夜，艾奎諾和卡希瓦亞拉在賓館的房間裡進行了促膝長談。那時，艾奎諾的心情可以說是十分複雜的，因為他已經預感到自己在下飛機的時候，很有可能會遭到槍擊，但他沒有因此而退縮，他能做到的自我防護就是穿上了防彈衣。對此，艾奎諾還對卡希瓦亞拉開玩笑地說，如果他們打中了頭，自己就沒救了。

　　夜半時分，艾奎諾又與石原慎太郎通了一次電話。在整個對話中，艾奎諾的語氣低沉而絕望，同時又充滿著堅決與剛強。他告訴石原慎太郎，這可能是最後一次與他通電話，他說自己在菲律賓的倖存機率不會超過 20％。那時，一位曾經因反對馬可仕而流亡美國的律師從紐約打來電話，告訴艾奎諾說馬尼拉機場已經準備了雙重暗殺計畫。所謂的雙重，就是馬可仕的支持者要找一個假扮的犯人，暗殺者當場將他和艾奎諾一

起殺掉以掩人耳目。雖然，那位律師也很支持艾奎諾回菲律賓的想法，但是他認為這時確實不是回國的最佳時機，他建議艾奎諾現在應該要隻身返回美國以防不測。

石原慎太郎也極力勸阻艾奎諾，表示如果他願意回美國，自己會提供幫助，如果不想回美國，也可以在南方的某個海島上避一避，過些日子再回馬尼拉。但是，艾奎諾最終還是謝絕了他們的建議，毅然決然地選擇回到自己的國家。在艾奎諾看來，自己既然已經做出回去的承諾就不能失信於人，不能讓等在機場的那些朋友空歡喜一場。而且自己是一個菲律賓人，就算死也要死在菲律賓的土地上，而不是死在其他國家或某個荒無人煙的小島上。

放下電話之後，艾奎諾開始給自己的親人寫信。在給妻子的信中他表達了自己的不安，以及對多年同甘共苦的妻子的歉意和深情。在最艱難的歲月裡，妻子柯拉蓉‧艾奎諾（後來的菲律賓總統）始終陪伴在其身旁，兩人共同生活的點點滴滴留下了很多美好而又辛酸的回憶。艾奎諾深信即使世人不理解自己的所作所為，妻子也會理解和支持他。多年來，艾奎諾並沒有多少私人財產，能留給孩子的幾乎一無所有，但是他將自己為民眾而獻身的精神作為遺產留給了兒女。

1983 年 8 月 21 日上午 11 時 15 分，一架飛往馬尼拉的波音 767 從桃園中正國際機場準時起飛，艾奎諾和隨行的 10 名新聞記者、兩個日本電視攝影組就在這架飛機上。當飛機飛到呂宋島上空時，艾奎諾走進廁所，穿上了防彈背心，他還將自

己手腕上的金錶摘下來，交給了卡希瓦亞拉，並囑咐他飛機一著陸就去通知自己的家人，把日用品送到監獄。艾奎諾以為一下飛機，他就會被送進監獄，沒想到事情遠比這要糟糕得多。

艾奎諾透過飛機艙窗，俯瞰闊別了 3 年的國家山水，頓時思緒萬千。隔著海浪一樣翻滾著的白雲，雖看不清楚下面的陸地和海洋，但他依舊無比興奮。想像著高聳的群山、茂密的熱帶雨林、50 萬平方英里的大海上散佈著的大大小小 7000 多個島嶼，在他眼中，自己的國家是世界上最美的國家，如今卻被馬可仕獨裁搞得烏煙瘴氣。

就在艾奎諾沉醉在國家的美麗山水中的時候，他沒有想到，在呂宋島的兩處防空設施上，先後有兩批共四架裝備著各種武器的菲律賓 F-5 噴氣式戰鬥機奉命起飛，尋找艾奎諾乘坐的華航 811 航班，並使其迫降在馬尼拉以北 35 英里的巴薩空軍基地。但是由於雲層較厚，四架飛機最終都無功而返，艾奎諾就在「天意」的幫助下朝馬尼拉機場飛去。

8 月 21 日的馬尼拉國際機場與往日大為不同，這裡戒備森嚴、氣氛緊張。一大早，就有 5000 名航空航警隊的士兵三步一崗、五步一哨地把守著機場的各個進出口，對進出機場的所有人嚴加盤查。儘管如此，仍有近 1 萬名歡迎的群眾聚集在那裡，準備迎接艾奎諾的到來。

下午 1 點 05 分，這架波音 767 穿透雲霧，呼嘯著穩穩落在馬尼拉機場的 8 號停機坪。飛機一著陸，員警和航警隊馬上圍了過來。飛機發動機一停，左前方的機艙門被打開，三名身

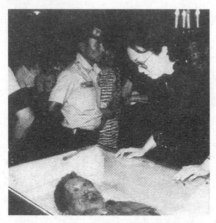

艾奎諾毅然決然地回國,卻慘遭殺害。圖為艾奎諾夫人在丈夫的遺體旁。

著制服的安全人員迅速衝進了客艙,三人逕直走到艾奎諾面前,一人提著艾奎諾的行李,兩人架起艾奎諾的胳膊,連拉帶拖地向艙門走去。

幾個人簇擁著艾奎諾,剛進入飛機走道,保全人員立即打開了飛機左側的緊急出口,下面有一架梯子直通跑道。顯然,他們並不想讓艾奎諾直接從機場大廳出去,而是想從這裡就將他直接帶走。艾奎諾隨兩名員警沿著階梯往下走,一名員警堵住了飛機出口,阻止那些與艾奎諾同機到達的新聞記者走出飛機。

當保全人員押送艾奎諾走下扶梯的最後一級、踏上機場地面時,突然從背後傳來一聲槍響,接著伴隨尖叫聲、呼喊聲,人們又聽見了大約 23 聲槍響。在一片慌亂和驚恐中,機艙裡的記者透過窗戶,看到了四肢分開趴在地下,渾身是血的艾奎諾。艾奎諾的身旁躺著一個身穿牛仔褲被員警亂槍打死的人。從艾奎諾被架起到槍響僅僅經過了 50 秒的時間,記者們沒有想到前一秒還談笑風生的艾奎諾,此時已經一動不動地倒在了他熱愛的國家土地上。

艾奎諾被槍殺,在菲律賓引起了巨大的回應。僅 8 月 31

日的葬禮，馬尼拉市就有兩三百萬人湧上街頭為艾奎諾送葬，並很快演變成菲律賓歷史上規模空前的一次群眾性示威活動，成為反對黨抨擊菲律賓當局的武器。

國際上，泰國、日本、澳大利亞和美國對艾奎諾遇刺身亡反應強烈。泰國外長在事件發生的第二天就發表談話，希望馬可仕能進行全面調查，弄清暗殺事件的真相。美國國務院發言人認定這是一起政治謀殺，敦促菲律賓政府迅速採取行動，將凶手緝拿歸案。

面對國內外的一片指責、質疑之音，馬可仕不得不下令成立了以最高法院首席法官為首的「五人委員會」。在經過一番「調查」和「取證」後，馬可仕政府宣佈艾奎諾是被一名不知從什麼地方進入機艙的共和黨人刺殺的，刺客已被當場擊斃，這位刺客就是當時趴在艾奎諾身邊穿牛仔褲的那個人。事實真如政府所說的那樣嗎？那到底是不是一場由馬可仕策劃並指使的政治暗殺呢？要揭開真相，一切都要從馬可仕本人說起。

二·馬可仕是誰

1917 年 9 月 11 日，馬可仕出生在菲律賓伊羅戈省的一個名叫薩拉特的小鎮。薩拉特位於菲律賓北部，那裡是以勇猛剛強、吃苦耐勞而著稱的伊羅戈人的聚居區。

馬可仕家庭對馬可仕本人有著相當大的影響。他的祖父法比安·馬可仕年輕時曾當過教師、法官，還是農場主人，1889

年，被任命為伊羅戈省巴達市的市長。在如此優越的家庭環境中，馬可仕的父親（Mariano Marcos）從小就受到了精心照顧和良好的教育。高中畢業後，馬可仕的父親來到了當時菲律賓的最高學府馬尼拉師範學院繼續深造。在大學學習期間，由於成績優異，學院授予他的獎章和獎狀幾乎擺滿了住處。同時，他還有絕佳的口才，說起話來鏗鏘有力、滔滔不絕、極富感染力。

1916 年 4 月，馬可仕的父親與比他大 5 歲的約瑟法‧愛德拉林（Josefa Edralin）結婚。約瑟法‧愛德拉林是農場主人的女兒，與馬可仕的父親是同鄉，也是同學，同樣受過良好的教育。婚後的第二年，費迪南德‧馬可仕出生了。馬可仕的父母大學畢業以後，當過中學教師。此後，馬可仕的父親轉而學習法律，在菲律賓大學法律系畢業後，一面當律師，一面從事政治活動，還曾被推選為北伊羅戈省第二區的議員。

在政界闖蕩多年以後，馬可仕的父親成為達沃省的省長。馬可仕就是在這樣的家庭裡成長起來的，受到了比他父親小時候更加嚴格的教育。他的父親從小就著重培養小馬可仕吃苦的精神和頑強的意志，還曾經讓人帶著小馬可仕到比較原始的少數民族聚居區體驗凶狠、殘酷的生活習俗。除了意志上的鍛鍊之外，馬可仕的父親時常鼓勵他參加各種體育鍛鍊以增強體魄。小馬可仕 5 歲就開始學習拳擊、摔跤，稍大一些又學習騎馬、游泳和射擊。他的母親一心想將自己的兒子培養成一個小說家，於是經常給小馬可仕講各種各樣的故事，在潛移默化中

提高了他的語言表達能力。

　　1934 年，17 歲的馬可仕進入菲律賓大學攻讀法律。1935年，菲律賓獲得自治權，需要選舉首屆總統，所有議員都要參選。馬可仕的父親與胡利歐‧納隆達桑（Julio Nalundasan）競選議員，最終敗北，而納隆達桑在與親友慶祝選舉勝利之後，在家中被人暗殺。1939 年，馬可仕因涉嫌謀殺他父親的政敵胡利歐‧納隆達桑而被審訊，次年，法院將其無罪釋放。在獄中，馬可仕參加了全國性的律師會考，並以第一名的優異成績通過了考試。經過這兩次事件，馬可仕成了菲律賓家喻戶曉的新聞人物。

　　二戰爆發後，日本入侵菲律賓，馬可仕脫下律師黑袍，披上了軍裝，成為菲律賓自治軍的一名軍人，從事抗擊日軍的游擊隊活動。他參加了菲律賓有名的巴丹保衛戰，並僥倖生還，此後成為菲律賓抗日領袖。1945 年春，他被麥克阿瑟將軍任命為北呂宋八省行政官，獲上校軍銜，並有「抗日英雄」之稱。馬可仕的作戰經歷為他以後從政奠定了基礎。

　　二戰結束以後，馬可仕重操律師舊業，並加入了羅哈斯（Manuel Roxas）的自由黨。此後，他擔任菲律賓獨立後首屆總統曼努埃爾‧羅哈斯的助理，負責經濟事務。1949 年，馬可仕當選眾議員，有正式記載的政治生涯由此開始。

　　這時，馬可仕已經有了一顆登上權力巔峰的野心，甚至公開宣稱要當國家元首。馬可仕原是自由黨的主要成員，由於1965 年該黨沒有提名他為總統候選人，而後脫離該黨，投入

了國民黨的懷抱。他因此得到了民族主義者的支持，成為該黨唯一的總統候選人，與自由黨主席奧斯達多・馬卡帕加爾共同競選總統。

1964 年 4 月，菲律賓獨立後第六任總統的大選開始，馬可仕為此傾盡全力，並動用了他的「秘密武器」──夫人伊美黛。

三・夫唱婦隨

關於馬可仕的夫人伊美黛，在菲律賓恐怕無人不知、無人不曉。馬可仕能夠成功，伊美黛功不可沒。在嫁給馬可仕之前，伊美黛在菲律賓娛樂界就已經聲名顯赫，依靠美麗的容貌、甜美的歌喉和出色的口才，伊美黛成為當時娛樂界的風雲人物。嫁給馬可仕之後，伊美黛利用自己在娛樂界和政界積累的人脈關係，積極為馬可仕奔走造勢。

在伊美黛的協助下，馬可仕從普通議員到議長，由議長到總統，一路平步青雲。1965 年，馬可仕終於當上了總統，伊美黛也如願地成為第一夫人。

伊美黛生於馬尼拉，母親是一個珠寶商的女兒。在她 9 歲那年，母親離開了人世。為了擺脫喪妻後的悲傷，伊美黛的父親帶著全家從馬尼拉遷到了萊特省省會塔克洛班。

在塔克洛班的生活並不富裕，由於子女眾多，伊美黛高中畢業後雖然考到了聖保羅學院教育系，但為了維持學業不得不

半工半讀。儘管上天沒有給這位少女多少物質生活，但是卻給了她堅韌好強的性格和驚人的美貌。她恪守「要永遠在嘴角掛著微笑，把眼淚藏在心底」的格言，給身邊的人留下了深刻的印象。

隨著年齡的增長，伊美黛長得亭亭玉立，儼然一副大家閨秀的派頭。同時，甜美的歌喉和出眾的演唱也使她在塔克洛班小有名氣。

17 歲那年她曾經與一名美國少女並肩坐在花車上，參加慶祝美軍在萊特省登陸兩周年的遊行，在此次遊行中，伊美黛出盡了風頭。一年之後的花卉節上，伊美黛被選為「塔克洛班的玫瑰花」，成為家喻戶曉的美人。

少女時代的伊美黛有過無數的夢想，其中最大的願望就是做一名受人歡迎的歌手，以此來改變自己的地位。小小的塔克洛班已經容不下這位傾國傾城的美女，像馬尼拉那樣的大城市才有更大的發展空間。此時，伊美黛的堂兄丹尼爾在馬尼拉當議員，看中了伊美黛在競選和遊說中可以發揮的政治價值和其在社交中的交際花功能，便主動邀請伊美黛到馬尼拉發展。

終於有機會到外面的花花世界去見見世面了，伊美黛滿懷信心，帶著 5 比索跟堂兄來到了馬尼拉。然而，她的想法太天真了，以為那裡的上流社會會有無數個機會在恭候她的到來，但聰明的伊美黛很快發現，改變命運靠別人是不行的，唯一出路在於自己主動爭取。

在積極尋找「上位」機會的同時，伊美黛幫助她的堂兄丹

尼爾競選馬尼拉議員，在各地奔走。伊美黛充分發揮自己貌美、善於演講、歌喉甜美的優勢，為丹尼爾拉到了不少選票。沒想到這次拉票活動為伊美黛帶來了名揚馬尼拉的好機會，1953 年，《本周》雜誌的總編找到了伊美黛，稱其想在雜誌的情人節專刊的封面上刊登幾張伊美黛的照片，伊美黛喜滋滋地成了這本暢銷雜誌的「封面女郎」，並因此而名聲大振。

為了躋身上流社會，伊美黛再接再厲又瞄上了規模不小的「馬尼拉小姐」選美比賽。伊美黛雖然是一個地地道道的鄉下姑娘，但是渾身卻有一種有別於城市小姐矯揉造作的質樸之美，不過要得到傲慢的馬尼拉人的承認，還須完成一段崎嶇的征程。

由於出生背景的原因，她敗給了一個相貌平平卻後台很硬的馬尼拉姑娘。倔強的伊美黛不肯甘休，竟然獨闖市政府，找到了馬尼拉市長拉克松（Arsenio Lacson），最終用晶瑩的眼淚贏得了市長的憐香惜玉，市長立即否定國際選委會的選舉結果，提出用伊美黛小姐替換那個獲勝者。雙方動用各種權力互不相讓，最後竟戲劇般地出現了「兩位馬尼拉小姐」的場面，一時成了百姓街談巷議的話題。

經過這次選美，伊美黛不僅收穫了「馬尼拉小姐」的桂冠，還使她的身價倍增，成了馬尼拉熱門的新聞人物。更重要的是，這次選美成功還大大培植了伊美黛的野心。很快，一條炫目的成功捷徑出現在伊美黛面前。

1945 年 4 月下旬的一個傍晚，伊美黛第一次見到了將

改變其一生命運的人——馬可仕。當天，伊美黛和她的堂嫂去國會看望她的堂兄丹尼爾，此時國會正在激烈地辯論當年的預算方案，講台上一位議員正在演說，他慷慨激昂、口若懸河。堂嫂告訴伊美黛這就是在野自由黨議

1965 年，馬可仕當選總統時，與伊美黛一起向群眾致意。

員馬可仕。伊美黛當時對政治並不感興趣，對台上那位頭髮烏黑光亮、皮膚呈淺棕色的議員也只是瞄了幾眼。

　　隨後，在議會餐廳裡，馬可仕見到了伊美黛。這位年輕的議員回憶起了雜誌封面上的一位女郎，並認出面前這位容貌秀美、氣質優雅的女人就是那個封面女郎。馬可仕被伊美黛的美貌深深吸引了，大有相見恨晚之感，他不想錯失良機，於是主動走到了伊美黛的面前與其搭訕攀談。當時的伊美黛早已心有所屬，那位白馬王子是一位哈佛大學畢業的青年建築師，英俊、富有、博學，但可惜的是已經有了家室。癡心的伊美黛正等待她的意中人解除婚約，根本無心理睬馬可仕的殷勤。馬可仕是何等自信且精明的人物？為了美人，馬可仕放棄了國會辯論，對伊美黛展開了強大的求婚攻勢。

　　為了得到美人的青睞，在相遇的第二天，馬可仕按照家鄉的習俗給伊美黛送去了兩大束玫瑰花。當馬可仕得知丹尼爾一家要前往菲律賓著名的避暑勝地碧瑤過復活節時，他自告奮勇要求陪同前往。作為陪客，他以彬彬有禮和談笑風生的形象，博得了包括伊美黛在內的所有人的好感。

　　馬可仕駕駛著剛買不久的白色小轎車，載著伊美黛，在 5 個小時的路程中，他們由默默相對到相談甚歡，感情急劇升溫。堂兄一家悄悄談論著馬可仕與伊美黛確實是一對非常速配的伴侶。在旅行快結束的時候，馬可仕自信滿滿地說伊美黛將會成為總統夫人。

　　經過 11 天的熱烈追求，馬可仕終於抱得美人歸，為了紀念這 11 天的追求，馬可仕送給了伊美黛一只鑲有 11 顆鑽石的戒指。1954 年 5 月 1 日，37 歲的馬可仕與 25 歲的伊美黛在馬尼拉聖米格爾舉行了天主教式的盛大婚禮，從此，這位「馬尼拉小姐」成了「馬可仕夫人」。

　　女人似乎天生對政治缺乏熱情。婚後，伊美黛想成為一名名副其實的家庭主婦，但是雄心勃勃的馬可仕卻要求妻子成為自己的政治事業伴侶。儘管開始有些不適，但是沉睡在伊美黛身體裡的政治欲望讓她很快適應了自己的角色，漸漸地可以與丈夫在一些政治問題上達成共識。

　　伊美黛為馬可仕的政治前途四處奔走，利用自己的美貌和聰明，不遺餘力地把馬可仕推向菲律賓政治的前台。她很懂得利用自己的優勢，也善於把握局勢。她廣泛接觸政界顯要、工

商業大亨、律師和新聞記者，並贏得了他們對馬可仕的支持。

1963 年，馬可仕順利當選參議院議長，但馬可仕不把議長這個小官放在眼裡，他要當菲律賓總統這個大位。1964 年，馬可仕決定問鼎馬卡拉南宮，參加第二年的總統競選。

為了讓自己的丈夫成為馬拉卡南宮的主人，伊美黛竭盡全力地配合馬可仕競選，為馬可仕修改演講稿，參與制訂競選計畫，每天要接待幾十人甚至上百人的來訪。她還時常陪同丈夫四處奔波，籠絡人心。這對夫婦的足跡幾乎遍及了菲律賓的所有城鎮，他們在各種場合發表演講，在塵土飛揚或泥濘不堪的鄉間小路上徒步行走，和衣衫襤褸、滿手烏黑的農民擁抱。

伊美黛在拉票中的表現尤為突出，在拉票現場時常能聽到伊美黛甜美的歌聲，對群眾的要求她也是有求必應。她還專門成立了一個「藍衣婦女助選團」，團員身穿藍色衣服，挨家挨戶發放傳單，贈送錢幣、牙刷、手絹等日用品，為馬可仕進行宣傳。

伊美黛利用自己的美貌、勢力和手腕為馬可仕拉到了大量的選票，成為馬可仕參加競選的「秘密武器」。1965 年 11 月，馬可仕順利當選菲律賓獨立後的第六任總統。12 月 30 日，馬可仕夫婦搬入總統官邸馬拉卡南宮，實現了他們的願望，開始了對菲律賓 4500 萬人的統治。

馬可仕登上權力的巔峰之後，開始了權力與財富之間的遊戲。

四‧假公濟私，中飽私囊

菲律賓人民對新總統的上任寄予了厚望，期望馬可仕能帶領他們擺脫貧窮，走向國富民強的道路。事實上，上台之初的馬可仕也並沒有辜負人們的厚望，還是頗有作為的。

菲律賓是個農業國，農業人口占總人口的 2/3 以上。馬可仕深知農業是立國之本，為了調動農民的積極性，他推行了「土地改革」，以從地主手中購買土地，再將其低價賣給農民的方法解決了 40 多萬貧苦農民的種地問題。

獨立以前的菲律賓是殖民地經濟，主要種植椰子、甘蔗、馬尼拉麻和菸草等美國所需要的經濟作物，糧食卻一直依賴進口。馬可仕意識到糧食對一個國家的重要性，自己能生產糧食才能做到自給自足、不受外國控制。因此，他決心改變這種不合理的農業結構。

20 世紀 70 年代初，他發動了一場「綠色革命」，在全國開展了種植優良稻種的運動。他規定政府工作人員每年必須下鄉工作 15 天，伊美黛身先士卒，帶領一些省長下田耕作。馬可仕的努力終於讓菲律賓的農業問題大有起色，從 1976 年起，糧食基本實現自給，1977 年，甚至實現了少量出口。此外，馬可仕還十分重視教育，在他的宣導下，全國識字率在亞洲進步神速，名列前茅。

事實上，馬可仕是能夠領導好菲律賓的，但是令菲律賓人民悲哀的是，總統夫婦上台伊始，就走上了假公濟私、聚斂錢

財的貪官之路。

伊美黛在首次記者招待會上，就宣佈自己要當一個有所建樹的第一夫人。她計畫要建一座設備齊全的戲院，並修繕聖地牙哥堡等古蹟。隨後，她決定在馬尼拉的海灘上填土造地，建造一座面積超大的文化中心，使它成為太平洋現代雅典的海濱城市。另外，還要模仿帕德嫩神廟的樣子，修建一座電影中心。伊美黛還發起了植樹運動，號召人們植樹造林。與此同時，她還號召開展衛生清潔運動，每年要進行一次全國性的評比，選出最漂亮的城鎮、行政區和校舍。

伊美黛在第一夫人的傳統活動領域，即社會福利和文化方面做得有聲有色。她呼籲制訂一項綜合計畫，擴大擁擠不堪的少年教養所；為災區籌集救濟物資；向農民提供種子等等。伊美黛的這些活動，給人留下了深刻的印象，也給新聞媒體提供了很多報導資料。

馬可仕夫婦要的就是這樣的效果，在世人眼裡，他們是全心全意為人民服務的楷模，但在總統夫婦眼裡，大興土木等類似的活動不過是他們聚斂錢財的幌子而已。

經證實，馬可仕夫婦入主總統府的第一年就出現了腐敗的現象。伊美黛掀起了一場讓窮人過好耶誕節的活動，所有的支票都經伊美黛之手，並存在她的名下。實際上，這些錢並沒有多少用於活動之中，大部分錢都讓伊美黛中飽私囊了。

此後，伊美黛又從修建一座文化中心的工程中聚斂了大量的財富。建造這座文化中心的經費大都來自菲律賓的企業家、

美國援助和其他外國的相關機構，總共有 3500 萬比索。

在馬可仕夫婦訪問華盛頓時，詹森總統聽說伊美黛要建造一座文化中心，當下建議她可以從美國饋贈給馬可仕用於提高退伍軍人福利的 5000 萬美元中拿出一部分，用於建設文化中心。當時的馬可仕夫婦已經把這筆鉅款當作自己的私人財產，斷然不會再拿出來。詹森建議要提供給菲律賓退伍軍人 2800 萬美元用做教育基金，如果伊美黛同意將基金的大部分用於她的文化中心，那麼他就會批准該法案。這樣，馬可仕夫婦又從退伍軍人的教育基金中分到了 350 萬美元。

為了讓腰包鼓起來，伊美黛經常以自己的名義發函給菲律賓的華人富翁，邀請他們來參加她組織的各種活動。這些人受寵若驚，乘興而來，卻沒想到伊美黛邀請他們出錢贊助。怎麼說也不能駁了第一夫人的面子，這樣，這些華人富翁給伊美黛的帳戶上又捐獻了一大筆錢。伊美黛籌集資金的另一個方法就是以她個人的名義發出信件、打電話或在總統府進行晚宴，凡是想一睹第一夫人芳容的，都得交錢。

每年馬可仕夫婦的生日、二人的結婚紀念日，伊美黛都會收到一大筆捐款；每當有外賓來到菲律賓，伊美黛總是親自去機場迎接，並陪同用餐，最後得到一筆贈款；出席各種剪綵儀式或開幕式也是有條件的，那就是要捐贈水泥、磚瓦、地毯等實物給文化中心。

建造文化中心，不僅讓馬可仕夫婦收穫不菲，凡是在他們手下參與建造的人也都大撈了一把。到 1968 年底，花費了

4800 萬比索的文化中心只完成了 3/4，除了材料價格漲了 40％以外，實際開支比原先預計的增加了 300％。從建築師到工程承包者所有回扣加在一起高達總承包價格的 80％。伊美黛派出監督工程的親信，都一夜之間成了百萬富翁。

在貧窮的菲律賓大興土木，搞一些有名無實的建設讓一些有識之士頗為不滿。班尼格諾・艾奎諾指責伊美黛的文化中心勞民傷財，在政府內部大搞家族派系。艾奎諾的指責讓馬可仕夫婦氣急敗壞、暴跳如雷。從此，他們對艾奎諾恨之入骨，等待收拾他的機會。

馬可仕聚斂錢財有幾個主要的來源：美國、日本付給菲律賓的戰爭賠款、菲律賓的財政撥款、退伍軍人的福利基金、存在馬可仕名下的其他贈款、沒收菲律賓境內 215 個私人公司所得，以及世界銀行提供給菲律賓的各項貸款。

馬可仕夫婦虛報帳目，在菲律賓裝清廉，在海外卻富可敵國。1968 年，伊美黛和馬可仕分別在蘇黎世的瑞士銀行設立了六、七個帳戶，存款總額高達 15 億美元，有人則認為已經超過了 50 億美元，另外有 2 億多美元存在了其他國家的銀行。在國際金融界中流傳著這樣的「笑話」：由於伊美黛送去的錢太多，以至於銀行經理都求她不要再送了。

在馬可仕夫婦瘋狂聚斂財富的同時，菲律賓的經濟形勢嚴重惡化。國民生產總值逐年下降，通貨膨脹、工廠倒閉、失業工人大幅增多，全國人口約有一半人生活在了貧窮之下。馬可仕夫婦在腐敗的路上一步步走向深淵，自己為自己埋下了罪惡

苦果的種子。

五‧不得人心的獨裁統治

馬可仕夫婦在菲律賓權力的巔峰上呼風喚雨、隨心所欲，通過各種方式聚斂了巨大的財富，並在世界各地揮霍無度。他們深知財富來源於至高無上的權力，為了保障財富的不斷增加，維持令世人羨慕的生活，就必須保住總統寶座，牢固地占據馬拉卡南宮。

1969 年，菲律賓要進行總統選舉，馬可仕的第一任總統任期將滿，他理所當然地要爭取連任。這一年的總統競選競爭空前激烈，場面也頗為混亂。菲律賓總共有 66 個省份，其中有 17 個省發生了流血事件。大批身穿保安軍制服的「恐怖分子」占領了很多省的投票站。事實上，這些恐怖分子都是馬可仕秘密培訓的「打手」，稱為保安軍。選舉當天，保安軍頭目比森特‧拉瓦爾准許、縱容手下在 4 個省內搞恐怖活動，造成46 人死亡。

選舉中黑幕重重，參選者為了獲得勝利有時候不擇手段，偽造選票、控制投票站等方法已經見怪不怪。馬可仕的幕僚甚至在得知對手奧斯梅納（Osmeña）贏得這一選區所有選票的消息之後，毅然決然地公開宣佈馬可仕以超過 2000 張的票數獲得勝利。

儘管雙方都有見不得光的做法，但最終馬可仕憑藉手中的

權力和雄厚的經濟實力獲得了勝利。參議院的 8 個席位中，馬可仕占 7 個，100 個眾議院席位，馬可仕占到了 86 個。為這次選舉，馬可仕不惜血本，光競選經費就達到了 1.68 億美元。當然，馬可仕自然不會自掏腰包，所有的錢都來自菲律賓國庫和人民。為了獲得連任，他幾乎耗盡了菲律賓的外匯存底。

為了補上國庫的大量虧空，馬可仕向美國要錢，向國際貨幣基金組織借款，最後還被迫推行了貨幣緊縮措施，比索貶值了 50％。這意味著大半菲律賓人一年的收入降至將近 200 美元。

馬可仕的弄虛作假實在太明顯了，這使他很快成為學生和反對派激烈抨擊的對象。他們指責馬可仕竊取了總統的職位，馬尼拉大街上近 5 萬名示威者聚集在一起，抗議馬可仕。

根據菲律賓憲法，總統只能連任一屆。但是腐敗透頂的馬可仕已經下定決心，即使使用軍權，也要將權力長期據為己有。此時的菲律賓經過馬可仕兩屆的搜刮斂財，已經困苦不堪，菲律賓共產黨重新活躍起來，這為馬可仕實行獨裁提供了藉口。菲律賓局勢日趨惡化，何塞‧瑪‧西松領導的菲律賓共產黨和貝爾納韋‧布斯凱諾領導的新人民軍展開了激烈的武裝鬥爭，影響日益擴大。

與此同時，人民對馬可仕的不滿也日勝一日。1970 年 1 月 26 日，國會外面聚集了幾萬人的示威者，人們向馬可仕夫婦的汽車投擲石頭、飲料瓶子等其他一切能扔的東西。隨後，

全副武裝的軍警對這些手無寸鐵的示威者進行了殘酷的鎮壓，其中至少有 5 人被打死，幾十人受傷。對和平示威者的無情鎮壓激起了民眾的極大憤慨，他們紛紛譴責軍警的殘暴。學生們開始行動起來，發起了菲律賓現代史上有名的「星期五流血事件」。1 月 30 日，4000 多名學生衝進了馬拉卡南宮，與不斷增援的軍警發生了持續 8 個小時的衝突，衝突中有 6 名學生死亡，數百人受傷。殘酷血腥的鎮壓使和平示威活動演變成了武裝戰爭。

此後，菲律賓的武裝衝突不斷，甚至不斷升級。

1971 年 8 月 21 日，自由黨在基阿波教堂前的米蘭達廣場舉行群眾大會，突然有三顆手榴彈在人群中爆炸，致使幾十人死亡，數百人受傷，有 8 名反對黨領袖被當場炸死。馬可仕乘機宣佈中止不能非法逮捕人的法規，獲得了不經司法批准就能隨便抓人的權力，開始對菲律賓人民實行高壓政策。

到 1972 年夏天，爆炸事件愈演愈烈，似乎到處都是「破壞分子」，到處都有「共產黨」。但是熟知內情的人都知道，這些爆炸事件都是政府的軍事組織所為，其目的是加劇人們的恐懼感，為即將到來的軍事管制做準備。

馬可仕為了名正言順地實行軍管，炮製了「卡拉加坦號」事件。他們把一艘空船變成了軍火走私船，據說在上面發現了大量的槍支和彈藥，總統府宣稱這艘船是在向菲律賓新人民軍運送軍火，政府必須採取果斷措施。

1972 年 9 月 22 日，馬可仕簽署了「軍事戒嚴令」，宣佈

在全國實行戒嚴。軍隊迅速採取了行動，占領了所有通訊以及公共設施，關閉學校，逮捕了 50 多名被指控為企圖以暴力和顛覆活動推翻政權的反對派政治家和新聞記者。大概有 3 萬菲律賓公民在一夜之間成了軍管政權的囚犯。

在軍事管制的 10 年間，生活在高壓政治之下的菲律賓人民苦不堪言，沒有新聞和集會自由，眾多社團被解散。在短短幾年內，政治大清洗運動使至少有 6 萬名「破壞分子」被捕入獄，幾百甚至上千的可疑分子死於軍人、員警之手。

除了軍事管制之外，馬可仕還通過各種方式加強自己的統治。1973 年，馬可仕政權通過新憲法，把美國式的總統制改為英國式的內閣制，並規定現任總統在戒嚴時期兼任總理，直到臨時國會選出新政府為止。1978 年 6 月，臨時國會成立，馬可仕宣佈就任總理，正式行使總統兼總理的職權。1981 年，戒嚴被迫取消。為了保證權力不被削減，他再次修改憲法，把政體改為法國式總統制。新憲法規定總統在非常時期擁有絕對權力，總統任期 6 年，並不受連任次數的限制。

在搞個人獨裁的同時，馬可仕肆無忌憚地營造「家天下」，在菲律賓實行他的家族統治。他利用手中權力，為他的三個孩子創造條件，希望他們能成為家族政治的棟樑。

馬可仕的大女兒是菲律賓電影製作實驗署署長、菲律賓文化中心青年朋友協會和流行音樂基金會主席。1982 年 7 月，她以青年社團聯合會主席的身份作為觀察員出席了內閣會議。對兒子費迪南德‧羅穆亞爾德斯‧馬可仕（Ferdinand

Emmanuel Romualdez Marcos, Jr.），馬可仕更是寄予了厚望。1978 年，小馬可仕當選為東南亞國家聯盟舉重聯合會主席，後又成為父親馬可仕的總統特別助理。1980 年，馬可仕安排兒子去老家北伊羅戈省擔任副省長。為了增強兒子的威望，馬可仕任命他為菲律賓通訊衛星公司的董事長。

除了子女外，馬可仕家族還有一些其他的重要人物：妻子伊美黛擔任環境保護和安置部長、全國婦女委員會主任兼馬尼拉市長；母親約瑟法是一家海運公司和兩個木材加工廠的法人；弟弟帕西菲科（Pacífico Marcos）是 20 多個企業的主要負責人，同時還是醫療委員會主席；兩個妹妹一個是北伊羅戈省省長，一個是菲律賓國際船運公司理事；伊美黛的弟弟科科伊，曾任駐中國、沙特等國的大使，後又被任命為駐美大使。

政治上的控制還遠遠不夠，軍權是政權的支柱，馬可仕自然不會放過軍事上的獨裁。菲律賓海、陸、空三軍司令、總參謀長、總統府警備司令、國家安全情報局局長和首都員警部隊司令等重要職位，都是由馬可仕親自挑選的絕對忠於自己的人擔任。軍隊中的高級軍官也大都是他的同鄉，三軍和保安部隊中 90% 的將級軍官都是北伊羅戈省人。

馬可仕以為「家天下」格局會使自己的王朝更加穩固，但是他沒想到，就是這些昔日的至親、密友、同鄉加速了其政權的倒台。

1981 年，一個名叫杜威·戴的華裔商人從各個銀行機構借了 9000 多萬美元後攜款潛逃，這一事件引起了連鎖反應，

銀行開始收縮借貸。馬可仕的眾親友們把鉅款私吞，拒不還貸。面對銀行的催討，有些人帶著鉅款逃之夭夭。逃跑人數逐漸增多，銀行瀕臨倒閉，引發了全面的經濟危機。

人們開始指責馬可仕搞親友壟斷、濫用外援外債。國外的菲律賓反對派開始派人回國煽動反馬可仕運動，一時間馬可仕家族控制的商場、工廠、賭場都不同程度地遭到了破壞，一些人開始公開向馬可仕家族宣戰，新人民軍也借此機會四處出擊。軍事管制、政治、經濟獨裁使整個菲律賓陷入空前的混亂，菲律賓人民的反抗呼聲一浪高過一浪，整個菲律賓已經處在了暴風雨的前夜。

六·「家天下」坍塌

正當馬可仕政權搖搖欲墜的時候，艾奎諾的慘遭殺害一下子點燃了菲律賓人民埋藏已久的憤怒，他們終於勇敢地站出來與馬可仕家族進行較量。

班尼格諾·艾奎諾是菲律賓著名的反對派人士、菲律賓共和國參議員、自由黨主席，也是馬可仕的死敵。他才華橫溢、堅強果敢，經常在菲律賓國會大廈中嘲笑總統。

艾奎諾出生於上層社會，具有強烈的社會責任感和優秀的群眾組織能力。他的祖父曾參加過抗擊西班牙和美國的入侵戰爭，父親曾是議會議長、內閣部長。艾奎諾 17 歲就成為全國最大報紙《馬尼拉時報》的記者，由於他工作認真負責，還曾

經得到過基里諾總統親自授予的榮譽勳章。艾奎諾 28 歲被選為省長，34 歲當選為參議員，38 歲成為自由黨最有希望的總統候選人，連續創造了菲律賓歷史上最年輕政治家、發展速度最快的紀錄。

艾奎諾在菲律賓人民中有很高的威望，是總統職位的有力競爭者。這也是他成為馬可仕眼中釘、肉中刺的主要原因。於是，戒嚴一開始，馬可仕就以顛覆和叛逆罪等罪名逮捕了艾奎諾，艾奎諾對這些罪名予以駁斥。為了抗議馬可仕，他絕食40 天，最後被送進醫院，強制進食。隨後，艾奎諾又一次絕食抗議，31 天後，他的體重少了 1/3，雙腿不能站立，視力模糊不清，被送往醫院急救。

1977 年，軍事法庭認定艾奎諾有罪，並將其判處死刑。由於艾奎諾患有輕微心肌梗塞，加上美國的干預，這一判決最終沒有執行。隨後，馬可仕迫於各方面的壓力，同意暫時釋放艾奎諾。在獲釋幾個小時後，艾奎諾與家人坐上了飛往美國的飛機，去美國做心血管繞道手術。

艾奎諾到達美國以後，在達拉斯貝勒大學醫療中心進行了心臟手術，手術獲得成功，他很快就恢復了健康。流亡中的艾奎諾並沒有退出政治舞台，隨時關注著菲律賓所發生的一切。他警告馬可仕，菲律賓的一些理想主義者正準備打擊獨裁統治，用爆炸、暗殺和綁架軍政要員的方法迫使馬可仕政權屈服。

此後，菲律賓境內炸彈爆炸事件時有發生，最多的一次

有 9 座建築物同時發生了炸彈爆炸，由於事先已經通知居民撤離，所以並沒有造成人員傷亡，但是這一事件在世界上造成了巨大的影響。

1980 年 10 月，「美國旅遊協會」來菲律賓旅遊觀光。行程快結束時，馬可仕受邀參加他們在馬尼拉國際會議中心舉行的會議。就在馬可仕講話時，一枚微型炸彈在距離他 10 公尺遠的座位上爆炸了。坐在這個座位上的官員被炸得血肉橫飛，周圍人也都身受重傷。馬可仕被氣浪衝倒，僅是受了點驚嚇。

1980 年，由於馬可仕放鬆了戒嚴管制，恢復了部分政黨的活動。艾奎諾聯合一些反對派成立了「統一民主反對黨」，公開與馬可仕獨裁政府作對。1981 年，馬可仕宣佈結束戒嚴管制，隨後又修改憲法，為終身總統尋找藉口。1983 年，艾奎諾得知馬可仕已經病入膏肓，他的親友正在把他們的財產轉向國外，菲律賓游擊隊正準備行動，全國很可能要爆發一場內戰。

艾奎諾歷來反對暴力活動，主張以議會協商的方式來推翻馬可仕的獨裁統治。面對緊迫的國內局勢，艾奎諾認為自己應該馬上回國，領導反對派參加 1984 年舉行的國會選舉，促進全國和解。

艾奎諾不顧馬可仕夫婦的威逼和利誘，執意回到祖國推翻獨裁統治，解救處於水深火熱之中的菲律賓人民。但對艾奎諾又恨又怕的馬可仕怎能允許自己最大的政敵回到菲律賓，進而威脅到自己的總統地位。這樣，一場蓄謀已久的謀殺案發生

了，一聲槍響斷送了艾奎諾的救國夢。

罪惡的謀殺奪去了艾奎諾寶貴的生命，但是他的死卻觸發了一場規模空前的群眾示威活動。艾奎諾下葬當天，從他家到下葬地點 20 多公里的公路兩旁，站滿了前來悼念和送別的群眾多達 300 萬人。數千人跟隨靈車步行 20 多公里。在葬禮進行的 11 個小時中，整個馬尼拉如同沸騰的火山，人們揮舞著手臂，高喊「正義屬於艾奎諾，正義屬於祖國」的口號來悼念艾奎諾、反對馬可仕。

傍晚時分，馬尼拉下起了超大雷雨，送葬隊伍在雷雨聲中默默為艾奎諾送行，趕來恫嚇群眾的軍警卻被閃電與雷聲嚇得魂不附體。葬禮過後，成千上萬的群眾將包括總統府在內的國家機關圍得水洩不通，並向裡面投擲石塊，以此來表達自己的悲憤和抗議之情。

300 萬人的送葬隊伍、成千上萬人的反對呼聲已經證明誰才是最終的勝利者。這是世界歷史上規模最大的葬禮，對馬可仕來說，這是一個天大的恥辱。人心向背已然分明，馬可仕遭到了人民的唾棄。

馬可仕大概以為殺死艾奎諾就會讓反對聲浪煙消雲散，但是，事實恰好相反，憤怒的群眾每天都在遊行示威。菲律賓各行各業的人都加入了遊行大軍，不顧一切地要求馬可仕夫婦滾出馬拉卡南宮。抗議者將憤怒集中到了穿著豔麗的第一夫人伊美黛身上。在他們眼中，艾奎諾是善良的象徵，伊美黛則是邪惡的代表。人們對伊美黛的揮霍無度憤怒不已，對馬可仕家族

的腐敗統治也痛恨無比。

此時，整個菲律賓瀕臨崩潰，銀行發生擠兌，超市出現搶購，馬尼拉大規模停電，商業活動全面停止，軍隊開進了大學校園。世界輿論譴責馬可仕政權，指出謀殺是卑鄙的法西斯行為，應該受到嚴重的懲罰。

為了平息眾怒，馬可仕下令成立以最高法院法官為首的調查委員會。在長達一年的調查審訊過程中，不斷有人寫匿名信、打電話給委員會進行恐嚇。1985 年 12 月，法院對艾奎諾謀殺案作出了宣判。在長達 90 頁的判決書中，沒有人為艾奎諾的死負責，僅有的一名嫌疑犯已經被當場擊斃，不存在任何預謀，包括武裝部隊參謀長貝爾在內的 26 名嫌疑犯全部無罪釋放，官復原職。

消息傳出，菲律賓人民的不滿情緒進一步高漲，掀起了又一輪猛烈的抗議浪潮。他們認為馬可仕是這一鬧劇的導演者，是殺害艾奎諾的最大嫌疑犯。政局動盪動搖了投資者的信心，大批資金撤離菲律賓。

馬可仕的國際聲譽一落千丈，狼狽不堪。迫於緊迫的國內局勢，馬可仕宣佈於 1986 年 1 月進行總統選舉。班尼格諾‧艾奎諾的妻子柯拉蓉原是一名家庭主婦，丈夫遇刺身亡以後，極大地刺激了她的政治熱情，她決定繼承丈夫的遺願，組織反對派，與馬可仕一決高下。一開始，馬可仕對柯拉蓉的參選並不介意，他甚至認為對手是女人簡直是侮辱了他。馬可仕手下的新聞媒體更是使出渾身解數貶低艾奎諾夫人。

　　艾奎諾夫人並沒有被侮辱、誹謗和惡意攻擊打倒，反而全力以赴地投入到競選活動中。她將失去摯愛的悲痛置於腦後，每天工作超過 16 個小時。她的足跡踏遍了整個菲律賓，每到一處都熱情地接見選民，發表慷慨激昂的演講，逐漸贏得了選民對她的信任，得到了全國 13 個黨派的支持。

　　隨著支持艾奎諾夫人的選民越來越多，馬可仕也感到了情況有些不妙，但是重病的馬可仕不能外出活動，伊美黛只能代表馬可仕為拉票四處奔忙。此時的伊美黛已經不是 1965 年大選時人人喜歡的「玫瑰花」了，選民對她的貪婪和驕奢深惡痛絕。

　　多個回合的較量，馬可仕都敗在了艾奎諾夫人的手下。金錢利誘不行，就動用武力威脅，對拒不妥協的人則用取消選民資格的方法。對投票站的工作人員，馬可仕也軟硬兼施，先用金錢收買，不行再控制投票站，篡改投票結果。此次選舉中還發現了搶奪投票箱、臨時更改投票地點以及作弊和僱傭選民多次投票的醜聞。諷刺的是，一些選民在收到馬可仕送給他們的錢之後，依舊投了艾奎諾夫人的票，一點也不領馬可仕的情。

　　馬可仕採用包括恐怖主義在內的各種手段竊取選舉結果，不但沒有得到選民的支持，反而將其醜惡的嘴臉暴露在了世人面前。攝影機記錄下了馬可仕派遣武裝暴徒驅趕選民的情景，全世界輿論一片譁然。

　　選舉好不容易結束了，按照選舉法規定，政府應該馬上開始計票並公佈結果。但是在投票結束的 8 小時後，政府遲遲不

開始統計選票，而是忙著做手腳，他們試圖用電子設備竄改票數，讓艾奎諾夫人領先的 15 萬張選票改在馬可仕名下。來觀察選舉的美國參議員盧加爾對馬可仕的這種做法大為憤慨，透過記者呼籲馬可仕政府馬上開始統計票數。2 月 9 日上午，當選舉委員會計算中心的人統計出馬可仕領先艾奎諾夫人 15 萬張選票的時候，有 41 名統計人員憤然離去，並向社會揭露了馬可仕政府塗改選票的卑劣行徑。

馬可仕政權與反對黨圍繞政府的舞弊行為和選票結果發生了嚴重衝突。全國自由選舉運動根據對 70％的選區進行的快速計票，宣佈艾奎諾夫人領先，馬可仕控制的全國選舉委員會也宣稱自己獲得了勝利。

在關鍵時刻，菲律賓天主教會發表了一份主教宣諭書，指責政府收買選票、對選民威脅恐嚇、實行國家恐怖主義、策劃政治謀殺、濫用職權等。在天主教占 90％的國家中，教會對人們的心理和行為有很大的影響，很多人在得知宣諭書的內容後，紛紛轉而支援艾奎諾夫人，譴責馬可仕。

2 月 15 日，菲律賓國民議會正式宣佈馬可仕在選舉中以多出 140 萬張選票的絕對優勢獲勝，任期 6 年。這個結果立即在國民議會引起一片抗議聲，60 多名反對黨議員集體退席，以示抗議。艾奎諾夫人在國民議會宣佈馬可仕獲勝後立即發表了一項措辭激烈的聲明，號召全國人民抵制議會宣佈的競選結果。

第二天，馬尼拉市內的一個廣場上聚集了數十萬人，共同

抗議馬可仕政府的倒行逆施，艾奎諾夫人號召人民用非暴力手段迫使馬可仕下台。人們對馬可仕的獨裁統治和搜刮民財的貪腐行為早就痛恨不已，舉國上下支持艾奎諾夫人的呼聲連成一片，對馬可仕的斥責謾罵不絕於耳。

在隨後幾天裡，學校停課、公司停業、示威遊行規模不斷擴大，世界各國也拒絕承認馬可仕的勝利。有的國家召回駐菲大使，美國參議院一致認為這次選舉是一場騙局。各國外交使節紛紛抵制出席馬可仕的就職典禮。

在這種情況下，馬可仕一面安撫反對派，表示願意與之和解，一面派出使節到美國、西歐、日本和東盟各國遊說，以爭取支持。艾奎諾夫人對馬可仕的建議不予理睬，美國卻在此時改變了態度，從偏向反對派轉而支持馬可仕政府。雷根勸說艾奎諾夫人要以大局為重，與政府通力合作，不要搞示威遊行。還說選舉中是否舞弊並不重要，重要的是維持國家的穩定。雷根的建議不但遭到了艾奎諾夫人的嚴詞拒絕，還遭到了美國國會議員的普遍批評。迫於國際國內輿論的壓力，雷根派出外交官哈比卜（Philip Habib）前往馬尼拉了解菲律賓的真實情況。

表面上，哈比卜是為了了解情況，實際上是為了探清馬可仕和艾奎諾夫人的實力和人心向背，以便美國能在短時間內做出快速的反應。哈比卜在馬尼拉先後多次會見馬可仕和艾奎諾夫人，還秘密會見了國防部長安瑞利和代理參謀長羅慕斯等。

2月22日，馬可仕指控國防部長安瑞利和代理參謀長羅慕斯涉嫌謀殺馬可仕夫婦，而宣佈逮捕二人。安瑞利和羅慕斯

立即宣佈脫離馬可仕，支持艾奎諾夫人，並發動了兵變。羅慕斯是馬可仕的表弟，他的倒戈使馬可仕深受打擊，震驚、憤怒之餘也感到了形勢的緊迫。他立即派空軍第十五攻擊連隊去轟炸安瑞利和羅慕斯的營地，不料執行命令的人卻也投奔了安瑞利和羅慕斯。馬可仕命令參謀長貝爾儘快調集外地部隊進駐馬尼拉，參與平亂，但是沒有回音。他還通過電台、電視台呼籲那些支持他的平民攜帶武器到總統府周圍來保護他，結果回應者寥寥無幾。

　　第二天，馬可仕派坦克車去攻擊防守嚴密的叛軍軍營，但卻有 100 萬人走上街頭，擋住了坦克車的去路。他們拿著鮮花和巧克力，為了保護叛軍，前所未有地因為共同目標而凝聚在了一起。政府軍的車輛和坦克車轉眼間就陷入了人海中，動彈不得。士兵們被眼前的景象嚇呆了：女孩們爬上坦克車，將花環套在了炮筒上；修女們在坦克車前跪地祈禱；老人和兒童們淚流滿面祈求士兵們不要再為馬可仕賣命。軍車面前，百姓們手挽手築起了一座人牆，來阻止軍隊的前進。菲律賓人民的舉動深深感動了這些士兵，他們紛紛放下武器，一個接著一個地拋棄了馬可仕。

　　就在馬可仕山窮水盡之時，他的老朋友美國總統雷根也拋棄了他，給他發來電報稱希望他到美國避難，同時對外宣佈和平過渡新政府才是解決目前政治危機的唯一辦法。馬可仕不能眼看著自己辛苦建立的王朝毀於一旦，他不甘心失敗，但是他身邊已經沒有任何一股強大的勢力能夠支持他繼續總統生涯

了。幾個月前他失去了宗教的支持，雖感到遺憾但也信心十足；幾天之前，失去了軍隊的支持，讓他頓感挫敗但還能掙扎；現在又失去了美國的支持，就好像失去了一切一樣，無法挽回了。失去了左膀右臂的馬可仕知道大勢已去，不得不認輸，也不能不考慮退路了。

2月25日上午，馬可仕致電安瑞利，提出成立臨時政府，由安瑞利、艾奎諾夫人和他組成三人執政小組，共同統治菲律賓，該建議被安瑞利斷然拒絕。事實上，就在前一天，所有反對黨各派領導人和新社會運動成員組成了臨時國民議會，並宣佈馬可仕當選總統無效，一致同意艾奎諾夫人為總統，並於次日舉行就職儀式。

馬可仕得知這一消息後，便也決定搞一個總統就職典禮。就這樣，一個自欺欺人的總統宣誓就職儀式在馬拉卡南宮冷冷清清地舉行了。這是馬可仕在夫人、女兒和兒子的陪伴下最後一次在馬拉卡南宮的陽台上露面，馬可仕強作鎮定地向聚集在樓下的支持者發表了簡短的演說。

當晚，大批群眾圍在馬拉卡南宮外面，高呼「打倒馬可仕」、「反對獨裁統治」等口號，向總統府大門湧進。馬可仕此時明白，擺在自己面前的只有一條路，那就是逃。於是，他打電話給美國駐菲律賓大使博斯沃思，要求提供直升機將他和他的家人一起接走。晚上8點半，4架美國提供的直升機降落在馬拉卡南宮，9點05分，馬可仕一家人及隨從、密友等90人分別乘直升機向距馬尼拉80公里的美國駐菲律賓空軍基地

克拉克飛去。

　　馬可仕逃走後不到一個小時，菲律賓電台和電視台就報導了這一消息，舉國上下陷入了熱烈的氛圍中，特別在首都馬尼拉，人們從四面八方湧進馬拉卡南宮。以往戒備森嚴的馬拉卡南宮、最高權力的象徵地，此時卻成了人們歡慶的場所，憤怒的群眾把伊美黛和馬可仕的畫像踩在腳下，表達自己對馬可仕夫婦的憤怒。人們載歌載舞，歡慶獨裁統治的結束，歡呼自由的到來。

　　在馬可仕離開馬拉卡南宮後，美國迅速做出了反應，國務卿發表聲明表示承認柯拉蓉‧艾奎諾政府，讚揚馬可仕總統的決定，認為菲律賓人民以最有利於國家的方式取得了勝利。

　　2 月 26 日凌晨，不可一世的馬可仕像泄了氣的皮球一樣躺在擔架上，被抬上了飛往關島的飛機。經過 4 個半小時的飛行，馬可仕夫婦抵達關島，稍事休息之後又登上了飛往美國檀香山的飛機，開始了他們的流亡生活。

七‧竊國大盜的下場

　　1986 年 3 月 5 日，新總統艾奎諾夫人來到了馬拉卡南宮，這其中的擺設令出身富貴之家的她也瞠目結舌。從中也可以看出馬可仕一家生活的奢侈豪華與荒淫腐化。

　　最令人嘆為觀止的就數伊美黛的藏衣室，進入這裡，就彷彿進入了一家高級時裝百貨公司。這些衣物都是伊美黛出逃時

帶不走的，有 2000 副手套，1700 個手提包，5000 條短褲，500 個胸罩，200 雙襪子，最為著名的就是她沒有帶走的 3000 雙鞋，還有數百件歐洲時裝名師設計的精美服裝。

當然，伊美黛並不是空手走的，夏威夷的海關人員仔細檢查過這對夫婦的行裝，發現了 28 公斤金條、22 箱總價值為 130 萬美元裝在 278 只亞麻盒子裡的珠寶首飾，而這些也不過是些小錢而已。

艾奎諾夫人並不願意入住馬拉卡南宮，而是打算把它變成一座人民公園，作為馬可仕奢侈腐化的見證。馬拉卡南宮開放以後，每天都有很多來自國內外的遊客前來參觀，門口每天都有數千名馬尼拉窮人排長隊等候，以期望能親眼目睹馬可仕夫婦昔日的揮霍無度。

在馬拉卡南宮開放之前，新政府對宮內物品進行了登記。其中負責藥品登記的傑麗拉·雷耶斯醫生在馬可仕的臥室內偶然發現了一些文件，上面登記著他在國外的很多資產，數目之大令人難以置信。最早可以追溯到他上台之初，其中還包括被迅速轉移到國外的鉅款，存放在世界各地的金塊，以及秘密的銀行帳號。

這些檔的發現，為追查馬可仕侵吞國家財產案拉開了帷幕，也為控告馬可仕夫婦提供了部分證據。

為了調查馬可仕夫婦的財產，追回被他們據為己有的國家財產，菲律賓新政府成立了廉政委員會。經過 3 年的調查，委員會初步查清了馬可仕夫婦的財產：在菲律賓有房產 4500 公

頃、土地 5000 公頃、農場 23 處、公司 268 家、椰子油工廠 10 家、電視台、廣播電台 54 家、財產保證書 143 份、飛機 31 架、遊艇 13 艘、現金 10 億美元、珠寶折價 10 億美元，以及黃金數噸。

馬可仕夫婦的大部分財產都集中在國外。在美國，有 4 幢位於紐約曼哈頓區的辦公大樓，在洛杉磯比佛利和夏威夷檀香山有兩套別墅，紐約第五街、普林斯頓都有公寓，在舊金山、長島都有房產，華爾街有商業大廈和公寓，此外，還擁有總價值共 7 億美元的現金和珠寶，在瑞士銀行，經證實馬可仕有超過 75 億美元的存款，而且，在澳大利亞、巴西都有巨額存款。

初步查明的馬可仕家產就已經讓人觸目驚心了，況且還有很多尚不為人知的資產，究竟有多少，誰也不知道，但數額巨大是肯定的。菲律賓副檢察長查維斯認定馬可仕執政的 20 年間至少侵吞國家財產 100 億美元。

菲律賓政府清查馬可仕夫婦財產的行動得到一些外國政府的支持。西方媒體報導馬可仕下台之前把價值 200 億美元的黃金和珠寶偷偷運往了瑞士、奧地利、香港、台灣和新加坡等地。有人表示馬可仕夫婦除了在美國購買房地產以外，還把大量的錢存入了瑞士、美國、香港和菲律賓的銀行，並在美國、英國、加拿大和菲律賓買了大量股票。香港方面指出馬可仕夫婦有 169 億英鎊存入了香港的兩家銀行。

1986 年 3 月，美國凍結了馬可仕在美國各地的資產，並將他隨身行李的海關造冊交給了菲律賓政府。這一份長達

2300 頁的資產清單成了馬可仕侵吞公款的有力證據。6 月，應菲律賓政府的請求，瑞士政府凍結了馬可仕在瑞士銀行的存款，並將 5 億美元轉到了菲律賓的一個帳戶上。

1988 年 10 月，美國聯邦法院以敲詐、勒索等罪名起訴了馬可仕夫婦。大陪審團指控馬可仕在總統任期內，挪用公款 1.03 億美元，並從美國銀行詐騙了 1.65 億美元。

追討馬可仕在世界各地的巨額資產是一項極其艱巨的工作，菲律賓政府不得不做好打持久戰的準備。與此同時，馬可仕家族統治的不少醜行開始被揭露出來，其中最具影響的就是重新調查艾奎諾的被殺事件。經過 3 年多的調查審理，1990 年，菲律賓法院判處空軍准將盧瑟‧庫斯托迪奧和其他 15 名軍官無期徒刑，並查明馬可仕是這一暗殺事件的幕後主使。

在菲律賓追討公款的同時，背井離鄉的馬可仕夫婦為他們的腐敗也付出了代價，他們在國際輿論的一片罵聲中度日如年。過慣了被人前簇後擁生活的馬可仕夫婦因為親友的逐個離去而倍感淒涼和苦悶。由於 1986 年菲律賓吊銷了他們全家的護照，他們落得有國不能歸的下場。菲律賓總統艾奎諾夫人表示，除非馬可仕夫婦公開接受關於他侵吞和貪污國家財產的指控並退還大量非法所得，否則別指望回國。馬可仕的妹妹、母親先後去世，馬可仕想回國參加葬禮，菲律賓以國家利益為重的理由拒絕了馬可仕的請求。

1989 年 9 月 28 日，馬可仕帶著深深的遺憾淒涼地死在了夏威夷，馬可仕留下遺言，要把他的屍體運回菲律賓安葬。馬

可仕去世後，政府不允許將他的靈柩運回國內，羅慕斯雖然允許自己的表兄魂歸故里，但是卻拒絕將其安葬在馬尼拉的英雄陵園內。

馬可仕死後，美國聯邦法院宣佈不會指控伊美黛，菲律賓政府為了追回馬可仕在國外的存款，也同意伊美黛回國。1993年，菲律賓廉政法院以貪污罪、腐敗罪判處伊美黛9至12年的監禁，想借此剝奪她對馬可仕存款的繼承權。此後，伊美黛不斷上訴，在尋找法律漏洞的同時，繳納大筆保釋金後，才倖免入獄。

近20年來，針對馬可仕家族的指控多達數百項，但僅追回了12.4億美元現金，包括馬可仕家族在瑞士銀行的存款。目前，該家族在菲律賓境內仍有價值約40億美元的財產由於指控被凍結，海外也有近8000萬美元的資產遭到凍結。

第4被告 皮諾切特
——戎馬一生的晚年悲劇

被 告 人：奧古斯托·皮諾切特（Augusto Pinochet）

國　　別：智利共和國

身　　份：智利前總統、武裝部隊總司令

被控罪名：侵犯人權、詐騙和貪污、綁架、謀殺、種族屠殺、恐怖主義、殘暴對待人民等 300 多項指控。

刑　　罰：1998 年在英國被捕，但因其有司法豁免權而免遭審訊。在解除其司法豁免權之後，由於健康等因素一直未受審判，但多次被軟禁。2006 年 12 月 10 日死後，所有針對他的指控不了了之。

結案陳詞：皮諾切特是近 40 年來國際政壇最具爭議性的人物之一。他的複雜性從他去世前後智利國內截然不同的反應可以看出：有人失聲痛哭，有人歡呼雀躍。他是帶領智利走出經濟困境，邁向快速發展繁榮之路的救世主，又是將智利人民推進恐怖、血腥世界的大魔頭。他執政期間隨心所欲，一人獨步智利，晚年卻遭千夫所指、官司纏身。他面臨 300 多項指控，卻終因種種理由未被審訊。這樣一個有爭議的人物，在爭議中結束了自己的一生，只留下了一個民主繁榮的智利和數百個懸而未決的案件，讓後人繼續爭議……

第 4 被告 **皮諾切特**——戎馬一生的晚年悲劇

一・皮諾切特的離去：親者痛，仇者快

2006 年 12 月 3 日，91 歲的智利前總統皮諾切特因突發性心肌梗塞和肺氣腫進入智利首都聖地牙哥陸軍醫院接受治療。許多智利人得知這一消息後都興奮無比，甚至那些在其獨裁時期支持過他的人，都認為他的報應來了，都說「上帝在召喚他」了。

2006 年 12 月 10 日下午，也就是皮諾切特住院一周後，其病情突然惡化，於下午 14 時 15 分離開了人世。皮諾切特逝世的消息一經傳出，智利各大電視台都在第一時間做了報導。許多市民在獲得這一重大消息後，自發地走上街，但目的卻截然不同。

在軍政府執政期間受益的、支持皮諾切特的市民打著「感謝皮諾切特為智利所做的一切」之類的標語，前往陸軍醫院進行悼念。這些人圍在醫院門口，對著來往的車輛和行人大喊大叫，有的甚至難過得淚如雨下。他們高呼「皮諾切特萬歲」的口號，高唱智利國歌。

反對皮諾切特的市民，即在其 17 年獨裁

2006 年 12 月 10 日，智利首都聖地牙哥，皮諾切特的反對者聽到其死亡的消息後，歡呼雀躍。

103

統治中被壓迫的，主要是智利共產黨及其支持者們則舉著「凶手終於死了」之類的標語前往義大利廣場和總統府，一路歡呼雀躍。慶祝的人群在聖地牙哥的一些街道舉行隆重的慶祝儀式。

隨後，雙方發生了大規模衝突，互擲石塊和汽油罐，智利總統府前的街道上數輛汽車被點燃，聖地牙哥市內交通被部分中斷。據媒體報導，衝突中有數十人受傷，數人被員警逮捕。

在 20 世紀，智利國家歷史上最有爭議的一個人物，就這麼在人們的一片吹捧與痛斥、哀悼與歡呼中告別了紛紜莫測的世界。

英國前首相馬格麗特‧柴契爾夫人（Margaret Hilda Thatcher）對皮諾切特的去世表示十分傷心，她通過非正式管道向皮諾切特的遺孀和家人送去了自己「深切的哀悼」。作為皮諾切特的支持者，柴契爾夫人自皮諾切特 1999 年在英國被捕以來，就一直不懈地為他的釋放而奔走遊說。她覺得皮諾切特是一個公正的人，因為在 1982 年的馬島戰爭期間，皮諾切特為英國提供了無法估量的幫助。

智利女總統蜜雪兒‧巴切萊（Michelle Bachelet Jeria）是皮諾切特時代的囚犯及流放者，她表示不會出席皮諾切特的葬禮，但會派國防部長前去弔唁，各軍事部門和基地也會降半旗致哀。此外，她還表示不會給予皮諾切特前國家領袖的葬禮規格，但可以給他前軍隊領袖的榮耀。

從發動軍事政變登上權力巔峰到執政期間高壓統治，再到

第 4 被告 **皮諾切特**——戎馬一生的晚年悲劇

下台後的官司纏身，這位智利前領導人的一生可謂波瀾不斷。

湊巧的是，皮諾切特在受到審判之前離開了人世，而他去世的當天正好是世界人權日。

事實上，針對自己所犯下的罪行，皮諾切特總是以各種理由逃脫，因此，長久以來他即使官司纏身，在生前也沒有被審判過。不過，逃脫審判的皮諾切特卻沒有逃脫多次的軟禁。

1998 年 10 月 16 日，在倫敦一所醫院接受腹股疝氣鐳射手術的皮諾切特首次被英國警方逮捕，英國警方聲稱逮捕皮諾切特是根據西班牙法院簽發的國際逮捕令，西班牙方面指控皮諾切特犯有侵犯人權、酷刑和種族屠殺等罪行，向英國警方提出了引渡的要求。這次的逮捕拉開了皮諾切特案的序幕。

繼西班牙之後，瑞士法院也因一名瑞士籍公民在 1977 年失蹤要求引渡皮諾切特，瑞典、比利時和法國都因為有人在智利軍政府期間死亡和失蹤，相繼向英國法院提出了引渡的要求。

不過事情進展的並不順利，由於智利政府的努力和皮諾切特的健康狀況，英國內政部表明這位83 歲的老人已經不適合接受審判，引渡也沒有任

一名皮諾切特支持者用美國國旗扮成小丑的樣子，跟皮諾切特告別。

何意義。他們於 2000 年 3 月 3 日釋放了皮諾切特，英國此舉遭到了西班牙、比利時、法國等國家以及相關組織的強烈抗議和反對。

儘管如此，滿面紅光、絲毫不帶病色的皮諾切特還是在被英國關押了 500 多天後回到了智利。「殺人犯」的回國激起了反對者的抗議，他們要求智利司法部門取消他的終身議員特權，將他送上法庭。迫於內外壓力，智利政府開始了漫長的對皮諾切特的審判。

2000 年 8 月，智利最高法院做出了剝奪皮諾切特終身參議員、司法豁免特權的裁決，12 月 1 日軟禁了皮諾切特。最後官司纏身的皮諾切特在民眾的怒罵和病痛的折磨下走完了一生。這對一個曾在智利呼風喚雨的鐵腕人物來說，不能不說是一場悲劇。

二·暴力奪權

1915 年 11 月 25 日，皮諾切特出生於智利瓦爾帕萊索市的一個中產階級家庭。父親是一個嚴謹的海關巡查員，有部分社會主義傾向；母親則是一個正直而又嚴厲的女性，皮諾切特受母親影響較大。他性格倔強，自幼就有當兵的志願，母親對此頗為支持。15 歲時，皮諾切特因違反學校紀律而被開除，此後他曾兩次報考軍校，都因年齡不符、身材瘦小而遭到拒絕。

第 4 被告 **皮諾切特**——戎馬一生的晚年悲劇

　　1933 年，皮諾切特終於如願以償，進入首都聖地牙哥軍事學院學習，開始了他的戎馬生涯。3 年後，皮諾切特以所在班級最差的成績畢業，隨後便參軍入伍。儘管他不是一塊學習的好料，但是卻對軍隊的法令和等級制度格外遵守，在軍隊中的地位不斷提升。

　　1949 年他前往陸軍軍事學院學習，並於 1956 年留校任教，兼任副院長。在此期間他出版了幾本關於智利軍事史和地緣政治學的著作，國內知名度大大提高，到 1970 年，他已經成為聖地牙哥重要部隊第六師的師長。

　　20 世紀 70 年代，正值民主化潮流席捲拉丁美洲。當時一些理想主義的青年選擇以武裝戰鬥的方式來改造社會，受這種意識形態影響的游擊隊在拉丁美洲各國蓬勃發展。而此時，智

1973 年 9 月 11 日，皮諾切特發動軍事政變，推翻了阿連德政府。這是政變當天皮諾切特（中左）向群眾揮手。

利的游擊隊運動雖不像其他拉丁美洲國家那樣明顯，但卻出現了一個社會主義傾向的政府，左翼社會黨領導人薩爾瓦多·阿連德（Salvador Allende）與共產黨結盟，經過投票，當選為「人民團結」政府的總統。

阿連德的當選使一直視拉丁美洲為後院的美國惴惴不安，如果智利發展成為像古巴一樣的社會主義國家，那美國的後院無疑又多了一顆定時炸彈。在美蘇爭霸的過程中，美國很可能陷入被動狀態，因此美國政府不會允許智利成為第二個古巴。

在阿連德出任總統不久，美國就支持右派策劃顛覆智利政權的活動，美國總統尼克森曾令當時的中央情報局局長制定如何將阿連德搞下台的政策。

與此同時，資本主義世界爆發了經濟危機，智利也未能在危機中倖免。受其影響，智利國內失業率、通貨膨脹率明顯上升。醫生出身的阿連德是一個社會民主主義者，面對國內出現的經濟困境，他傾向於用控制式和集權式的辦法解決經濟危機，例如控制物價、瓜分大土地主的土地、承諾各種物資供應等，但這樣做的結果反而抑制了市場自發的力量。

沒有得到緩解反而日漸嚴重的通

1981 年 3 月 11 日，皮諾切特（中）在智利聖地牙哥宣誓就任立憲總統。

貨膨脹衝擊著脆弱的智利經濟，這就給美國顛覆阿連德政權提供了千載難逢的好機會。在美國的干預下，智利國內反對阿連德政權的運動不斷，美國政府操縱智利軍方進行了多次暗殺和恐怖活動，其中阿連德政府的施耐德（René Schneider）將軍就死於美國策劃的暗殺行動。美國政府明白，單靠外部勢力難以摧毀阿連德政府，依靠智利軍隊，發動軍事政變，才能徹底顛覆阿連德。

在智利，軍隊和政黨在平常是各司其職，互不干涉，然而政治一旦觸犯了軍隊的根本利益，軍隊就會挺身而出，絕不相讓。在智利軍隊中，70％以上的年長軍官出身富裕的特權階層，畢業於有名望的天主教學校。陸軍中45％的年長軍官出生於中產階級家庭，對提高自己的社會地位頗為用心。有些野心勃勃的軍人，千方百計與大地主和社會名流的女兒結婚，以提高自己的社會地位。阿連德所推行的政策正好觸及了這些人的利益，阿連德政府也因此受到了這些軍人的敵視。

美國政府怎麼會看不到這一點？早就包藏禍心的美國不過就是在找尋一個合適的「領頭羊」來領導反對派。此時有著反共思想的皮諾切特就進入了美國政府的視線。

皮諾切特是阿連德的同鄉，在 1948 年的時候他接觸過被囚禁的共產黨員，便形成了他對共產黨的抵觸心理。但精明的皮諾切特並沒有將自己的反共情緒表露在外，他對外聲稱自己不屬於任何意識形態陣營。憑藉老鄉的身份和狡猾的作風，在阿連德面對國內外反抗呼聲高漲、急需一個中立型的鐵腕軍人

1998 年 3 月 10 日，皮諾切特在聖地牙哥陸軍學院舉行的卸任儀式上做告別演講時拭淚。

來穩定政局的時候，他被任命為陸軍總司令。

有了實權，皮諾切特開始尋找機會顛覆阿連德政權。而實際上，他在私底下也早有謀劃，所以當美國找到皮諾切特，並答應為其提供資金和武器的資助時，兩者一拍即合。

1973 年 9 月 11 日，也就是皮諾切特任陸軍總司令的三個星期後，他就發動了軍事政變，透過戰機轟炸總統府，要求阿連德投降，而阿連德隨後便開槍自殺（開槍自殺是軍政府的說法，另一個版本稱，阿連德是在總統府外台階上的交火中被殺的）。

推翻阿連德政府後，皮諾切特建立了軍事政權，自任軍人執政委員會主席兼武裝部隊總司令。1974 年 6 月，皮諾切特正式出任智利共和國總統，開始了其 17 年的獨裁者生涯。

三‧是救世主還是大魔頭

皮諾切特上台之初，面對阿連德留下的經濟爛攤子，立即採取了市場化的經濟改革措施。他起用一群被其稱為「芝加哥

男孩」的芝加哥大學的經濟學家們，組成一個顧問團，研究智利的經濟形勢，商量出對策並加以實施。

經過精心的研究，皮諾切特和這群經濟學家制定了以增加出口和吸引外資為中心的自由市場經濟政策。政策實行之初，軍政府削減了 15％至 25％的政府財政開支，還減少了公共投資，取消各種政府補貼。他們還精簡機構、裁員、凍結工資，實行社會福利私人化，增收 10％的累進個人所得稅，縮小增值稅範圍，加強對逃稅、漏稅的嚴重查緝等。經過幾年的調整，智利的國家稅收到 1978 年翻了一番，同期稅收占國民生產值比重由 19％上升到了 33％。

軍政府還加快私有化步伐，將原本由國家控制的工礦、銀行、保險等 500 多家企業中的 90％退還原主或出售給私人，銀行只保留了一家為國有，其餘全部私有化，甚至連聖地牙哥德公墓、風景優美的奧索爾諾火山也賣給了私人。

此外，軍政府還減少貨幣供應量，大幅提高利率。1976 年，軍政府的放款率提高了 118.5％，高利率改變了人們對現金的需求和貨幣供應量的構成，銀行的存款額大幅增加。

為了吸引外資，軍政府還頒佈了《外國投資法》。在寬鬆的投資環境下，1974 年到 1980 年間，外國在智利的投資項目已達 500 多項，金額超過 40 億美元。在進出口方面，軍政府大幅降低進口關稅，讓外國商品大批進入，滿足國內需要，抑制國內物價的上漲，並提高智利產品在國際市場的競爭力。進口方面，軍政府成立官方「促進出口協調會」，免徵出口產品

的增值稅,並對出口產品所需的外國原料免徵關稅。

皮諾切特實施的經濟措施很快見效了。1977 年智利的經濟已經走出谷底,進入了復甦和高速發展的階段。通貨膨脹率逐步下降,國內生產總值穩步增長,財政收支扭虧為盈,貿易順差達 12.4 億美元。

但智利經濟復甦的好景不長,1981 年又出現了衰退的跡象,到 1982 年則爆發了 30 年來最嚴重的經濟危機。1983 年智利經濟仍舊停滯不前,失業率高達 20%,外債也從 1978 年的 55 億美元增至 180 億美元,成為拉丁美洲國家中人均負債率最高的國家。

面對嚴重的經濟困難和債務危機,智利軍政府頒佈了一系列經濟復甦的計畫,1985 年又出台了新的經濟政策。皮諾切特再度實行貨幣緊縮政策,減少財政開支,縮小非金融公共部門的赤字,繼續實行國企私有化。

與此同時,還進一步發展外向型經濟,努力改造經濟結構。政府鼓勵出口,對用於出口產品的設備、原材料的進口都採取優惠政策,出口額達 250 萬美元以上的工業品退稅率高達 10%。出口產品的品種也逐漸增多,從 400 多種變為 1300 多種,使經濟結構得到改善。農產品、木材、紙漿、魚粉、精肉、水果等出口也大量增加,其中林產品和電腦軟體出口創匯分別達到了 5 億和 2.3 億美元。

智利政府還修改了《外國投資法》,將外資徵收的附加稅從 40% 縮減至 33%;還通過債務資本化把債權人的債權轉化

成直接投資，並對他們匯出利率和抽回成本給予優惠，減少了債務額。

經過一段時間的調整，加上西方經濟的復甦，智利從1984 年開始擺脫經濟衰退的局面，出現了連年增長的勢頭。從 1984 到 1989 年這 6 年的時間裡，智利經濟實現每年 5％到7％的高速增長，比經濟基礎好的巴西、墨西哥和阿根廷的增長率都高，在拉丁美洲國家中脫穎而出。

這一切都是在皮諾切特的領導下實現的，有了他的領導智利經濟才日趨繁榮。皮諾切特執政期間，智利從一個名不見經傳的南美小國成為南美最發達的國家之一。皮諾切特推行的自由經濟被美國和英國當作南美的光輝榜樣，皮諾切特下台後的歷屆政府依舊採取了皮諾切特時期實行的經濟政策，並取得了巨大的成功。

智利經濟在拉丁美洲一枝獨秀，被一些經濟學家稱為「智利經濟奇蹟」。智利也因此成為「美洲的小老虎」、「拉丁美洲的新加坡」，皮諾切特的一些促進經濟發展的政策還為拉美其他國家所用。

皮諾切特被認為是智利現代市場經濟的奠基人，是智利經濟的「救世主」。然而，他如果僅有「救世主」這樣的標籤，也不會成為南美最具爭議的領導人之一，更不會晚年官司纏身，面對各種人權組織的指控了。

皮諾切特在暴力取得政權之後，為了保住權力，他下令在全國實行戒嚴和宵禁，解散國會、社團，禁止一切政治活動，

依靠暴力取得的政權當然要靠暴力來維護。為了徹底清除反對派人士，皮諾切特展開了針對前政府支持者、共產黨人和左翼人士的「大清洗」。也正是因為這些，皮諾切特在為數不少的人眼裡，他是南美最殘酷的領導人之一。

1974 年，皮諾切特組建了一支由他親自掌管、經過特殊訓練的秘密員警部隊。在 1974 年至 1983 年間，這支秘密員警部隊不僅殘害了大批智利左派和愛國人士，還綁架、拷打、暗殺了成千上萬名外國移民。這支員警部隊殘害人的手法花樣繁多、駭人聽聞。他們把受害者的衣服扒光，手腳綁在用鐵板製成的烤架上，電擊他們的嘴唇、傷疤或者給他們安上金屬義肢；或者把受害者與他們的親友放在鐵箱中擺在一起，對上面的人施以酷刑，從精神上折磨下面的人；或者用束口袋將受害者的口鼻封上，將其活活悶死。

在皮諾切特血腥的統治期間，智利有 4000 多人被捕，失蹤或遭暗殺的有 3000 多人，10 多萬人被迫流亡國外，25 萬人被關進監獄或集中營。據國際大赦組織揭露，智利有 1500 名政治犯失蹤，這裡還包括旅居智利的其他國家人士。皮諾切特的殘暴引起了國際社會的強烈譴責。1977 年，聯合國大會通過譴責皮諾切特政權的議案，譴責其對人權的藐視和漫無目的的侵害。對於這一指控，皮諾切特自有一番說辭，在他看來，人權是導致智利走向滅亡的最主要原因，應該清除人權。他甚至還說過，「人權是馬克思主義的發明」、「沒有我的允許，這個國家的一片樹葉都不允許動」這樣的渾話。

到了 20 世紀 80 年代後期，南美大部分國家都完成了向民主化的過渡，皮諾切特成了該地區唯一的軍事總統，十分刺眼。加上皮諾切特在國內的暴虐統治和智利民主化運動的高漲，扶植他上台的美國對他的態度也發生了改變，美國開始不願意和這個臭名昭著的獨裁者打交道，要他儘快下台。

事實上，從 20 世紀 70 年代後期開始，美國開始支援民主化進程，不斷向皮諾切特軍政府施壓。除了停止軍事援助之外，還減少了財政支持，甚至指名批評軍政府，敦促皮諾切特建立代議制民主政體。1985 年，美國政府公開表示希望皮諾切特下台，由一個民主政府取而代之。

1988 年，皮諾切特希望再次連任總統，但在全民公決中遭到了否決。1990 年 3 月，皮諾切特無奈之下退居二線，但仍保留陸軍總司令一職。新上任的總統艾爾文（Patricio Aylwin）執政後，成立了一個以阿連德時代的外交官勞爾·雷蒂為首的，由各界人士組成的「事實調查委員會」，調查 1973 年至 1990 年皮諾切特獨裁期間犯下的侵犯人權的情況。

根據 1980 年智利新憲法的規定，在任 6 年以上的總統可任終身參議員，皮諾切特也因這一身份獲得了免受起訴的司法豁免權。智利政府拿他無可奈何，對他侵犯人權的過往也採取了「原諒和忘卻」的態度。

皮諾切特執政期間，很多智利人並沒有享受到經濟上的好處，而由於他的獨裁統治和包庇軍人，智利社會出現了一批新貴特權階級，尤其是皮諾切特家族的暴富尤為突出。這些事實

使很多人對皮諾切特更加不滿意，這些不滿意的人就成為將皮諾切特推上法庭的主要社會力量。

進入 20 世紀 80 年代，西班牙司法部門也開始調查西班牙移民在智利失蹤和被殺的真相。從 1996 年起，經有「鐵面法官」之稱的加爾松（Baltasar Garzón）法官的調查，西班牙初步確定有 94 起失蹤和被殺案與皮諾切特有關，並多次向智利政府提出審判皮諾切特的請求，但都被智利司法機關一口回絕。最後，西班牙法官借皮諾切特去英國治病之機，要求將皮諾切特逮捕歸案，進而揭開了審判皮諾切特的序幕。

四・以非罪之身入土

皮諾切特在英國被捕後，引起了智利的騷亂，一些皮諾切特的支持者和反對者紛紛走向街頭遊行示威，並不斷發生衝突。

雖然皮諾切特已經在 1990 年下台，但其在國內軍隊和政界的勢力依然很強大，對拉丁美洲其他國家軍方勢力仍有很大影響力。由兩個支持皮諾切特的政黨組成的「智利聯盟」，在大選中贏得了 36％的選票，這也說明在智利至少還有三分之一的人支持皮諾切特。而具有舉足輕重地位的軍隊則依舊把皮諾切特視為智利軍方的象徵，不斷向智利政府施加壓力，要求政府妥善處理皮諾切特案。

對智利政府來說，皮諾切特的被捕也使他們顏面盡失。因

為皮諾切特去英國治病，智利政府已經打過招呼，英國外交部也作出保障他安全的承諾，可是最後，皮諾切特還是由英國警方抓捕歸案。而且，英國警方不顧智利政府的抗議，三番五次地審訊皮諾切特，使智利政府的國際形象和在國內的地位受到損害。

不管怎麼樣，審判皮諾切特已經成為大勢所趨，任何組織和個人都難以阻止對皮諾切特的調查和審判。從皮諾切特落網後，他先後受到過 300 多起訴訟和調查，還多次被當局軟禁。2005 年 3 月，皮諾切特執政時期的秘密員警部門負責人向智利最高法院提交了一份名單，名單上面列出了他執政期間 500 多個被捕後失蹤人員的資料，成為他侵犯人權指控的最有力證據。

然而，皮諾切特始終拒絕就執政期間發生的事件承擔責任。2003 年 11 月，他在接受電視採訪時表示他良心坦然，毫無怨悔，並否認殺害或下令殺害過任何人。直至 2006 年 11 月25 日，皮諾切特在度過自己 91 歲生日時，他本人才透過妻子宣讀一份聲明，表示願意承擔在其執政 17 年間所發生事件的政治責任。不過他依舊不忘為自己辯護，聲稱 1973 年的軍事政變不過是想讓智利變得強大起來，避免走向分裂。

皮諾切特除了犯有侵犯人權、濫殺無辜等罪行外，還被指控長期偷稅漏稅。據調查發現，皮諾切特於 1994 年至 2002 年期間在美國里格斯銀行存入了將近 800 萬美元，隨後又發現他在其他海外銀行裡的存款超過了 2700 萬美元，甚至在他 1998

年被英國逮捕，並在西班牙因面臨違反人權和進行大屠殺的指控而被軟禁後，這些錢仍在該銀行的協助下，得到精心偽裝並在全球各地轉移。

2005 年，他的妻子盧西婭（Lucía Hiriart）被指控協助皮諾切特進行稅務欺詐，3 個月後，剛剛度過 90 歲生日的皮諾切特被指控稅務欺詐和偽造護照，他的財產隨之被凍結。與此同時，皮諾切特的 38 名親屬也受到了智利當局的調查，看他們是否有洗錢和偷稅漏稅的行為。接受調查的人當中，除了控制著兩家慈善機構的妻子，還包括擁有不同公司的 5 個孩子，還有他的孫子、兄弟姐妹和叔伯兄弟。

不管怎麼樣，最終，皮諾切特在爭議和討伐聲中去世了。其實，一直到他去世，庭審都沒有完成。

或許有人要說，皮諾切特執政 17 年的時間裡，以 3000 多人的非正式死亡換來國家長久的民主制度及經濟進步，成本小得很，但當今文明社會裡怎麼可以有這種荒謬的功過相抵的邏輯？

皮諾切特沒有受到審判便去世了，從法律角度上看，算是以非罪之身入土，然而，他自知罪孽深重，在死前做出了願意承擔一切行為後果的懺悔。如今，皮諾切特已入土，關於那 17 年的黑暗歷史，17 年的獨裁統治，智利人都願意讓它們隨皮諾切特的屍體深深掩埋，再不提及。

第三法庭
民族與政治矛盾的「犧牲品」

　　當今國際社會，民族主義的幽靈卻始終相伴相隨。儘管，在一些地區，原來民族間的緊張氛圍一再被冷戰這個大背景所遮掩，但那些羈絆於斑駁複雜的民族矛盾中的恩恩怨怨，終究是要暴露在光天化日之下的。在天時、地利和人和都不穩定的脆弱體系中，在歷史上形成的積澱因素中，不乏各種文明、利益交匯的負面遺留。正是在諸多內外因素的相互作用下，一些非理性的極端主義在民族與政治間蔓延。期間，或引發了事端，或加深了矛盾，或催生了政治的「犧牲品」。無論是阿拉伯的雄獅薩達姆‧海珊，抑或是巴拿馬鐵腕諾列加，這些坐在權力之巔俯瞰眾生的掌權人，正是那些歷史真實的演繹者。

第 5 被告 薩達姆・海珊
——一面英雄一面惡魔

被 告 人：薩達姆・海珊（Saddam Hussein）

國　　別：伊拉克共和國

身　　份：伊拉克前總統

被控罪名：反人類罪等 14 項罪名

刑　　罰：絞刑

結案陳詞：從提克里特的小夥子到阿拉伯雄獅，薩達姆的一生可以被四場戰爭串起來：1980 年兩伊戰爭、1990 年入侵科威特、1991 年的波斯灣戰爭以及 2003 年的伊拉克戰爭。薩達姆因為戰爭揚名世界，亦因為戰爭走向毀滅。伊拉克和美國的愛恨情仇，薩達姆家族與布希家族的恩恩怨怨，都牽動著世界的神經。不管薩達姆是英雄還是惡魔，他都是一個值得被記住的人物。

一・野心勃勃的提克里特小子

2006 年 12 月 30 日凌晨 6 點 15 分（台北時間 11 點 5 分），很多人剛剛醒來，準備開始新一天生活的時候，一個叫做阿爾哈拉的沒什麼名氣的小電視台，公佈了一條令世界大為震驚的消息：「幾分鐘前，薩達姆死了。」

於是，「薩達姆」這個名字，成為 2007 年新年前被提到的最多的名字。有人為薩達姆之死開香檳，鳴槍慶祝；有人為薩達姆之死義憤填膺，大聲嚎哭。薩達姆，一個集英雄和魔鬼於一身的人物，不知道他本人是否意料到自己的死會掀起一場世界性的風暴？

薩達姆全名薩達姆・本・侯賽因・本・馬吉德・阿爾・提克里特（Saddam Hussein Abd al-Majid al-Tikriti）。這是一個典型的阿拉伯名字，按照阿拉伯人的習慣，一個人的名字裡應該包括他的本名、父親名、祖父名和出生地的名字等。

一個阿拉伯人的名字，往往就是一個阿拉伯家族的「簡要歷史」。「薩達姆」在阿拉伯語中的意思是「堅定不移的戰鬥者」，而提克里特卻是一個浸滿血淚的地方。

是什麼賦予了薩達姆英雄的一面，又是什麼讓薩達姆呈現出魔鬼的一面？也許正是那飽經滄桑的提克里特。

提克里特緊靠著有「古文明發祥地」之稱的底格里斯河，地處巴格達和摩蘇爾之間，自古以來就是戰略要地。那些要翻越美索不達米亞高原，前往庫德斯坦的商人們需要在提克里特

歇腳；那些沿著巴士拉河前往薩邁拉的學者們需要在提克里特小憩；那夢想要征服世界的帖木兒大帝，需要在提克里特掀起血雨腥風。

在征服欲旺盛的古羅馬人那裡，提克里特被叫做「底格里斯河上的堡壘」。儘管提克里特在 14 世紀為帖木兒大帝侵占後，在幾百年的時間裡都蕭瑟黯淡，但它卻是伊拉克人心目中的「不可淪陷之城」。12 世紀伊拉克的傳奇英雄薩拉丁（Saladin）就誕生在提克里特。

1937 年 4 月 28 日，薩達姆出生在提克里特的一個遜尼派（Sunni Islam）穆斯林家庭裡，在他降生前的幾個月，他的父親侯賽因‧馬吉德就去世了。薩達姆的母親薩卜哈‧圖爾法（Subha Tulfah al-Mussallat）並沒有對薩達姆的到來感到高興。

在第一次世界大戰時，英國人占領了伊拉克，而提克里特有著不少英國士兵的小公墓和英國人挖的戰壕。薩達姆出生時，提克里特人還清楚地記得英軍來襲時的可怕景象。而薩達姆出生後沒多久，第二次世界大戰就爆發了。全世界都瘋狂起來，絕少有哪個地方能躲過戰爭的陰雲，地處中東的伊拉克是盟軍和德國法西斯爭奪的對象。

薩達姆的童年時代是在鄉村親戚家度過的。薩達姆不喜歡單調的鄉村生活，他一心巴望著家裡能送他上學讀書，因為讀書是改變命運的最好手段。但薩達姆的家人卻並不認為讀書有多大用處，他們只希望薩達姆能夠成為一個老實的農民，平平

淡淡地過完一生。

　　上天不給薩達姆改變命運的機會，薩達姆就只好自己創造這個機會。在一天深夜，年少的薩達姆帶著一把手槍，離家出走了。這是薩達姆一生中最重要的決定之一。

　　薩達姆一個人坐上了開往巴格達的汽車，投奔了親戚圖爾法赫（Kharaillah Tulfah）。圖爾法赫對薩達姆影響極大，他將薩達姆送入學校，鼓勵薩達姆做阿拉伯世界的偉人，他也影響了薩達姆對西方人的看法。圖爾法赫從不掩飾對英國人的痛恨，有著濃厚的民族主義思想感情。圖爾法赫告訴薩達姆，異族的侵略者可惡至極，那些勇於反抗異族統治的人才是真正的英雄。

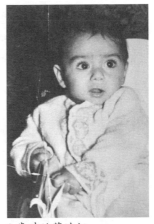

3 歲時的薩達姆。

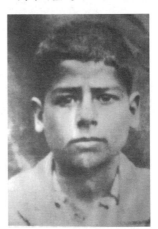

1947 年，10 歲時的薩達姆。

　　年少時接受的觀念，往往會伴人一生。可憎行徑的故事，並不是憑空杜撰。

　　二戰結束後，伊拉克擺脫了英國的殖民統治，但伊拉克並沒有擺脫被人國操縱的命運。美蘇冷戰打響後，中東地區成了美蘇雙方爭奪的要點。1954 年，美國和伊拉克就軍事援助事宜交換了文件，美國向伊拉克提供武器，伊拉克加入由美國主

導的集體安全防衛體系。這個防衛體系無非是針對蘇聯而設。一年之後，還是在美國的支持下，伊拉克國王又和土耳其總理簽訂了《巴格達條約》，在安全和防禦方面展開合作。後來，為了維持在阿拉伯世界的影響力，英國也加入了《巴格達條約》。

伊拉克本想借美、英的力量鞏固自己的安全，卻沒曾過和美、英的接觸引起了一些阿拉伯國家的不滿。埃及和沙烏地阿拉伯都擔心，伊拉克會背靠美、英而坐大，它們不想看到伊拉克成為阿拉伯世界的主導國。與此同時，伊拉克內部也暗潮洶湧，很多伊拉克人都認為伊拉克不應該和「可惡的西方人」走得那麼近，更不應該疏遠阿拉伯兄弟。伊拉克局勢動盪，親英美的費薩爾王朝飽受抨擊。

和很多熱血青年一樣，薩達姆一直關注著伊拉克的變化，並對費薩爾王朝的做法大為不滿。但和一般青年不同的是，薩達姆並沒有讓這種不滿只表現在口頭上。1957 年，年僅 20 歲的薩達姆加入了阿拉伯復興社會黨，該黨的口號甚合薩達姆之意：「追求整個阿拉伯世界的統一、自由和社會主義。」年輕的薩達姆已經做好準備，隨時準備投身政治。

二·暗殺失敗，亡命天涯

正所謂「時勢造英雄」，薩達姆的一腔英雄之志需要機會展現出來。在阿拉伯復興社會黨裡，薩達姆分外積極。無論是

上街宣傳的小活動，還是刺殺要人的大活動，薩達姆都踴躍參加，只是這些似乎都不足以體現薩達姆與眾不同之處。

1958 年，伊拉克發生政變，將軍卡里姆・卡塞姆（Abd al-Karim Qasim）推翻費薩爾王朝。很多王室成員都被殘酷殺害，首相努里・賽義德（Nuri as-Said）雖男扮女裝試圖逃跑，但最終也沒有逃脫厄運。卡塞姆將王室成員的屍體當街示眾，伊拉克頓時升騰起一種恐怖的氣氛。卡塞姆是個心狠手辣的獨裁者，他毫不留情地屠殺異己，讓 1958 年的伊拉克充滿了血的腥味。

阿拉伯復興社會黨並沒有因為卡塞姆的嚴酷統治而銷聲匿跡，動盪的社會局勢反倒成了薩達姆展露身手的契機。

1959 年薩達姆因涉嫌刺殺某政界要人，被關進了伊拉克司法系統特有的監押所。這個監押所的管理不像一般監獄那樣嚴格，犯人們都有一定的行動自由。薩達姆非常懂得利用環境，白天老老實實地反省「過錯」，對獄警恭恭敬敬，而一到晚上，薩達姆就恢復了他冒險家的本色，他投身在人群裡大談政治問題，還嘗試著將獄警拉攏成自己人。憑著機敏的頭腦和出眾的口才，薩達姆還真的說服了一些獄警為阿拉伯復興社會黨服務，這些獄警會循著薩達姆的要求，將那些正處在危險中的阿拉伯復興社會黨成員「抓」進監押所，以便他們能免受卡塞姆政府的迫害。時間長了，薩達姆所在的監押所反倒成了阿拉伯復興社會黨成員的避難所。

由於證據不足，薩達姆在監押所裡待了一段時日就被放

了。而此時，他在阿拉伯復興社會黨中已經小有名氣。那段被逮捕的經歷沒有在薩達姆心頭留下什麼陰影，相反，還激起了他一反到底的決心。出獄後不久，薩達姆和幾個年輕人就接到了一個任務：刺殺卡塞姆。

刺殺進行得並不成功。薩達姆和夥伴們朝卡塞姆的車隊一通掃射，卡塞姆的衛兵立即予以猛烈還擊。混亂之中，卡塞姆爬到車底，躲過一劫。薩達姆和同伴們在槍林彈雨中狼狽逃跑，好容易才躲過追兵，但薩達姆的左腿被擊中。卡塞姆遇刺可是一件大事，伊拉克當局立刻緊鑼密鼓地搜捕刺客。薩達姆不敢到醫院治療槍傷，便決定自己動手取子彈。他用剃刀將傷口切開，用消過毒的剪子將子彈生生挖了出來。整個過程都沒有使用麻藥。

簡單處理好傷口後，薩達姆就開始了他的逃亡生涯，他先是躲到了一個朋友家裡，燒掉了那裡所有和自己有關的東西，然後便拖著傷腿，匆匆上路，身上只帶了一把零錢和一個防身用的短刀。

伊拉克已沒有薩達姆的容身之所，薩達姆只能奔向伊拉克的鄰國敘利亞。薩達姆的逃亡歷程就像一部情節跌宕起伏的好萊塢電影。

由於害怕腿傷暴露，薩達姆特地買了一匹馬。有一次，就在他騎馬狂奔時，突然有幾個員警將他攔住。員警要求薩達姆出示證件，薩達姆假裝成鄉下來的游牧人，反駁員警「游牧人從來不帶證件」，不等員警開口，薩達姆就故意拉高聲音大罵

員警粗魯，還不依不饒地要拉著員警去找人評理。員警被薩達姆激怒了，將什麼卡塞姆遇刺、刺客逃跑都拋到了腦後，圍過來對薩達姆就是一頓毒打。打完後，員警氣消了，扔下趴在地上的薩達姆，揚長而去。

薩達姆在逃亡過程中，幾次從警察局門口走過，但每次，薩達姆都泰然自若，從沒引起員警懷疑。有時候，薩達姆還會滿臉笑容地和員警打招呼，寒暄幾句。

當薩達姆來到底格里斯河時，已經筋疲力盡，但他還是拖著一條傷腿，頑強地泅過了底格里斯河。

薩達姆成功地逃到了敘利亞，而後又經敘利亞來到埃及。當時的埃及正處在民族解放運動的熱潮中，那裡正熱情地歡迎著來自全世界的阿拉伯勇士。在埃及，薩達姆不但不用擔心人身安全，還結識了不少志同道合之人，埃及領導人納賽爾（Gamal Abdel Nasser）就是薩達姆的好友之一。納賽爾曾衝破西方大國的阻撓，收回了蘇伊士運河，是阿拉伯人心目中敢對西方世界拍案而起的勇士。薩達姆敬仰納賽爾，納賽爾則認為薩達姆是真正的勇士，二人惺惺相惜。

在納賽爾的幫助下，薩達姆得以進入開羅大學法學院學習。那時的薩達姆，還是一個戰士，而不是眼光長遠的政治家。這段平靜的學習時光讓薩達姆一生受益匪淺。然而即便是在學習之中，薩達姆也沒有放鬆對阿拉伯復興社會黨的活動。他在埃及為該黨招募成員，並在 1962 年成為阿拉伯復興社會黨開羅支部的領導人。

三‧一人之下萬人之上的「伊拉克二號」

隨著時間的推移，薩達姆發現在很多事情上納賽爾都和阿拉伯復興社會黨存在較大分歧。這些分歧存在的時間長了，不可避免會引發矛盾。埃及的一些安全機構開始搜查薩達姆的房間，甚至翻閱薩達姆寫的東西。

薩達姆很清楚，只要卡塞姆在伊拉克當政一天，自己就沒有辦法返回伊拉克。但正如甘地所說「歷史上那些暴君和殺人犯都曾一度戰無不勝，但最終，他們都倒下了。永遠如此」，卡塞姆的運氣再好，也躲不過所有針對他的暗殺。

一個名叫艾哈邁德‧哈桑‧貝克爾（Ahmed Hassan al-Bakr）的復興社會黨成員成功地進入卡塞姆政府，並當上了兵營司令。1963 年 2 月 8 日，貝克爾帶領士兵發動政變，捉住了卡塞姆，並很快將其處決了。

貝克爾順理成章地成為伊拉克總理。薩達姆在得知貝克爾政變成功後，也興沖沖地返回巴格達。貝克爾很器重薩達姆，當即就安排薩達姆到中央農民局工作。薩達姆在埃及學到的知識派上了用場，但他很快就發現，形勢對復興社會黨並不如表面上看起來那樣有利。貝克爾是出色的軍人，卻不是稱職的政治家。復興社會黨內派別林立，大有分裂的可能，這讓復興社會黨根本無法團結一致處理紛繁的國內事務。

果不其然，9 個月之後，卡塞姆的哥哥阿里夫（Arif Abd ar-Razzaq）就把持了軍政大權，貝克爾糊裡糊塗地被免了

職，薩達姆也受到了牽連。

由於內部分裂，復興社會黨在阿里夫等人的衝擊下，毫無招架之力，該黨黨員也被一點點地清除出去。為了重振復興社會黨，在工作之餘，薩達姆和幾個朋友悄悄尋購武器。年輕氣盛的薩達姆信奉武力，甚至曾打算衝進阿里夫的辦公室，將其打死，一了百了。

1963 年 2 月 8 日，阿拉伯復興社會黨發動政變殺死了卡塞姆後，薩達姆從埃及返回伊拉克。

薩達姆和夥伴們籌畫了多次政變，阿里夫方面很快就注意到這點。1964 年 9 月，薩達姆被捕了，還被判處死刑。但此時的死神似乎並不中意薩達姆，被阿里夫判了死刑的他並沒有被執行。

當時的伊拉克政變頻繁，1966 年薩達姆重獲自由的時候，剛好趕上一夥軍官要發動兵變。復興社會黨決定利用此次兵變重返政府。1966 年 7 月 17 日，薩達姆受復興社會黨之命和政變軍官一同向總統府發動進攻，由於在兵變之前，薩達姆已成功地控制住部分兵變軍官，所以兵變發生後，阿拉伯復興社會黨水到渠成地接管了權力。貝克爾成為伊拉克的新總統。

一個名叫拉扎克．納伊夫（Abd ar-Razzaq an-Naif）的軍官在政變後成為總理，在伊拉克政、軍界，納伊夫也有不少擁護者，而納伊夫並不是復興社會黨的成員，復興社會黨非常擔心納伊夫會成為自己的政治對手。

1965 年在獄中的薩達姆（左一）。

1963 年復興社會黨被清除出政府的事件給薩達姆的印象太深了，薩達姆決定先發制人，不管納伊夫是否有心和復興社會黨作對，都要將納伊夫掃地出門。在和復興社會黨高層交流後，薩達姆用槍頂著納伊夫來到機場，命令納伊夫到摩洛哥去當伊拉克大使。機場上到處都是納伊夫的人，他們絲毫沒有發現什麼異樣，納伊夫乖乖地鑽進飛機，離開伊拉克。

復興社會黨牢牢把持國家大權後，隨即面臨著內部分裂的問題。黨內重要人士拉開架勢，都想得到更大的權力。此時，薩達姆還沒有什麼權力野心，參與 1966 年兵變也好，趕走納伊夫也罷，都是在向復興社會黨盡力罷了。但薩達姆為復興社會黨立下的功勞，實實在在地擺在那裡。

貝克爾總統對薩達姆信任有加，在處理國家要事上，少不了要聽聽薩達姆的意見。很快，薩達姆就當仁不讓地成為伊拉克革命指揮委員會副主席。按照伊拉克憲法，當革命委員會主席和總統都缺席的時候，革命指揮委員會副主席就可以代行他們的權力。薩達姆成了伊拉克響噹噹的第一把交椅，而此時他才只有 30 歲。

薩達姆一開始並沒有接受這個副主席職位。有人以為，這只是薩達姆玩弄的一個把戲，這種拒絕一方面可以顯示出薩達

姆對復興社會黨的忠心，表明他為復興社會黨效勞並不是為了權力，一方面也可以方便他試探一下自己在復興社會黨中的威信，看除自己之外是否還有別的人能擔任這一職位，且這個人是否會對自己構成威脅。

最終，薩達姆正式接受了革命指揮委員會副主席一職，成為貝克爾的左右手。由於貝克爾的年老和精力不濟，政事越來越多地交由薩達姆處理。

在暗潮澎湃的伊拉克政壇，鋒芒畢露的政治家很容易受到攻擊，薩達姆對此心領神會。他從不居功自傲，總是把成績歸功在貝克爾身上，並要求各新聞媒體在提到貝克爾時，尊貝克爾為「革命之父」，這一切都令貝克爾十分受用。

薩達姆輔佐貝克爾多年，位高權重，卻從沒給人絲毫意圖取代貝克爾的嫌疑與猜忌。薩達姆代貝克爾料理革命指揮委員會和復興社會黨的各種事務，政權、軍權一時間都集中在他手裡，只要他想，便隨時可以將貝克爾推翻。但薩達姆已經不再是當初那個衝動的提克里特小夥子了，他知道貝克爾已經將他默認為是自己的接班人，此時，忠誠與肯做遠比搶功奪權更為重要。

一向忠心耿耿的薩達姆果然贏得了貝克爾的信賴。在紀念復興社會黨奪權 10 周年大會召開的前一天，貝克爾宣佈辭去職務，並公開表示，薩達姆是自己的接班人。第二天，薩達姆就正式宣誓就任伊拉克共和國總統和革命指揮委員會主席。至此，薩達姆的時代正式開始。

四．兩伊戰爭：梟雄間的爭鬥

伊朗是伊拉克的鄰居，也是伊拉克的宿敵，這兩個國家的矛盾在薩達姆出生之前就扎下了根。

伊拉克是底格里斯河文明和幼發拉底河文明的發源地，在伊拉克的土地上曾有過亞述王國和巴比倫王國。可這兩個輝煌一時的王國都被伊朗的前身阿契美尼德帝國毀滅。伊朗和伊拉克的人多信奉伊斯蘭教，伊斯蘭教中又有遜尼派和什葉派（Shia Islam），其中什葉派尊奉的許多聖人，其陵墓都在伊拉克境內，比如什葉派創始人阿里。伊朗有大量什葉派信徒，這些信徒時不時會湧到伊拉克參拜聖人陵墓，千年來一直如此。

宗教將伊朗和伊拉克緊密地聯繫在一起，按照一般邏輯，兩個擁有相同信仰並交往甚久的國家，理應親如兄弟。但實際上，當宗教和政治結合在一起，情況就複雜了。

1979 年 7 月 16 日，薩達姆取代貝克爾任總統，在阿拉伯復興社會黨內發動大清洗。圖為 1978 年薩達姆（左一）與時任伊拉克總統的貝克爾。

伊拉克是個阿拉伯國家，伊朗則是波斯人占大多數的國家。薩達姆所在的阿拉伯復興社會黨秉持阿拉伯民族主義，要求建立一個統一的阿拉伯，將那些應屬於阿拉伯的領土收到阿拉伯人手裡。而這些領土中就包括一些伊朗土地。

二戰結束後，美蘇爭霸連帶起中東的動盪，美國等西方國家很想將中東打造成抵抗蘇聯的堡壘，非常注重其對伊朗、伊拉克等國的影響力。1963 年，伊朗國王巴勒維（Mohammad Reza Pahlavi）在美國的支持下推行起「白色革命」，頒佈一系列西方式的政策，引起了伊拉克復興社會黨的不滿。伊朗什葉派領袖霍梅尼（Ruhollah Khomeini）因為反對巴勒維，被迫逃到伊拉克的聖城納傑夫。

　　伊拉克方面同樣出於反對巴勒維的需要，接納了霍梅尼。但霍梅尼和阿拉伯復興社會黨的分歧並沒有消除，霍梅尼向來反對阿拉伯民族主義，認為阿拉伯民族主義有礙於伊斯蘭社會的統一。

　　阿拉伯河是伊朗和伊拉克的天然邊界，兩國為了這條 100 公里左右的河沒少發生糾紛。1975 年伊拉克和伊朗就阿拉伯河達成了《阿爾及爾協定》。協定達成後，伊朗並沒有履行，這就激起了伊拉克的怒火。

　　1978 年伊拉克驅逐了霍梅尼，1979 年薩達姆出任伊拉克總統，而這一年伊朗發生革命，國王巴勒維狼狽下台。霍梅尼在伊斯蘭世界德高望重，薩達姆則在評價伊朗革命時質疑霍梅尼的伊斯蘭領袖資格，並認為伊朗革命根本就不是伊斯蘭革命。

　　巴勒維倒了，什葉派握住了伊朗大權，霍梅尼和薩達姆的矛盾就浮現出來。在薩達姆看來，什葉派在伊拉克壯大後，必然威脅到阿拉伯復興社會黨的地位，為了制止什葉派在伊拉克

發展壯大，薩達姆開始大力打壓伊拉克的什葉派穆斯林。軍隊在薩達姆的授意下，在伊拉克展開挨家挨戶的搜查。伊拉克什葉派領袖薩德爾（Muqtada al-Sadr）被軟禁起來，很多有波斯血統的伊拉克人被迫流亡他鄉。伊朗和伊拉克的裂痕越來越大。

什葉派穆斯林對薩達姆的做法極其不滿，紛紛走上街頭遊行抗議。薩達姆當即下令部隊鎮壓。一場混亂之後，5000 多名什葉派穆斯林被抓。1980 年春天，薩達姆又出新政，但凡被認為和伊朗有所瓜葛的什葉派人士，不但遭到驅逐，連財產也被政府沒收。

霍梅尼怒了，說伊拉克企圖點燃針對伊斯蘭的戰爭，他號召伊拉克人推翻復興社會黨的統治。薩達姆也怒了，指責霍梅尼煽動伊拉克人進行反政府活動，還說當年巴勒維的統治比現在的伊朗當局要強得多。

薩達姆和霍梅尼都預料到戰爭不可避免，兩個人一面大打口水仗，一面忙著調兵遣將，都顯示出要和對方拚個你死我活的架勢。薩達姆信心十足，他公開提出，伊朗有部分領土的所有權值得質疑，位於霍爾木茲海峽上的幾個小島理應屬於伊拉克，伊朗應當立即履行《阿爾及爾協議》。伊朗當然不會忍氣吞聲，於是 1980 年 9 月，兩伊戰爭爆發。

一開始，伊拉克在戰爭中占了上風，出其不意地奪走了伊朗 150 平方公里的土地，還炸毀了若干個伊朗機場。薩達姆對這一結果非常滿意，開始為戰爭塗抹上伊斯蘭革命的色彩，號

召阿拉伯人都投身於這場戰爭。薩達姆將 1980 年的兩伊戰爭和發生在西元 7 世紀的波斯帝國與阿拉伯穆斯林的戰爭相提並論，這樣一來，兩伊戰爭就不是單純的領土糾紛了。

1980 年 11 月，薩達姆在公開場合稱，伊朗人是波斯人，不是阿拉伯人，伊朗人是否是真正的穆斯林值得懷疑。薩達姆的話極大地刺傷了伊朗人的自尊心。薩達姆盡情抒發著對波斯人的憎恨，然而，前方的伊拉克大軍卻沒帶回多少好消息。薩達姆原以為戰爭很快就會以伊拉克人的勝利告終，但他失算了。1982 年 6 月，伊朗收回了戰爭初期被伊拉克占領的土地，伊拉克開始陷入被動。

到了 1984 年，形勢又開始倒向薩達姆一邊。霍梅尼的軍隊開入伊拉克後，才明白自己犯了多麼愚蠢的錯誤。伊朗大軍對伊拉克的地理環境了解甚少，而 1984 年的伊拉克又同時得到美國和蘇聯的支持。伊朗的軍事物資開始緊張，而伊拉克正源源不斷地從美蘇那裡購買武器。

薩達姆決定乘勝追擊。1985 年春，伊拉克方面擴大了戰爭規模，薩達姆要求伊拉克空軍對伊朗的民用目標進行轟炸，並對伊朗人使用了化學武器。化學武器和對平民目標的狂轟濫炸給伊朗帶來了莫大的災難，作為報復，伊朗人毫不示弱地轟炸了伊拉克的城市。

從 20 世紀 70 年代起，世界石油價格的暴漲讓中東產油國家飛速發展，薩達姆本可以給伊拉克帶來一段穩定的發展期，霍梅尼也本可以領著伊朗迅速成長。

有人說，兩伊戰爭就是薩達姆和霍梅尼兩個人的戰爭。一將功成萬骨枯，薩達姆和霍梅尼都想成為中東地區最有影響的領導者，都容不得對方的存在。薩達姆要張揚阿拉伯復興主義，而霍梅尼要宣揚伊斯蘭主義。

1988 年伊拉克至少向伊朗首都德黑蘭發去了數百枚遠端導彈，伊朗則入侵了伊拉克的庫德區。兩伊戰爭的慘烈終於震盪了世界，而試圖趁兩伊開戰牟利的美國，也受到了傷害。

1987 年，伊拉克戰鬥機不知怎麼炸沉了美國「斯塔克」號護衛艦，而神經緊張的美國海軍則於 1988 年將一架伊朗商務機誤當作準備對其攻擊的戰鬥機而擊落，致使機上數百人無一生還。

1980 年入侵伊朗前薩達姆慰問伊拉克士兵。

1988 年 7 月，聯合國終於出手，要求伊朗和伊拉克都必須立即無條件停戰。霍梅尼和薩達姆相繼接受了停火協議，此時，伊朗和伊拉克都已破敗不堪。

兩伊戰爭打了 8 年，卻沒有贏家，儘管薩達姆稱戰爭以「伊拉克的輝煌勝利」終結，但在很多時候，這種「輝煌勝利」都只是薩達姆一相情願。因為戰爭，伊拉克背上了 600 億美元的巨債，無數伊拉

兩伊戰爭中的薩達姆。

克人流離失所。

1988 年還很少有人要求薩達姆對戰爭中無辜死難的庫德人、伊朗人等負責,但是這並不意味著人們會忘記薩達姆的所作所為。霍梅尼在 1989 年去世,他和薩達姆的爭鬥告一段落,而對薩達姆來說,一切才剛剛開始。

五・波斯灣戰爭:走向深淵的開始

伊拉克沒有從持續了 8 年之久的兩伊戰爭中占得什麼便宜。看著一片凋敝,且背上巨債的伊拉克,薩達姆焦頭爛額。戰爭是激盪人心的,但是,收拾戰後殘局是令人頭疼的。

薩達姆信奉武力,既然他沒能從對伊朗的戰爭中得到想要的結果──擴充伊拉克的領土,成為波斯灣地區的領導人──那他還可以通過對其他地方的開戰得到這種結果。伊拉克不只有一個鄰國。薩達姆很自然地瞄到了科威特。

科威特是個又小又富的國家。歷史上,科威特曾是伊拉克的一部分,但 1961 年它在英國人的支持下宣佈獨立,並在 1963 年加入了聯合國。

兩伊戰爭結束後,薩達姆要求科威特方面免除對伊拉克的債務,科威特拒絕。薩達姆要求科威特幫伊拉克償還些債務,科威特還是拒絕。薩達姆在初任總統時曾說「阿拉伯人的榮耀來自伊拉克」,他認為對伊朗開戰是為了所有阿拉伯人,而不僅僅是伊拉克人。薩達姆對科威特的反應相當惱怒。

兩伊戰爭期間的伊朗士兵。

1990 年春天，在薩達姆的主持下，巴格達召開了阿拉伯高峰會。薩達姆認為科威特正在和伊拉克打經濟戰。在之後的領導人私人交流時間裡，薩達姆要求科威特割兩個島給伊拉克。在薩達姆看來，科威特也是阿拉伯國家，順著薩達姆「阿拉伯人的榮耀來自伊拉克」的邏輯，科威特為伊拉克「奉獻」一下理所當然。

科威特當然不會答應薩達姆，薩達姆立即開始在公開場合指責科威特，說科威特擅自提高石油產量，有組織地「偷採」伊拉克的石油，說科威特違反石油輸出國組織的規定，給伊拉克經濟造成巨大傷害。薩達姆「義憤填膺」地斥責科威特人「拿著帶毒的匕首在伊拉克人背後捅刀子」，好像小小的科威特就是伊拉克經濟蕭條的罪魁禍首。

中東是世界上最不安寧的地區之一，又是世界的動力源，蘊藏著豐厚的石油。西方國家每時每刻都在關注著中東局勢，美國早在兩伊戰爭結束之初，就預言薩達姆很快會向科威特下手。

1990 年 7 月 31 日，伊拉克和科威特的代表在沙烏地阿拉伯舉行談判，伊拉克方面態度強硬地向科威特提出 4 個要求：劃定邊界，將布比延島和沃爾巴島割給伊拉克，付給伊拉克 24 億美元以彌補科威特「偷採」伊拉克石油給伊拉克造成的

損失，免除伊拉克 120 億美元債務。

　　科威特再小也是個獨立的主權國家，科威特代表當即表示，錢的問題可以慢慢商量，割讓領土絕對不行。伊拉克代表見此，憤憤回國，談判不歡而散。

　　相比金錢，布比延島和沃爾巴島對伊拉克意義更大，伊拉克是個石油出口大戶，且是個內陸國家，石油輸出十分不便。阿拉伯河曾是伊拉克重要的出海口，但根據 1975 年的《阿爾及爾協議》，該河被伊拉克和伊朗平分，伊拉克無法再將阿拉伯河當作安全的出海口。如果將布比延島和沃爾巴島收於囊中，就不用發愁出海口的問題了。

　　另一方面，伊拉克夢想成為中東地區首屈一指的大國。薩達姆所在的阿拉伯復興社會黨也希望實現阿拉伯國家的統一。但是，伊拉克北有強大的土耳其，東有不可小覷的伊朗，西則是美國當時著力扶植的敘利亞和以色列。伊拉克要實現擴張，只能向南走，而向南走遇到的第一個阻礙，就是科威特。

　　科威特曾經是伊拉克的一部分，讓科威特再次「回歸」伊拉克，將成為薩達姆的榮耀。

　　薩達姆早就料到科威特不會接受伊拉克的要求，他需要的不過是個出兵的藉口。8 月 2 日凌晨，伊拉克大軍毫無預兆地攻入科威特，迅速拿下了科威特王宮。8 月 2 日下午，伊拉克控制了科威特大部分地區。伊拉克的士兵從科威特中央銀行裡搶走了價值 10 億美元的 250 萬盎司黃金、350 億美元的第納爾（Dinar，阿拉伯國家的貨幣單位）、數億美元的外匯……

看著這些戰利品，薩達姆笑了，他正走在成就霸業的路上。20多天後，薩達姆向全世界宣佈，科威特是伊拉克的第19個省，還說自己終於成功地將「少數人的財富轉移到多數人手中」，終於讓「科威特回到祖國的懷抱」。意氣風發的薩達姆並不知道，他在將科威特拖入苦難的同時，也將自己拉入了罪惡的深淵。

侵略再怎樣冠冕堂皇也都還是侵略。伊拉克侵略了科威特，這是國際社會所不能容忍的，聯合國出面了，要求伊拉克必須立即無條件撤軍。輿論幾乎都倒向了科威特這邊，美國也不例外。時任美國總統的老布希很快表明美國的立場：薩達姆背叛了阿拉伯兄弟；薩達姆打破了波斯灣地區的力量平衡；薩達姆讓世界石油市場一片混亂；薩達姆威脅了世界和平。

美國的反應大大出乎薩達姆的預料。在向科威特開戰前，美國曾有官員和薩達姆進行私人會面，薩達姆委婉地透露了要攻打科威特的意思，試探美國的意見。當時，這位美國官員非常明確地告訴薩達姆，伊拉克和科威特的衝突是阿拉伯國家自己的事，美國關心的是美國和伊拉克的關係。薩達姆一度以為，美國默許了伊拉克侵略科威特。有超級大國撐腰，薩達姆不再擔心他的侵略行為會引起世界公憤。

1990年8月7日，美國開始為進攻伊拉克做準備，數十萬美國大兵陸陸續續駐紮到沙烏地阿拉伯，對薩達姆虎視眈眈。薩達姆沒有嗅出其中的危險信號，他激情澎湃地號召阿拉伯人、穆斯林以及一切伊斯蘭教徒都跟著伊拉克開戰。薩達姆

特地在伊拉克的國旗中央加上了一行阿拉伯文「真主偉大」。

　　和薩達姆期望的相反，越來越多的國家開始屯兵沙烏地阿拉伯，矛頭都直指伊拉克，譴責薩達姆的不光是西方人士，還有大量阿拉伯人、穆斯林、伊斯蘭教徒。同時，聯合國繼續向伊拉克施壓，如果伊拉克大軍在 1991 年 1 月 15 日之前，還不從科威特撤走，聯合國就會動用聯合國軍隊對伊拉克使用武力，以迫使伊拉克撤兵。

　　聯合國給了薩達姆一個台階，聯合國發表這番言論時，各國的政治家還帶著五花八門的和平方案奔走在伊拉克和科威特之間。伊拉克如果抓住這個機會從科威特撤走的話，不用承受什麼國際制裁，波斯灣地區燃起的戰火也很快就會熄滅。伊拉克除了稍稍丟一點面子外，並不會遭受多麼嚴重的損失。

　　但薩達姆太沉迷於建立偉大伊拉克的夢想了，他拒絕了聯合國的要求，還以為美國只是嚇唬伊拉克而已。薩達姆很自信，也很固執，他對聯合國的要求作出回應：從科威特撤軍，不可能。薩達姆的人生因這次執拗而發生了不可逆轉的改變，薩達姆站在了公義的對立面，全世界都知道有一個叫薩達姆的傢伙，正固執地、囂張地大行侵略之事。

　　1991 年 1 月 17 日凌晨，波斯灣戰爭爆發。伊拉克有實力對科威

孩子們不得不在燃油污染的泥潭中獲取飲用水。

薩達姆成了殺人不眨眼的惡魔,功與過無法相互抵消,無論日後薩達姆為伊拉克、為阿拉伯人建立多少功業,都無法償還他欠庫德人(Kurds)的血債。早年的薩達姆勇氣凜凜地去刺殺殘暴的卡塞姆將軍,而兩伊戰爭期間的薩達姆未必意識到,死在自己手上的無辜者,早已超出了被卡塞姆將軍殺害的人(圖為薩達姆執政時期的一個寫照)。

特耀武揚威,卻沒有實力抵抗多國聯軍。伊拉克終於嘗到了千夫所指的味道。

薩達姆倔強地在巴格達指揮戰鬥。在薩達姆看來,是美國背棄了當初的諾言。多國部隊向伊拉克發動了 40 天的空襲,扔下了 8.5 萬噸炸彈。1991 年 2 月 24 日多國部隊從沙烏地阿拉伯出發對伊拉克進行地面進攻。2 月 25 日,被打得七零八落的伊拉克接受了由俄羅斯提出的和解計畫。2 月 26 日伊拉克大軍落寞地從科威特撤走。

波斯灣戰爭爆發前,華盛頓大學政治心理學和國際關係學教授傑洛普·普斯特(Jerrold M. Post)博士曾向美國政府出具了薩達姆的心理分析。普斯特認為,薩達姆在政治上經常脫離現實世界,薩達姆無法從伊拉克的領導層中得到明智建議,以致在判斷形勢上出現重大失誤。薩達姆

的命運和伊拉克的命運密不可分。

　　兩伊戰爭，伊拉克沒有占到便宜，波斯灣戰爭又以伊拉克慘敗收場。兩伊戰爭開始前，薩達姆認為戰爭很快會結束，侵略科威特前，薩達姆又自信會得到美國的默許。薩達姆自認為阿拉伯國家只有聽命於一個強有力的領導人，復興社會黨的夢想才好實現，薩達姆堅持自己就是這「強有力的領導人」。

　　薩達姆是勇士，是卓爾不群的冒險家，是聲名赫赫的巴格達強人。可薩達姆的固執、對國際形勢的把握不明，卻將伊拉克拖入混亂。波斯灣戰爭結束後，按照聯合國的要求，伊拉克老老實實地將從科威特那裡搶走的財富，還給了科威特人。

　　戰爭讓伊拉克國力大減，也讓薩達姆威信受損，憤怒的民眾紛紛要求薩達姆下台。之前淤積在伊拉克的內部矛盾悉數迸發，1991 年 3 月，伊拉克南部的什葉派穆斯林拉起了推翻薩達姆的大旗。沒過多久，伊拉克北部的庫德人也對薩達姆發動進攻。

　　薩達姆曾逮捕過什葉派領袖人物，曾沒收過什葉派穆斯林的財產，並透過具體政策打壓什葉派的勢力。薩達姆曾指示軍隊對庫德人進行屠殺，曾在庫德聚居區大肆使用化學武器。什葉派穆斯林和庫德人都把波斯灣戰爭當作推翻薩達姆

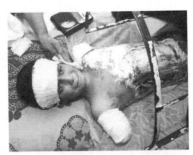

伊拉克 12 歲男孩阿里在美軍轟炸巴格達的時候受了重傷，失去了雙臂，他的眼睛是何等的憂鬱。

的契機。但是，他們都不是薩達姆的對手。

　　1991 年 3 月 16 日，薩達姆出兵鎮壓什葉派叛亂，一口氣殺死 3 萬多名什葉派穆斯林，逼得 7 萬多名什葉派人士遠赴伊朗。而庫德人的遭遇更是悲慘，他們一批批地淪為難民。

　　薩達姆夢想成為「巴格達強人」，結果卻得到「巴格達屠夫」的綽號。全世界的電視台都播放了伊拉克人的慘狀，「薩達姆」成了一個令人生畏的名字。

六・制裁伊拉克：美國人打的算盤

　　薩達姆剛上台時，伊拉克人的生活還不錯。1972 年，伊拉克將石油工業收歸國有，伊拉克的工業收入開始迅速攀升。1973 年中東地區爆發了第四次中東戰爭，和當時的很多阿拉伯國家一樣，伊拉克也把石油當作武器，實施石油禁運，致使石油價格大幅提升。

　　作為石油出口國，伊拉克從油價上漲上得到不少好處。曾有一段時間，在薩達姆的努力下，所有伊拉克人都可以享受免費醫療。伊拉克的義務教育從幼稚園開始，直至大學。那時的伊拉克人提起薩達姆，都是一臉敬佩。

　　但在連年戰爭之後，伊拉克已發生了翻天覆地的變化，兩伊戰爭時欠下的巨債不知要還到什麼時候，波斯灣戰爭結束後，國際社會又對伊拉克實施了全面制裁。在聯合國的作用下，針對伊拉克建立起一個和經濟制裁相關的監督體系。聯

合國安理會在 1991 年 4 月通過 687 號決議，要求薩達姆銷毀所有大規模殺傷性武器，並禁止伊拉克生產生物、化學、核武器和遠端導彈。

被描繪成神一般的薩達姆。

在波斯灣戰爭中，美國和薩達姆結下仇怨。考慮到中東的穩定和自身利益，美國想方設法要將薩達姆趕下台。在伊拉克 1991 年春天發生的什葉派起義和庫德人起義中，美國都起到了推波助瀾的作用。美國非常支持國際社會對伊拉克實施制裁，美國希望通過制裁能促使伊拉克內部矛盾升級，間接地推翻薩達姆政權。

施加在伊拉克身上的制裁很快發生作用，它們切斷了伊拉克和外部世界的聯繫，讓伊拉克無法和其他國家進行貿易，無法出口石油，無法從別國那裡購買武器。不只如此，伊拉克的國際航班都被取消，伊拉克政府的金融資產也被凍結，伊拉克被嚴令禁止從事金融交易。

幾番制裁下來，伊拉克就成了與世隔絕的「孤島」。戰爭毀壞了大量伊拉克的基礎設施，制裁又讓伊拉克遲遲不能恢復元氣。伊拉克的中產階級開始向貧民階層滑落，貧民則掙扎在生死邊緣。發動戰爭的是薩達姆，承擔戰爭惡果的卻成了伊拉克人民。美國以為，是伊拉克人讓薩達姆上台的，伊拉克人應該為此負責。美國政府表示，薩達姆一天不下台，伊拉克就一

天別想擺脫制裁。而事實上，制裁大大激起了伊拉克人的反美情緒。薩達姆做不做伊拉克總統不能由美國人說了算，憑什麼美國要用「制裁」來要脅伊拉克人民？制裁間接地鞏固了薩達姆政權，薩達姆成了反美人士心目中的英雄。

1993 年，白宮換了新主人，比爾‧柯林頓（William Jefferson "Bill" Clinton）接替老布希成為美國總統，老布希「下台」了，可是坐在伊拉克總統座椅上的，還是薩達姆。

薩達姆知道必須要主動地鞏固自己的權力。即使伊拉克的經濟出現嚴重困難，薩達姆還是慷慨地給那些樂於向自己效忠的人提供豐厚福利。1994 年，伊拉克頒佈了一個規定，宣佈每個月政府都會給軍人、安全機構人員、員警發放特殊津貼。在收買部下上，薩達姆從來不會吝嗇。

自波斯灣戰爭後，聯合國就成立了一個特別委員會，專門負責監管伊拉克大規模殺傷性武器，防止薩達姆積蓄實力，發動新的戰爭。委員會發現在薩達姆身邊有一支特別的護衛隊——共和國衛隊。伊拉克雖遭受了長期的制裁和武器禁運，軍隊裝備無法更新，但衛隊的裝備與其他部隊相比尚屬精良，是保衛薩達姆等高級官員及巴格達的主要力量。這支特種衛隊始終是薩達姆身邊最忠實的保衛者。

美國知道薩達姆恨美國，所以一刻也不敢放鬆對伊拉克大規模殺傷性武器核查的關注。波斯灣戰爭結束後，美國並沒有急著撤走駐紮在伊拉克的軍隊。美國在伊拉克北部和南部的部分地區分別設置了禁飛區，並對庫德人和什葉派穆斯林提供

保護，以增大美國對伊拉克的影響力。

1997 年，一些國家以為如果伊拉克按照聯合國的要求銷毀大規模殺傷性武器的話，就應該停止對伊拉克的制裁。美國果斷地否定了這種說法，美國人對伊拉克實施制裁的根本目的是要促使薩達姆下台，就算伊拉克交出了所有的大規模殺傷性武器，只要薩達姆還坐在

巴格達，一個追隨者以這種方式表示對薩達姆的敬重。

總統椅子上，制裁就不會停止。如此一來，薩達姆越是配合聯合國方面，他的處境就越不理想，假設薩達姆確實隱藏了非法武器，那他肯定不希望這些武器被曝光、被銷毀；假設薩達姆沒有隱藏非法武器，薩達姆也不能將這一現實公之於眾，否則，就相當於告訴全世界「伊拉克不堪一擊」。

薩達姆是那種遇強則強的人，和那些「識時務」的西方政治家不同，薩達姆寧可被美國人碾成泥，也絕不屈服於美國。1997 年 10 月，薩達姆乾脆將聯合國武器核查小組的美國人趕出了伊拉克。美國和伊拉克的關係一下子又緊張起來，美國開始認真考慮是不是要對伊拉克進行軍事打擊。

幸好此時，聯合國出面了，時任聯合國秘書長的科菲·安南（Kofi Atta Annan）主動要求親赴伊拉克看看那裡的情況。美國答應了，暫時擱置起出兵伊拉克的計畫。

1998 年 2 月安南踏上了伊拉克的領土，和薩達姆進行了單獨會面。薩達姆和安南達成協議，允許聯合國特別委員會成員在外交人員的陪同下，到自己的官邸進行調查——此前，很多人都說薩達姆把那些非法武器藏在了自己家裡。

薩達姆既然願意和聯合國合作，美國就沒有攻打伊拉克的理由。這是美國不願看到的結果，柯林頓政府一心要推翻薩達姆政權，此時，他只好去尋找武力以外的倒薩之法。幾個月之後，美國國會出台了《伊拉克解放法案》，柯林頓聲明，美國應該支持伊拉克的反薩達姆力量，以便帶給伊拉克「一個完全不同的未來」。柯林頓形容薩達姆政權是「對內壓迫，對外侵略」。

為了將《伊拉克解放法案》落到實處，美國國會允許柯林頓從國防部的預算中拿出 9700 萬美元的經費，這筆經費簡直可以被稱作「倒薩經費」。美國嘗試著聯繫伊拉克的反薩達姆力量，還和這些人共同組建宣傳「美國式自由」的電台。但這種合作並不像預想中的那樣順利，伊拉克的政治環境很複雜，那些反薩達姆力量並非鐵板一塊。

在柯林頓這裡，讓薩達姆辭職似乎比推動美國經濟還要困難。1998 年 11 月，柯林頓又對薩達姆發去「暗箭」：先是表示美國會好好回擊伊拉克的任何挑釁行為，然後又擺出一副悲天憫人的樣子，說美國很希望看到伊拉克能出現一個代表伊拉克人利益、尊重伊拉克人的新政府。

薩達姆當然聽得出柯林頓的話外音，美國期待著伊拉克出

現政權更迭，可是他卻沒有想這是柯林頓使用的激將法。於是1998 年 12 月，薩達姆要伊拉克停止和武器核查人員的合作。

薩達姆這一舉動正中美國下懷。美國有十足的理由來「敲打」薩達姆了，美國國防部長威廉‧科恩（William Sebastian Cohen）在 1998 年 12 月 16 日的記者會上放出消息，柯林頓已經決定對伊拉克進行軍事攻擊。

沒過幾天，美國和英國的炸彈就落到了伊拉克的土地上，炸毀了伊拉克境內 100 多個軍事目標。柯林頓在其執政的 8 年裡，一直主張有限度地對伊拉克進行軍事打擊，因此，他並沒有讓美國大兵直接到伊拉克領土上將薩達姆抓下來。

美國將軍安東尼‧津尼（Anthony C. Zinni）曾提醒柯林頓，推翻薩達姆不能急躁。在薩達姆當政的伊拉克，還沒有哪種勢力能在薩達姆倒台後，統領大局。伊拉克非常脆弱，薩達姆固然暴戾、獨裁，卻也是維繫伊拉克團結的核心力量，美國的「倒薩」稍有不慎，就有可能將伊拉克拖入分裂，加劇伊拉克的混亂。美國必須保證，在將薩達姆趕下台後，能夠迅速穩住伊拉克局面，但這又談何容易。薩達姆的命運已經和伊拉克的命運綁在了一起。

七‧薩達姆的財富與家族

薩達姆是白宮眼裡的惡魔，但薩達姆並沒有完全被伊拉克人拋棄，儘管在波斯灣戰爭後，伊拉克內部發生了不少「倒

薩」事件，薩達姆還是有為數不少的擁護者。在很多伊拉克人眼裡，薩達姆給了伊拉克災難，也給了伊拉克榮耀。因此，說伊拉克人恨薩達姆不假，說伊拉克人把薩達姆當作精神偶像同樣是事實。

薩達姆是這個世界上爭議最大的人物之一。波斯灣戰爭失敗後，薩達姆之所以還能夠穩穩地坐在伊拉克頭把交椅上，有一個很重要的原因——他是個有錢人，他一家子都是有錢人。

嚴密的制裁將伊拉克人一大片一大片地拖入貧窮，卻並沒能讓流入薩達姆家的進帳少多少。在賺錢方面，薩達姆有很多得力助手，納達米·奧奇（Nadhmi Auchi）就是其中之一。

奧奇曾和薩達姆一道參與了刺殺卡塞姆的行動，是薩達姆的親密朋友。整個 20 世紀 80 年代，奧奇都在為豐盈薩達姆當局的小金庫忙碌。如果說薩達姆是天生的強權者，那麼奧奇就是天生的商人。

1987 年，伊拉克打算建造一條通往沙烏地阿拉伯的石油管道，奧奇憑著一張巧嘴遊說那些精明的外國公司，不僅談成了生意，還賺到了 1100 萬英鎊傭金。有時候，奧奇還能充當伊拉克和西方世界的潤滑劑。憑藉著億萬富翁的身份，奧奇和歐洲的很多權勢人物，包括王室成員，都交情匪淺。不過，2003 年美國攻打伊拉克時，已經移民英國的奧奇，也因經濟問題被英國政府逮捕——這就是政治，在大多數時候，政治是沒有交情可講的。

制裁讓伊拉克經濟委靡，也讓伊拉克出現了一個新的熱門

行業 ——走私。薩達姆的大兒子烏代（Uday Hussein）、兄弟巴爾贊（Barzan Ibrahim al-Tikriti），都是伊拉克走私業中的佼佼者。巴爾贊在出任伊拉克駐日內瓦大使期間，大量購買跨國公司和外國政府的債券，薩達姆家的財富有計劃地被存入了國外的銀行。

美國可以封住伊拉克的進出口貿易管道，卻封不住薩達姆家族的生財之道。即便是在美英出兵攻打伊拉克的 2003 年，薩達姆還高居《富比士》全球元首財富排行榜的第七位。

歷史上，幾乎所有帝王都喜歡大興土木炫耀權力。薩達姆也不例外，波斯灣戰爭剛一結束，薩達姆就用建造宮殿來鞏固自己的威望。僅僅在 20 世紀 90 年代末，薩達姆就為自己造了 50 多座宮殿，這些宮殿都極盡奢華。財富也好，華麗的宮殿也罷，都象徵著薩達姆的權力。薩達姆可以透過展示財產向伊拉克人傳遞這樣一種資訊——我很強大，沒有人能推翻我。薩達姆也可以透過展示財產向美國人傳遞資訊——我過得很好，

薩達姆的行宮。

而且會一直好下去。

　　薩達姆的宮殿座座都是安全的大碉堡，每座宮殿下都設有地下鋼筋水泥掩護，有宛若迷宮的地下通道，有共和國衛隊的士兵把守。但這些依然無法讓薩達姆感到安全，他總是居無定所，從一個宮殿突然搬入另一個宮殿。薩達姆試圖讓伊拉克變成薩達姆家的伊拉克，他有意安排自家成員執掌各敏感機構，但他卻不能避免自家出現分裂。

　　薩達姆的親信賈尤（Kamel Hana Gegeo）將一個叫薩米拉（Samira Shahbandar）的女人介紹給薩達姆，結果薩達姆愛上了薩米拉，並讓薩米拉成為自己的第二任妻子。這樣一來，薩達姆家族就出現了新成員，原有的家族權力平衡就被打破了。薩達姆的大兒子烏代對賈尤恨之入骨，在一次聚會上，烏代一時衝動，開槍打死了賈尤。

　　薩達姆和烏代的父子之情由此出現裂痕，烏代開始放縱自己，他酗酒、尋花問柳，買通報紙誹謗其他政治家。在伊拉克人眼中，烏代就像魔鬼再世。

　　薩達姆的二兒子庫賽（Qusay Hussein）雖然表面上看起來彬彬有禮，個人生活也井井有條，卻也是個讓人望而生畏的人物。庫賽是薩達姆的左右手，殺起人來從不心慈手軟。相比花花大少烏代，庫賽顯然更得薩達姆的寵愛。2001 年庫賽成為阿拉伯復興社會黨中央領導機構的一員，人們紛紛猜測庫賽將成為薩達姆的接班人。烏代明顯被冷落了，1999 年 8 月薩達姆發話，如果他薩達姆有什麼三長兩短，就由庫賽擔任「看

守總統」，代行總統權力。

薩達姆的家庭就是一個權力角逐場，薩達姆是這個角逐場裡的核心人物，誰會平步青雲，誰會一蹶不振，都要由薩達姆決定。烏代和庫賽為薩達姆接班人的位置明爭暗鬥，薩達姆的幾個女婿也不甘示弱。

薩達姆最著名的兩個女婿便是卡邁勒兄弟（Hussein Kamel & Saddam Kamel）。卡邁勒兄弟出自伊拉克另一大家族馬吉德（al-Majid），他們分別娶了薩達姆的女兒拉加德（Raghad Hussein）和拉娜（Rana Hussein）。馬吉德家族是薩達姆老家提克里特的望族，和很多大人物一樣，薩達姆也試圖用聯姻的方式鞏固自家勢力。馬吉德家族的核心人物阿里・哈桑・馬吉德（Ali Hassan al-Majid）是薩達姆的國防部長，因為在鎮壓庫德人起義中使用化學毒氣，而被稱作「化學阿里」。

卡邁勒兄弟年輕有為，對烏代和庫賽構成了直接威脅，卡邁勒兄弟曾幫助薩達姆組建共和國衛隊，在發展大規模殺傷性武器上成績突出，為薩達姆做足了貢獻。遺憾的是，這些都不能改變兄弟二人的悲劇性命運。在 1995 年 8 月的一次宴會上，烏代手執半自動步槍向賓客掃射，當場打死了 6 個年輕姑娘。卡邁勒兄弟得知此事頓生兔死狐悲之感，他們不敢保證烏代不會將槍口對準他們，便決定帶著妻兒一起出逃。

卡邁勒兄弟到約旦尋求庇護，約旦和伊拉克的關係不鹹不淡，從 20 世紀 90 年代中期開始，約旦就受美國庇護。約旦方面接受了卡邁勒兄弟，全世界為之一震，卡邁勒兄弟的出逃無

疑是對薩達姆的背叛，美國媒體抓住此事大做文章，對薩達姆家的這場風波幸災樂禍。美國政府大談卡邁勒兄弟的價值：這兄弟二人掌握著伊拉克大規模殺傷性武器的秘密，能直接打擊薩達姆政權……薩達姆當然不會容忍背叛，卡邁勒兄弟要想保住性命，就只能期待薩達姆早一天下台。於是，兄弟二人召開了記者會，並在記者會上號召人們行動起來，推翻薩達姆。但兄弟二人的這番「肺腑之言」，並沒有感動多少伊拉克人。

美國政府顯然注意到這一點，並認為卡邁勒兄弟並不能成為推倒薩達姆的中堅力量。他們的聲望遠比不上薩達姆，就算在推翻薩達姆後將他們扶植上台，也不能擔當起重建伊拉克的重任。卡邁勒兄弟向聯合國特別委員會透露了薩達姆藏匿大規模殺傷性武器的情況，他們希望有朝一日能坐著美國空軍的小飛機返回巴格達。可悲的是，這對兄弟沒有追隨者。

薩達姆不可能對卡邁勒兄弟的叛逃坐視不管，他要烏代前往約旦，將自己的兩個女兒接回來。薩達姆對媒體說，自己的女兒是被卡邁勒兄弟綁架走的，必須儘快返回巴格達。但素有「混世魔王」之稱的烏代，卻未能完成任務。

美國嘲笑薩達姆眾叛親離，薩達姆的怒火再次騰起。薩達姆指責卡邁勒兄弟侵吞伊拉克財產，而在伊拉克境內，追查卡邁勒兄弟勢力的活動進行得如火如荼。曾有伊拉克人誇張地形容，在伊拉克，那些僅僅和卡邁勒兄弟握過手的人也都被逮捕了。

為了向外界表明，自己的地位依舊穩固如山，也為了向

第 5 被告 **薩達姆・海珊**——一面英雄一面惡魔

西方世界證明，自己並不是不得人心的大獨裁者，薩達姆在
1995 年秋天決定，用全民公投的辦法決定伊拉克的領導人。
公投的結果令薩達姆十分滿意，99.96％的伊拉克人都「願意」
讓薩達姆繼續擔任伊拉克總統。

　　公投的結果讓美國人心驚膽戰，控制選舉對薩達姆來說簡
直輕而易舉，薩達姆再次讓美國見識了他掌控政權的能力。美
國此時也認為卡邁勒兄弟沒有多大政治價值，媒體很快就對這
對兄弟失去興趣，就算那些反對薩達姆的人，提起卡邁勒兄弟
也是嗤之以鼻。卡邁勒兄弟陷入了四面楚歌的境地。

　　就在這個時候，薩達姆傳出消息說：看在一家人的份上，
他願意原諒卡邁勒兄弟，只要他們能返回伊拉克一切都可既往
不咎。卡邁勒兄弟被說動了，做出了他們一生中最愚蠢、最致
命的決定——返回伊拉克。

　　卡邁勒兄弟在伊拉克邊境受到了烏代的「款待」。很快，
伊拉克電視台就宣佈，薩達姆的女兒已經決定和叛國的丈夫離
婚。幾天之後，卡邁勒兄弟被「化學阿里」打死。有人看到，
烏代和庫賽都親自監督了卡邁勒兄弟之死的全部過程。不難看
出，在伊拉克，沒有哪個家族可以和薩達姆家族相提並論，而
當一個家族成為國家至高權力的角逐場時，這個家族也就不可
避免地成為一個充滿詭計和浸滿鮮血的地方。

　　1996 年 12 月，烏代遭到暗殺，他身中 8 槍卻僥倖生還。
在探望烏代時，薩達姆提醒家人，正是由於他薩達姆，這些人
才會擁有財富、地位。但他卻並不認為自己是伊拉克的專制政

權。

　　1995 年那 99.96％的支持率，讓薩達姆倍感自豪，但任何一個稍有頭腦的人都看得出來，這接近 100％的支持率背後，是一個多麼可怕的獨裁政權。一個國家的人不可能在一個問題上達到如此高度的一致，這 99.96％的數字，只能說明，這個國家的人普遍喪失了自由意志。

八‧抓捕，薩氏政權的最終垮台

　　2001 年初，柯林頓卸任，小布希成為白宮的新主人。布希家族與薩達姆家族結怨已久，小布希對薩達姆在 1993 年派人暗殺老布希一事念念不忘。

　　2001 年 9 月 11 日，一夥恐怖分子劫持客機撞毀了美國的標誌性建築——世貿大樓，數千人因此罹難。小布希第一時間就想到了薩達姆，他授意手下人「看看這事是不是和薩達姆有關」。之後，在打擊阿富汗「基地組織」（Al-Qaeda，或稱「蓋達組織」）所開的會議上，小布希的班子裡又有人建議將塔利班和薩達姆政權聯繫起來。當時，國防部長倫斯斐（Donald Henry Rumsfeld）曾說，美國必須轟炸伊拉克。有意思的是之前有官員提醒他，製造 911 事件的「基地組織」在阿富汗，不在伊拉克。可倫斯斐卻回答「阿富汗沒有適合轟炸的目標，伊拉克倒是有不少。」

　　911 事件改變了美國。在 911 事件發生前，美國已經在中

東地區建立起頗為完善的石油再分配機制，憑藉著這個機制，美國可以不用那麼心疼在購買中東石油上花出去的大把鈔票。比如，美國可以通過向中東國家銷售軍火、吸引中東人士到美國投資，來彌補高油價帶來的損失。而在 911 事件發生後，美國出於安全考慮中斷了對中東地區的武器出口，中東的富人們同樣出於安全考慮減少了對美國的投資。美國花在石油上的錢，一時就收不回來了。

為了改變這種狀況，美國迫切需要在中東培植新的親美政權，偏偏中東地區的反美情緒日益濃厚，而薩達姆又是世界級的反美明星。有薩達姆在，美國無法控制伊拉克，伊拉克頻頻和俄羅斯、印度的大公司簽署採油協議，而美國卻只能望伊拉克的油而興嘆。解除對伊拉克的制裁已是大勢所趨，可一旦這種情況發生了，伊拉克的石油市場大有可能落入被美國視為競爭對手的國家手裡，石油將再度成為薩達姆牽制美國的一大武器。

美國在阿富汗的反恐活動進行順利，小布希的支持率一路攀升，這都為打擊薩達姆創造了條件。2002 年 10 月 7 日，小布希宣稱，美國已經掌握了伊拉克發展大規模殺傷性武器的證據，還說伊拉克曾幫助「基地組織」進行恐怖培訓。隨便一個人都聽得出來，白宮正在為攻打伊拉克尋找藉口，而這個世界上最不缺的就是藉口。

2003 年初，伊拉克貿易部長發話，如果美國和英國不再將伊拉克當成敵人，伊拉克可以考慮和它們恢復關係，允許

它們涉足伊拉克的石油領域。只是，美國攻打伊拉克的心意已決，美國要從伊拉克得到的不是一句承諾，而是需要將伊拉克變成美國的勢力範圍。

伊拉克不是美國的對手，更何況美國並非隻身前往伊拉克，他還拉上了英國等一班盟友。但薩達姆並沒有向美國投降的意思，2003 年 3 月 15 日，薩達姆命令全伊拉克進入戰爭狀態，命庫賽去做提克里特的指揮官。

5 天之後，美國宣佈伊拉克戰爭爆發。美國針對伊拉克的軍事行動並沒有得到聯合國的授權，在很多人眼裡，美國此舉與侵略無異。

多年之前，薩達姆曾說過：「只要手裡握著槍，我就能面對全世界。」在伊拉克戰爭爆發前夕，薩達姆告訴伊拉克人：「我們將死在這裡，我們將維護我們的榮耀。」美國在伊拉克長驅直入，攻陷了一個個軍事要地。2003 年 4 月，薩達姆在巴格達的銅像被美軍推倒。7 月，薩達姆的兩個兒子烏代、庫賽相繼被美軍打死。庫賽的兒子穆斯塔法（Mustapha Hussein）只有 14 歲，也在抵抗美軍的戰鬥中死亡。晚年喪子的薩達姆立即發表演講，說自己的孩子是在和敵人激戰數小時

薩達姆與兩個兒子烏代和庫賽合影。

後壯烈身亡的,是伊拉克的戰士,「即使我有 100 個孩子,而不只是烏代和庫賽,我也會讓他們這樣做。」

美國向人們展示了烏代和庫賽的屍體,儘管在展示之前,美國已經對屍體的面目做過修整,烏代和庫賽的遺容還是慘不忍睹。

薩達姆遭遇喪子之痛,白宮裡的小布希則興高采烈,小布希已經規劃好了伊拉克的未來。他自信滿滿地向人們保證,已經有多個國家願意為伊拉克戰後重建提供資金,美國國會會給伊拉克的孩子們翻修教室,會幫助伊拉克人維修被戰爭破壞的供水、供電、通信設施……小布希堅信,烏代和庫賽的遺容公佈後,會大大震懾伊拉克的抵抗力量。當年的柯林頓非常擔心薩達姆政權倒台後,伊拉克會出現全面混亂,但小布希似乎沒有這種擔心。

美國將烏代和庫賽的屍體交給了伊拉克的紅新月會(International Federation of Red Cross and Red Crescent Societies,紅十字會與紅新月會國際聯合會),紅新月會是國際人道組織。2003 年 8 月 2 日,烏代、庫賽、穆斯塔法被葬在了提克里特的一個小公墓裡。他們的靈柩被覆蓋上伊拉克國旗,不管烏代和庫賽在掌權時做過什麼,他們畢竟是為伊拉克戰死。烏代和庫賽的屍體上,都有至少 20 處槍傷,以及若干擦傷、燒傷。不少伊拉克人在他們的葬禮上禱告、哭泣。

薩達姆家族與伊拉克的命運緊密相連,2003 年的伊拉克慘遭蹂躪,2003 年的薩達姆家族也家破人亡。

薩達姆一家在 1990 年所拍的全家福流傳甚廣，在那張全家福上，薩達姆笑意盈盈地和妻子坐在沙發上，他的兒子、女婿意氣風發，女兒們則表情燦爛。而現在，照片上的所有男性都已不在人世，所有女性則顛沛流離。烏代和庫賽戰死後，薩達姆的兩個女兒流亡約旦，薩達姆妻子則逃到了黎巴嫩。薩達姆家族垮了，就算薩達姆能逃過美軍的追捕，他也逃不開晚年的孤獨。

美軍一直擔心烏代和庫賽的葬禮會誘發暴亂，但這種情況並沒有出現。美軍試圖用葬禮作誘餌，引薩達姆現身，薩達姆也沒有上鉤。美國攻打伊拉克的一個重要目標就是抓到薩達姆，但薩達姆卻沒那麼容易被「逮捕歸案」。

2003 年 7 月 4 日，美國將懸賞薩達姆的獎金提升到 2500 萬美元。美國將那些疑似薩達姆藏身之所的地方稱作「狼獾」，並給它們標注上代碼。在美國眼裡，薩達姆是一頭狡猾、凶狠的狼獾，而美國則是一個經驗老到的獵人。薩達姆的很多親信都被美國逮捕了，他們向美國提供了不少薩達姆藏身之地的線索，美國將這些線索串起來，並很快將目標鎖定在提克里特。

提克里特是薩達姆出生的地方，是埋葬薩達姆孩子們的地方，它讓薩達姆感到至少和孩子們離得不是那麼遙遠。對薩達姆而言，即便在提克里特戰死了，也算是一種光榮的葉落歸根。

2003 年 12 月 12 日晚上，600 名美國大兵發動了「紅色黎

「明」行動。對薩達姆的老家提克里特發動突然襲擊。美軍在提克里特南方的一個小農舍裡，找到了「狼獾」。在東躲西藏的日子裡，薩達姆隨身攜帶的只有一把小手槍。他穿著簡單的黑色褲子，白色 T 恤，外罩一件再普通不過的黑襯衫。

這種打扮的薩達姆很容易讓人聯想起 1959 年因刺殺卡塞姆將軍被迫逃亡時的薩達姆。但 1959 年的薩達姆還是個意氣風發、野心勃勃的小夥子，2003 年的薩達姆卻是飽受國破家亡折磨的老人，1959 年的薩達姆不過是個不為人知的小人物，2003 年的薩達姆卻是名揚世界的一世梟雄。1959 年沒有太多人關注薩達姆的逃亡，2003 年全世界都在預測著薩達姆的命運。

當美軍找到薩達姆時，薩達姆正蜷在一個只有 48 平方

薩達姆全家福。

英尺的洞穴裡，手上握著一把小手槍。不遠處，還有兩支AK-47自動步槍、75萬美元現金，一些衣服和書籍。薩達姆並沒有像他的兩個兒子那樣和美軍進行交火，他的小手槍沒有發揮什麼作用。他承認自己是薩達姆，並請求美軍不要開槍。

薩達姆被抓了，沒有做半點反抗，在這個瞬間，他不是那個呼風喚雨的鐵腕人物，他也再不是那個令人聞風喪膽的「狼獾」，他身上沒有半點「巴格達屠夫」的戾氣，他只是個髮鬚斑白、衣著邋遢、眼神迷茫的普通老人。

一些人為薩達姆被捕時的表現感到失望，人們希望看到這個傳說中的反美鬥士和美軍激烈戰鬥的場景。在人們的想像中，薩達姆這頭阿拉伯雄獅應該戰鬥至死，很多伊拉克人寧可親手抓住薩達姆，也不願看到他老老實實地被美國人帶走。薩達姆政權已經轟然瓦解，而很多人心目中薩達姆那不屈不撓的阿拉伯鬥士形象也轟然破碎了。

薩達姆被美軍以手按住，壓倒在地的照片很快登上了各大媒體的頭條。

九‧審判的結果：命喪絞刑架

薩達姆被捕的消息一傳來，布希的民意支持率就迅速攀升了數個百分點。絕大多數美國人都把薩達姆被抓當作美國在伊拉克取得的重大戰績。薩達姆頹唐落魄，布希則意氣風發。布希在評價薩達姆被捕時說：「一個黑暗和痛苦的時代結束了。」

但事實上，伊拉克的局勢並沒有因薩達姆被捕好轉多少。

2004 年 6 月 30 日，美國將薩達姆的法律監管權交給了伊拉克臨時政府。對薩達姆的審判逐漸拉開帷幕。2004 年 10 月 19 日，薩達姆和 7 名曾經的伊拉克高級官員在伊拉克高等法庭正式受審。負責薩達姆案的法官是伊拉克人，審判也在伊拉克的法庭上展開，但還是有人覺得，審判是在美國的操縱下進行，美國的手似乎無處不在。

伊拉克特別法庭就 14 項罪行指控薩達姆。這 14 項罪行包括：

——曾涉嫌在 1982 年下令處決 140 名杜賈爾村（Dujail）村民。

——在 1988 年對伊拉克北部的庫德人實施種族滅絕計畫。

——在兩伊戰爭期間對庫德人使用毒氣。

——1991 年鎮壓並屠殺伊拉克南部的什葉派穆斯林。

——入侵科威特；迫害宗教人士和反政府活動人士。

……

如果這些罪名成立，薩達姆難逃一死。諷刺的是，「伊拉克擁有大規模殺傷性武器」和薩達姆勾結「基地組織」，這兩條美國發動伊拉克戰爭的理由卻不在這 14 項罪行之內。

審判薩達姆似乎比抓捕薩達姆還要難。很多國家的要人都強調必須對薩達姆進行公正的審判，而在審判過程中，有關「審判不公正」的消息卻頻頻傳來。不管薩達姆曾經做下多麼駭人聽聞的事，美國在沒有得到聯合國授權的情況下就揮舞大

棒打擊伊拉克，也受到了普遍指責。

「我被拘留了，這是一個陰謀……我是被由美國人指定的伊拉克政府拘留的。」2005 年 7 月薩達姆向人們抱怨審判的不公。對薩達姆的審判一波三折，薩達姆並不認為自己犯了罪。而牽扯到薩達姆案的一些法律工作者，也面臨著嚴峻的安全問題。

2005 年 11 月 8 日，薩達姆的律師們在坐車時遭到不明槍手攻擊，一名律師當場被打死。負責薩達姆案的伊拉克首席檢控官拉伊德·朱希也頻頻收到恐嚇信。在案件審理過程中，薩達姆案涉及的多位證人都出於安全考慮，不敢出庭作證，薩達姆案的主審法官阿明還因此延長了案件的審理時間。

到 2006 年 1 月 5 日，就連主審法官安明（Rizgar Mohammed Amin）也承受不了巨大的壓力，宣佈辭職。

薩達姆曾被稱作伊拉克雄獅，這頭獅子就算深陷囹圄，也依然會爆發出令人畏懼的力量。薩達姆在法庭上和指控方展開唇槍舌劍，薩達姆多次在法庭上怒斥小布希才是真正的罪犯。薩達姆曾經學過法律，他可以輕而易舉地將偌大的法庭變成自己的演講台。薩達姆斥責布希的話被各路新聞媒體多方轉載，很快，布希就發現自己並沒有在審判薩達姆上撈得什麼便宜。

美國抓住了薩達姆，卻遲遲不能控制伊拉克的混亂局面，美國將薩達姆送上審判台，同時也將自己送到了世界輿論的風口浪尖上。薩達姆發動入侵科威特的戰爭是事實，美國發動入侵伊拉克的戰爭也是事實；薩達姆的鐵血政策給伊拉克人帶來

苦難，美國長期堅持對伊拉克實施制裁同樣讓伊拉克人處境艱難。

2006 年 1 月 29 日，性格強硬的阿卜杜勒‧拉赫曼（Rauf Rashid Abd al-Rahman）被任命為薩達姆案的主審法官。可在之後的庭審上，薩達姆一點都不給拉赫曼留情面，他當著眾人的面說拉赫曼「下流、不害臊」，還拉著律師團集體退庭。讓拉赫曼的處境極其尷尬。

2006 年 6 月 19 日，薩達姆案的指控方向法庭提請判處薩達姆死刑，2 天之後，薩達姆的辯護律師中就又有一個被殺害了。為抗議律師被害，薩達姆進行了絕食，並因為絕食被送入醫院。2006 年 8 月，薩達姆案的主審法官被換成了阿卜杜拉‧阿米里。2006 年 9 月，主審法官又被換成穆罕默德‧烏拉比。薩達姆的律師對頻繁更換主審法官感到不滿，紛紛以退庭作為抗議。

薩達姆案折磨著所有被捲入其中的人的神經，包括美國總統布希。對薩達姆的審判不知道要進行到何年何月，而美國當初對伊拉克發動進攻的理由——伊拉克擁有大規模殺傷性武器，薩達姆和「基地組織」有聯繫等等，都不攻自破。若薩達姆案不能很快定下來，美國就難以為攻打伊拉克自圓其說了。伊拉克方面曾出具過一份長達 1000 頁的報告，報告中說薩達姆確實希望擁有大規模殺傷性武器，但是，他並沒有真正擁有這些武器。

2006 年 11 月 5 日，伊拉克高等法院判處薩達姆反人類罪

成立，並宣佈了薩達姆死刑。

薩達姆曾表示希望被執行槍決，因為他是一個軍人，應該中彈而死。但法庭拒絕了薩達姆的要求，因為薩達姆是以平民身份接受審判的。薩達姆的辯護律師曾希望法庭能延遲宣判薩達姆的時間，因為他們還有更多的證據需要呈上，但法庭卻顧不得這麼多。理由是，在伊拉克，曾被薩達姆迫害過的什葉派人士、庫德人都期待著看到薩達姆被判決。薩達姆案若拖得時間太長，伊拉克勢必發生更可怕的動盪。

當判決宣佈時，法官要求薩達姆站起來聽審判結果，薩達姆不從，最後法庭只好讓人將薩達姆生生架起來。判決宣佈後，薩達姆面無懼色，高呼口號，怒斥法庭。在法庭上，薩達姆又顯示出他巴格達強人的本色。

2006 年 12 月 30 日，69 歲的薩達姆在伊拉克被處以絞刑。

2006 年的最後一個清晨，人們打開電視機，翻開報紙、上網，有關薩達姆被行刑的消息鋪天蓋地。各大媒體都播放了薩達姆被行刑的現場直播。

薩達姆真的死了，他再聽不到這個世界的喧囂，只是這個世界並不會因為薩達姆的離開而安靜下來。

薩達姆的雙手沾滿鮮血，按照「殺人償命」的邏輯，處死薩達姆

薩達姆第二次出庭接受審判，怒斥法官。

伊拉克前總統薩達姆在法庭上宣稱，為抗議主審法官以及其上司開展的「不公正審判」，自己與其他三名被告開始「絕食」。

並不為過。但人們卻對薩達姆之死產生爭議，這其中一個很重要的原因就是那將薩達姆送上絞架的「手」也並非純淨無瑕，那為薩達姆而設的審判在一片混亂之中也沒有做到公正無私。

薩達姆在 2004 年 10 月 19 日，即審判的第一天，就宣稱：「我保留伊拉克總統享有的憲法權利，我不承認這個所謂的法庭。」當時，也有法律專家認為伊拉克的新政府並不具備司法審判權。就算薩達姆的罪行罄竹難書，就算薩達姆的身份微妙特殊，那些加在薩達姆身上的審判，也必須是向著法律而不是向著政治的。對薩達姆的審判引起了世界性的關注，審判上的一丁點兒紕漏都有可能讓人懷疑這是一場政治審判。

薩達姆在 2006 年 12 月 30 日時已經是個 69 歲的老人，再過幾十個小時薩達姆就 70 歲了，而按照伊拉克的法律，不得對 70 歲及其以上的人實施死刑。於是，有人猜測，為了讓薩達姆死，法庭特意將行刑日期定在了 2006 年的 12 月 30 日——這是一場薩達姆必須死的審判，與罪行和庭審無關。

薩達姆死後，美國政府很快發表聲明，「伊拉克政府是獨立自主的政府，在執行薩達姆死刑問題上有權做出自己的決

定。」然而十多天後，隨著薩達姆臨死前所受羞辱的錄影的曝光，美國又忍不住指責起伊拉克政府。說伊拉克方面對薩達姆的絞刑，看起來就像是「報復仇殺」。對薩達姆的審判沒能成為美國宣揚「美國出戰伊拉克好處多多」的契機，薩達姆的死亡也沒能成為美國證明「美國在伊拉克的民主建設卓有成效」的案例，對此情景，白宮只好順勢讓伊拉克當局成為輿論攻擊的對象。

薩達姆也許從來沒有想過他會死在絞刑架上，當人們要給薩達姆戴上頭罩時，薩達姆拒絕了，他並不畏懼死亡。據說，薩達姆生前的最後一句話是：「好好活著，我的兒子。」薩達姆的兩個兒子烏代和庫賽都死了，傳說他還有個名叫阿里（Ali Hussein）的小兒子。但直到今天，也沒有人知道阿里的下落。

負責此案的法官哈達德這樣評價薩達姆：「我不能說薩達姆勇敢，這會引起輿論譁然。我也不能說薩達姆不勇敢，因為這是撒謊。我什麼也不能說，因為這個人死了，他去了他該去的地方，願阿拉饒恕他、饒恕我、饒恕我們大家。」薩達姆給伊拉克榮耀，也給伊拉克災難。他聰明，有謀略，卻又接連在重大問題上誤判形勢；他自信，有膽魄，卻又不免剛強武斷，欠缺圓滑。

薩達姆從一開始就知道，美國對伊拉克施加制裁也好，發動攻擊也罷，都無非是想讓他薩達姆下台罷了。但薩達姆始終相信，伊拉克人會為了保護巴格達而堅定地站在他一邊。薩

第 5 被告 **薩達姆・海珊**——一面英雄一面惡魔

2006 年 12 月 30 日，伊拉克前總統薩達姆被處以絞刑的電視照片。

達姆把太多的精力都花在維護統治上，卻忽視了，他的政權越牢靠，美國就越不肯放過他，更何況他維護政權的手段如此強硬血腥，並沒有收服所有伊拉克人的心。

　　薩達姆並沒有意識到，他鞏固政權的武器——熱衷秘密活動，將權力牢牢控制在自己及自己家人手裡，對反對者的殘酷鎮壓，反過來會成為他走向毀滅的作用力。

　　薩達姆酷愛美國作家海明威的作品，尤其鍾愛《老人與海》。海明威曾說：「人生來就不是為了被打敗的，人能夠被毀滅，但是不能夠被打敗。」即便把薩達姆當成一個惡魔，這個惡魔也沒有被打敗過，直到走上絞架，他都未曾屈服。

　　薩達姆曾要一些人為自己寫傳記，他告訴這些人，他並不在乎人們現在如何看他，他只希望在若干年後，人們提起他薩達姆就像提起古巴比倫國王尼布甲尼撒二世（Nebuchadnezzar II）或伊斯蘭英雄薩拉丁那樣。不知道薩達姆的這個願望是不是能實現，反倒是薩達姆的死對頭美國至今仍陷在伊拉克的泥潭裡，沒有人知道沒了薩達姆的伊拉克會變成什麼樣子。

第 6 被告 諾列加

——選擇閉口的巴拿馬鐵腕

被 告 人：曼紐爾·安東尼奧·諾列加

（Manuel Antonio Noriega）

國　　別：巴拿馬共和國

身　　份：巴拿馬前總統

被控罪名：走私毒品等多項罪名

刑　　罰：40 年監禁

結案陳詞：曼紐爾·安東尼奧·諾列加，巴拿馬的鐵腕人物。他的前半生風光無限，充滿傳奇，他的後半生又淒涼蕭索，落魄狼狽。他借助美國的力量成為巴拿馬首屈一指的大人物，又因損害到美國的利益而成為階下囚。諾列加的一生充滿傳奇，美國用一支裝備精良的萬人部隊去捉拿他一個人，處心積慮地為他羅織罪名，而當他白髮蒼蒼地走出美國監獄時，美國卻還在為他心驚肉跳。在很多反美人士那裡，諾列加已經是一個反美偶像，至於其犯下的諸如走私毒品等罪行，相比之下似乎並不那麼重要。

一·巴拿馬的災難

曼紐爾·安東尼奧·諾列加，巴拿馬共和國的大獨裁者，舉世聞名的鐵腕將軍，曾先後將數位巴拿馬總統推翻下台。但就是這樣一個強力人物，卻要以囚徒的身份打發淒淒晚年。

諾列加的厄運從 1989 年底開始，就是在這一年，他從一個聲名赫赫的國家要人，變成了失去自由的可憐人，一舉一動，都要受人監視。美國在 1989 年 12 月 20 日發動的那場對巴拿馬的侵略，成了諾列加一生的轉捩點。

1989 年 12 月 20 日，離耶誕節還有 5 天。在巴拿馬城西南邊的里奧·阿托軍事基地像往常一樣平靜。隨著巴拿馬鐵腕諾列加在收回巴拿馬運河上的立場越來越強硬，美國和巴拿馬的關係也日益緊張起來。曾有傳言美國要對巴拿馬動武，里奧·阿托軍事基地也提高了警惕。但 1989 年就要過去了，也許巴拿馬可以平平安安地跨入 20 世紀 90 年代。里奧·阿托基地的官兵們並沒有察覺到，一場災難已經拉開了帷幕。

里奧·阿托基地是巴拿馬的國防重鎮，其距巴拿馬首都巴拿馬城只有 100 多公里。該基地就在巴拿馬的交通命脈泛美公路旁邊，誰掌握了該基地，誰就相當於控制了巴拿馬的陸上交通。巴拿馬首腦諾列加將自己最重要的兩個連，即巴拿馬國防軍 6、7 連都部署在里奧·阿托基地。軍人出身的諾列加很清楚里奧·阿托基地的軍事價值。

12 月 20 日淩晨，一個耀眼的火球打破了夜晚的寧靜，里

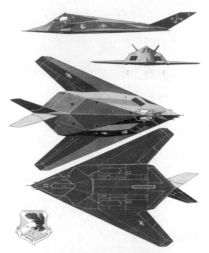

F-117 隱形戰鬥轟炸機四視圖。

1989 年 12 月 21 日，美軍士兵在巴拿馬城被燒毀的巴國防軍司令部大樓前警戒。

奧·阿托基地上空突然響起了飛機的轟鳴聲，這不是巴拿馬方面的飛機。緊張的氣氛霎時充斥了整個基地，官兵們有些慌亂地爬了起來。

戰爭開始了，美國人真的打來了。巴拿馬官兵有些措手不及，他們不知道美國專門為這場戰爭出動了當時最先進的 F-117 隱形戰鬥機。巴拿馬的雷達對隱形飛機沒有一點用處，里奧·阿托基地馬上就被打得毫無招架之力。炸彈從天而降，火光將天空映紅，沒過多久，就有 250 多名巴拿馬官兵被俘。里奧·阿托基地很快失守，美國大兵長驅直入。在接下來的幾個小時裡，美國兵分幾路攻克了數個巴拿馬軍事基地。

巴拿馬人被這突如其來的變故搞混了，後來，他們

才被告知，美國大兵是衝著諾列加來的。誰都知道美國早就看諾列加不順眼了，靠美國登上政治巔峰的諾列加，越來越不聽美國的話。只是巴拿馬人萬萬想不到，美國竟然會用舉兵入侵的方式，來「搞掉」巴拿馬的大獨裁者。

美軍在里奧・阿托一帶扔下了 400 多枚炸彈，足以將這塊彈丸之地炸翻。美國的陸、海、空三軍對巴拿馬進行了立體式包圍，一張針對諾列加的大網已經撒開。美國自信，就算諾列加有上天入地的本事，也別想逃出美國的手心。美國稱此次在巴拿馬的行動為「正義行動」（Operation Just Cause），為了這次行動，美國做了很長時間的準備。負責執行行動的美軍第 6 機械營和第 87 步兵師下屬的第 5 營，已經成功進行了上百次的配合。「正義行動」開始前，美國默不作聲地加強了在巴拿馬運河一帶的美軍力量。

美軍在 12 月 20 日黎明時分完全掌控了里奧・阿托基地的局面，接下來就要重點攻擊巴拿馬國防軍司令部大樓了。據情報顯示，諾列加在 12 月 19 日晚上還待在司令部大樓裡。巴拿馬國防軍司令部大樓和巴拿馬運河的美洲大橋只有 2 公里的距離，就在巴拿馬運河區的不遠處。而巴拿馬運河區一直以來又都為美方掌握。巴拿馬城的東邊是大片的原始森林，巴拿馬城西邊已經陷落。諾列加相當於被困在了巴拿馬城裡。美國對捉拿諾列加有十足的把握。

讓美國大感意外的是，把守巴拿馬國防軍司令部大樓的只有 100 多名巴拿馬士兵。要知道巴拿馬國防軍司令部大樓堪稱

巴拿馬的國防大本營，在這裡集結著巴拿馬方面的各種軍事設施。除國防軍總司令部外，還有參謀部、國家安全局、軍事情報局和反騷亂部隊總部。而諾列加的辦公室、臨時臥室也設在了這座大樓裡。

美軍不費吹灰之力就占據了整個大樓，並很有條理地展開嚴密的搜索。辦公室、廁所、倉庫、地下室……根本沒有諾列加的影子。難怪把守國防軍司令部大樓的只有那麼點巴拿馬士兵，美軍在大樓裡整整找了兩個多小時，他們搜出了諾列加的公事包，卻沒有發現半點有關諾列加行蹤的線索。

諾列加的私人機場被炸毀，諾列加的專用飛機只剩下殘骸，諾列加的專用船隻早已沉入大海，諾列加的私人別墅被美軍占據，諾列加的親兵衛隊也被美國收繳。唯有諾列加活不見人，死不見屍。

諾列加失蹤了，負責「正義行動」的軍官只好將這個消息報告給華盛頓。

美軍占領巴拿馬總統府後一名美軍士兵在巴拿馬總統諾列加的照片前照相。

二‧「鐵腕人物」與美軍的較勁

諾列加不在國防軍司令部，巴拿馬沒有發現諾列加的屍體。壞消息接連傳來，白宮不得不承認「正義行動」的進行遇到了一些波折。沒有人知道諾列加藏在哪裡。

不久，更壞的消息傳來，就在 12 月 20 日晚上，美國人還在為尋找諾列加焦頭爛額之際，巴拿馬上空突然響起諾列加的聲音。諾列加在廣播中號召巴拿馬人團結起來，一起對付美軍，一致捍衛巴拿馬的尊嚴。這讓美國感到十分尷尬，更讓美國頭疼的是，諾列加話音剛落，巴拿馬的地下狙擊手就活躍起來。巴拿馬沒有可以和美國匹敵的大槍大炮，但巴拿馬人的「暗彈」也可以讓美軍如入恐怖之境。

「正義行動」既是美國對巴拿馬主權的踐踏，也是諾列加和白宮的對決。白宮對諾列加的恨不是一天兩天。然而，諾列加是個名副其實的鐵腕人物，要搞倒諾列加並不容易。

曼紐爾‧安東尼奧‧諾列加，1934 年出生在巴拿馬運河南畔的一個窮人家裡，5 歲的時候就被遺棄到孤兒院中，周圍的人都嘲笑他是「腦袋長鳳梨的私生子」。

幼時的不幸將諾列加塑造成一個性格冷酷的野心家，還在上高中時，他就立志將來一定要成為權傾巴拿馬的大人物。而在巴拿馬這樣一個動盪貧弱的國家，政治就意味著權力，步入政壇的最好辦法，就是先成為軍人。

諾列加對自己的未來有很清楚的規劃。他在巴拿馬大學讀

書時曾作為學生代表參加巴拿馬全國學生代表大會，1954 年大學畢業後，諾列加又選擇了進入秘魯的一個軍事學院繼續深造。幾年後，諾列加回到巴拿馬，政治的大門已經向他敞開，諾列加如願以償地成為巴拿馬國民警衛隊的軍官，並和國民警衛隊中正炙手可熱的軍官杜里荷（Omar Torrijos Herrera）成為摯友。

1968 年杜里荷發動了軍事政變，政變大獲成功。杜里荷執掌巴拿馬軍政大權後，作為政變的一大支持者，諾列加的政治前景也豁然開朗。

1970 年，一些青年軍官試圖趁杜里荷外出訪問之際，發動政變，正因為諾列加的及時發現，政變才未能得逞。杜里荷回國後，對諾列加感激萬分，從此更是視諾列加為左右手。很快，諾列加便升任陸軍中校，調至國民警衛隊司令部工作。在國民警衛隊司令部裡，諾列加的職務是軍事情報處處長。

當時，美國掌握著巴拿馬運河，美國在巴拿馬設了若干軍事基地。而世界上唯一一個可以用 300 千赫低頻傳遞資訊的電子通信中心——卡萊塔島軍事基地，也設在巴拿馬運河區。該基地的活動覆蓋了南太平洋、南大西洋、加勒比海地區的 80 多個國家。

諾列加一早就知道，要想在政治大道上走得更遠，要想在權力之山上攀得更高，就少不了美國的幫助。事實上，諾列加還是學生時，就已經開始為美國搜集情報。

作為巴拿馬軍事情報處的處長，諾列加和美國的關係非常

巴拿馬運河在巴拿馬共和國中部，是溝通太平洋和大西洋的國際通航運河。全長 81.3 公里，寬 150 至 304 公尺，水深 13.5 公尺，能通過 4 萬到 4.5 萬噸巨輪。自 1914 年通航以來，兩大洋兩岸航程縮短了 5 千至 1 萬公里。每年有 14000 艘至 15000 艘船隻通過，運貨量達 1 億噸以上，素有「世界橋樑」的美譽。

密切，諾列加向美國提供了大量價值甚高的軍事情報。諾列加很熟悉美國，但美國卻低估了諾列加的本領。

諾列加是軍事專家，是善於察言觀色的政治賭徒，是野心勃勃的冒險家，但諾列加更是反間諜的高手。他知道怎樣隱藏自己的蹤跡，他精通心理戰，他清楚美國的行事特點。諾列加曾接受過美國中央情報局的專門培訓，甚至曾是中情局花心思栽培的對象。

諾列加在巴拿馬的情報部門工作了十多年，經受了數不清的政治風浪，美國要入侵巴拿馬的計畫根本不可能瞞住諾列加。諾列加老早就建立起一整套為自己服務的情報網，這個情報網為諾列加剷除了無數政治對手，也讓諾列加一次次化險為夷。

　　諾列加甚至比參加「正義行動」的美國士兵還早得知美國在 1989 年 12 月 20 日的軍事行動。諾列加在美國國務院的耳目曾在「正義行動」開始前，提醒諾列加注意美國。12 月 19 日，每隔 10 分鐘就有一架巨型美國運輸機降落在巴拿馬的運河區，這一反常現象，讓諾列加非常不安。根據多年和美國打交道的經驗，諾列加認為美國很可能在 12 月 20 日有什麼大的行動。五角大樓反復強調，向巴拿馬頻繁派送士兵是為即將到來的軍事演習做準備，這個彆腳的藉口反而加深了諾列加的不安感。

　　巴拿馬的軍事力量實在小得可憐。巴拿馬只有 200 萬人口，正規國防軍 5000 多人，裝甲車 28 輛、飛機 39 架、艦艇 12 艘，所有這些都加在一起也比不過美軍的一個零頭。讓巴拿馬和美國硬碰硬地較量，不是「雞蛋碰石頭」，而是「雞蛋

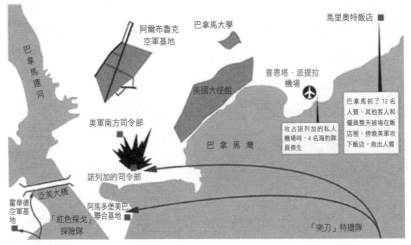

「正義行動」作戰略圖。

撞大山」。

　　諾列加很清楚巴拿馬的實際軍力，但他不打算坐以待斃。於是 12 月 19 日，諾列加特地只安排了一小部分正規軍防守重要的軍事目標，以迷惑美軍。然後命令在國防軍司令部大樓的大部分正規軍換上便裝，低調地逃出巴拿馬城，使出一招完美的瞞天過海。美國人只知道 12 月 19 日晚上，諾列加還在國防軍司令部大樓中辦公，卻不知諾列加已經洞悉了美國的軍事行動，為自己安排好了退路。

　　就在里奧‧阿托基地被美軍擊潰的同時，諾列加帶著一小隊人馬襲擊了美軍在巴拿馬的南方司令部大樓。巴拿馬的地下武裝力量很快組織起來，躲在暗處襲擊巴拿馬城區的美軍，以至於浩浩蕩蕩的美國大兵，在進駐巴拿馬城後屢屢向五角大樓發去求援消息。整個白宮都緊張起來。美國也希望能在 1989年的耶誕節前拿下諾列加。

　　美國一面向巴拿馬增派士兵，一面懸賞 100 萬美元捉拿諾列加。懸賞告示一出，就收到了一大堆透露諾列加行蹤的消息。有人說諾列加曾出現在美軍在海濱的基地附近，有人說曾在諾列加的某處私人住宅看到過可疑分子，還有人說諾列加正躲在巴拿馬和哥斯大黎加的邊界……對這些資訊，美國不敢怠慢，繃緊了神經仔細追查，但追查的結果都讓美軍大失所望。

三‧巴拿馬的大獨裁者

美國一天抓不到諾列加，美國在巴拿馬的戰事一天就無法停止，而外界輿論對美國出兵巴拿馬一事的非議也壓得白宮喘不過氣來。有人諷刺美國大兵僅為抓諾列加一人是「殺雞用牛刀」，有人抨擊美國到他國的土地上抓他國的領導人是在踐踏他國主權，還有人義憤填膺地列舉美國在巴拿馬傷害平民的行徑。

對這些非議，美國不理不問，在出兵巴拿馬前，美國就做好了接受各方抨擊的準備。和這些抨擊相比，諾列加給美國的威脅更大。

諾列加曾是地道的親美派，1976 年 12 月，諾列加還在美國中情局總部和時任中情局局長的老布希見過面。後來，老布希當上了美國總統，諾列加在好長時間都對外界宣稱自己和老布希私交甚好。曾幾何時，諾列加都是美國著力培養的對象，美國幫諾列加實現政治野心，以便諾列加在執掌巴拿馬大權後，能更好地和美國「合作」。

1983 年，諾列加成為巴拿馬國民警衛隊司令，同年 9 月，他將國民警衛隊改組成國防軍。有美國這個大靠山在，諾列加的仕途一帆風順，他娶了投機者謝伊羅的姐姐，將家人安插到政府各個重要部門。謝伊羅先是當上了農業部長，然後跑到台灣做「巴拿馬駐台大使」，而後成為巴拿馬第二大執政黨的領導。謝伊羅以諾列加代理人的身份，在日本、香港、韓國

經營遠洋航運，隨便出一趟國，都能收攬數十萬美元的財富。當然，諾列加在這之中，也占了不少便宜。

諾列加和謝伊羅的姐姐結婚不過一年，就愛上了一個叫維克特的女人。當時的巴拿馬政治制度還不甚完善，諾列加一人的喜好就足以改變許多人的命運。維克特仗著諾列加的喜愛插手巴拿馬大政，維克特的父親一夜之間成為巴拿馬第五電視台的總裁，維克特的妹妹則得到了一個萬人羨慕的肥缺──巴拿馬國家彩券局局長。諾列加會盡可能地任命自己的親信擔任國家要職，這是他保住地位的一個重要方法，他的勢力滲透得越深、越廣，他的政敵就越難找到生存的空間。

曾幾何時，巴拿馬就像諾列加的掌中之物，財富之泉。20 世紀 80 年代的巴拿馬，是個不甚富裕的小國。而諾列加個人的財產就有數億美元。諾列加在巴拿馬有 12 幢豪華別墅，每幢別墅裡都堆滿了奇珍異玩。除了在巴拿馬國內，諾列加在巴黎和法國南部、西班牙、日本、以色列，都有數目可觀的地產。

諾列加登上了人生的巔峰。像任何一個已登上人生巔峰的人一樣，諾列加對政敵格外敏感，任何一個不夠聽話的傢伙都有可能危及諾列加的權力，諾列加為他的每個政敵都建立了完備的檔案。

國防軍參謀長迪亞斯是巴拿馬的二號實權人物，1981 年杜里荷遇難後，就是在迪亞斯的幫助下，諾列加才握住了軍政大權。1984 年，迪亞斯又幫助諾列加搞掉了當時的總統巴雷

德（Rubén Darío Paredes），並在選舉箱上舞弊，排擠向來反對諾列加的政治家阿里亞斯（Arnulfo Arias）。長久以來，迪亞斯一直是諾列加的「好夥伴」。

迪亞斯仗著對諾列加有功，開始耀武揚威起來，不再對諾列加唯命是從。他自以為知道了不少諾列加所做的「見不得光」的事，就能抓住諾列加的把柄。但他錯了，1987 年 6 月，諾列加巧妙地迫使迪亞斯辭職。失去了權力的迪亞斯憤怒不已，當即將諾列加的種種醜聞抖擻出來，在巴拿馬政壇掀起一場偌大的風暴。

諾列加的反對派發動了大規模示威遊行，強迫諾列加辭職。遊行影響了整個巴拿馬，民眾的情緒被調動起來，人們每隔一個多小時，就會一起大敲空盆，用巨大的噪音給諾列加施壓。諾列加急了，也組織人手進行「擁護諾列加」的大遊行。為了促使民眾支持自己，曾經十分聽美國人話的諾列加乾脆在巴拿馬人最敏感的運河問題上做起文章。

巴拿馬運河對美國有著十分重要的經濟意義和戰略價值。巴拿馬雖小，卻是連接大西洋和太平洋的橋樑，美國在巴拿馬運河區有為數不少的公司、駐兵、軍事基地。巴拿馬運河是美國全球戰略的關鍵一環。1977 年 9 月，巴拿馬方面和美國簽訂了《新運河條約》，要求美國在 1999 年 12 月 31 日正午之後，將巴拿馬運河的所有權交還給巴拿馬政府，並有計劃地將所有美軍、軍事機構都從巴拿馬撤出。

美國不想就這樣放棄自己在巴拿馬的勢力，《新運河條約》

簽訂後，美國有意加大了對巴拿馬運河的控制力度。美國和巴拿馬人在運河上的矛盾由來已久，巴拿馬人沒少過為收回運河和美國發生衝突。諾列加不管怎樣都是個巴拿馬人，也像其他巴拿馬人一樣，渴望將運河收回。可見，諾列加也並不想成為美國的傀儡。

一提到巴拿馬運河，巴拿馬人的情緒果然被挑起來。1987年 6 月 30 日，數萬名巴拿馬人將美國駐巴拿馬使館圍得水泄不通。一場針對諾列加的政變就這樣變成了反美大示威。諾列加表示絕對不會向美國人低頭，巴拿馬人則聲勢浩大地要求美國人滾出運河區。在美軍的強力控制下，反美大示威的熱浪漸漸消退。諾列加如願以償地鞏固了自己的地位，但同時，他也成為美國的眼中釘。

諾列加不再聽美國的話了，諾列加橫在了美國的利益大路之上。美國不可能對諾列加視而不見。南美是美國的後院，美國要竭盡所能地將這一後院控制起來。但美國很快發現，諾列加比美國想像的要難對付得多。

四·美國的「倒諾」行動

1987 年年底，美國助理國防部長阿米蒂奇（Richard Armitage），在五角大樓官員帕斯托里諾和美國大使大衛斯的陪同下，出訪巴拿馬。阿米蒂奇一臉笑意，諾列加也一臉笑意，但美國和巴拿馬的關係，可沒有因他們的笑臉有所緩和。

　　阿米蒂奇是有備而來，他向諾列加提出了一份《布蘭東計畫》，希望諾列加能自動辭職。布蘭東原本是巴拿馬方面的一名情報員，還曾是諾列加的同事，對諾列加的性格特徵非常了解。1983 年，諾列加剛剛掌控國防軍的權力，就立即任命布蘭東去做美國紐約的總領事，可見他對布蘭東的信任。但沒想到，不過幾年的光景，布蘭東就背叛了諾列加，和美國人聯手思考「搞掉」諾列加的辦法。

　　布蘭東就是《布蘭東計畫》的設計者，在該計畫中，布蘭東提出改組巴拿馬政府，改編巴拿馬國防軍，任命新的國防軍司令，然後組織過渡政府以確保 1989 年的巴拿馬大選能夠順利進行。

　　《布蘭東計畫》的矛頭直指諾列加。改組政府是要剪除諾列加的黨羽，改編國防軍和任命新的國防軍司令是要讓諾列加下台。而那個計畫組建的過渡政府，則為了確保諾列加不會在 1989 年大選中捲土重來。美國政府非常欣賞《布蘭東計畫》，諾列加對《布蘭東計畫》則恨得咬牙切齒。但當著阿米蒂奇等人的面，諾列加克制住自己，答應會採納《布蘭東計畫》。阿米蒂奇一行聽罷，心滿意足地回了美國。他們卻不知道這只是諾列加的緩兵之策。

　　細心的人發現從 1988 年伊始諾列加房子的燈在晚上就沒有熄滅過，晚上來拜訪這些房子的人也似乎多了一些，而為諾列加看家護院的警衛則個個神色緊張。很快，諸如「諾列加家發生大事」的消息，就傳遍了巴拿馬的大街小巷，還有人信誓

旦旦地說，親眼看到諾列加的家屬匆匆忙忙地登上開往多明尼加共和國的飛機。1 月 9 日下午，紀念維護巴拿馬運河主權鬥爭 24 周年的大會召開，一向喜歡出風頭的諾列加沒有露面。聯想到 1 月 9 日早上剛好有兩架載滿行李的飛機飛往多明尼加，人們紛紛猜測，諾列加已經逃跑了。

諾列加的反對者立即組織了數千人上街遊行，還在街頭做起了慶祝諾列加垮台的演講。但就在這些人歡呼雀躍之時，傳說已逃往他國的諾列加突然現身，讓所有人都措手不及。

諾列加故作輕鬆地告訴大家，他離開巴拿馬只是去看望女兒和女婿，這不是什麼「出走」，而是簡單的私人旅行。

美國政府這才知道，諾列加不會那麼容易放棄權力。布蘭東成了巴拿馬的叛徒，其總領事的職務很快被解除，《布蘭東計畫》徹底失敗。幾個月後，在 1987 年夏天給諾列加製造麻煩的迪亞斯也被逮捕入獄，罪名是「誣告他人」。迪亞斯當然明白這是諾列加的報復，他更明白自己已無力扭轉局面，法庭上的迪亞斯一臉頹唐。迪亞斯和他的幾名隨從人員都被判處了 5 年監禁。

迪亞斯失敗了，布蘭東也失敗了，兩個人都沒有東山再起的能力，美國隨即將目光轉到了另一個巴拿馬政要身上——巴拿馬總統德爾瓦列（Eric Arturo Delvalle）。

很長時間裡，德爾瓦列都被諾列加當成傀儡，他端坐在總統的椅子上，卻施展不開手腳。德爾瓦列對這種狀況早有怨言，而美國，恰好察覺到他的心思。

　　從 1988 年 1 月開始，德爾瓦列就以「檢查身體」為幌子，頻繁地來往於美國和巴拿馬之間，與美國經濟界、金融界的各位要人進行會談。德爾瓦列將諾列加當作絆腳石，他很投美國喜好地大談諾列加的惡德敗行。同年 2 月，德爾瓦列還在邁阿密和美國助理國務卿艾拉姆斯商量「搞掉」諾列加的辦法。

　　巴拿馬人注意到德爾瓦列的動向，政壇上一場風波剛息，另一場風波又起。

　　1988 年 2 月 25 日，德爾瓦列接見了國防軍參謀長胡斯蒂諾斯，胡斯蒂諾斯是在迪亞斯下台後就任國防軍參謀長的。德爾瓦列明確告訴胡斯蒂諾斯，已經到諾列加下台的時候了，還暗示胡斯蒂諾斯，諾列加下台後，就讓胡斯蒂諾斯執掌國防軍大權。胡斯蒂諾斯大吃一驚，仔細考慮了德爾瓦列的計畫，他不認為和德爾瓦列聯手能推翻諾列加，畢竟諾列加太強大了，他的黨羽到處都是。

　　胡斯蒂諾斯拒絕了德爾瓦列的好意，德爾瓦列固執己見，堅持按計劃實施「倒諾」行動。諾列加若不下台的話，德爾瓦列就永遠做不成握有實權的總統。過沒多久，德爾瓦列出現在電視新聞中，向全巴拿馬公佈了罷免諾列加的消息。巴拿馬登時陷入緊張狀態。當德爾瓦列從電視台的大樓走出來時，街上到處都是人，支持諾列加的，反對諾列加的，紛紛都跑了出來，大家都想更多地了解一下罷免諾列加的情況。

　　諾列加一開始也被德爾瓦列的決定嚇了一跳，但諾列加不

是那種聽任命運擺佈的人，他很快鎮定下來，帶著槍趕到國防軍司令部大樓。國防軍司令部大樓是巴拿馬的國防大本營，守住了這裡，就守住了一切。諾列加立刻下令，沒有他諾列加的口令，誰也不許動用國防軍。

當德爾瓦列好容易從電視台回到辦公室時，才發現諾列加已拉著諸多議員恭候多時了。在議員們的強烈要求下，德爾瓦列只好召開緊急會議，向大家解釋為什麼要突然罷免諾列加。胡斯蒂諾斯的擔心不是多餘，絕大多數議員都堅定地支持諾列加，他們向德爾瓦列發動攻擊，認為總統繞過議員罷免國防軍司令是違憲行為，罷免無效。德爾瓦列這才意識到他的「倒諾」行動有多麼不成熟，他控制不了議會，更控制不了議員。

就在德爾瓦列宣佈諾列加被罷免的 10 個小時後，諾列加宣佈德爾瓦列被罷黜。德爾瓦列走投無路，只好逃往美國駐巴拿馬的南方司令部。這是諾列加和美國的又一次對決，美國又輸了。

五·羅織罪名

美國一次次地插手巴拿馬政事，巴拿馬人民的反美情緒日益濃厚，要求美國撤出巴拿馬的呼聲也越來越強烈。與此同時，整個世界的格局正在發生微妙的變化，1989 年東歐發生劇變，蘇聯江河日下，美蘇爭霸接近尾聲。於 1989 年 1 月就任美國總統的老布希必須考慮如何讓美國在冷戰之後，依然保

持超級大國的地位。1989 年 5 月，老布希提出了「超越遏制戰略」，決定用「和平演變」的方法，改變蘇聯的社會制度。

這個時候，美國萬萬不希望自己的全球戰略佈局發生什麼狀況，更不希望自家後院發生什麼事端。巴拿馬的局勢讓美國很不舒服，諾列加在收回巴拿馬運河主權上立場強硬，美國幾次針對諾列加的行動都失敗了，且每次失敗後，諾列加的位子都要坐得更穩一些。巴拿馬人已經領教了諾列加在玩弄權術上的厲害，諾列加的對頭們一個接著一個地被趕出政界。

美國的目標非常明確，無論採用什麼手段，都要將諾列加拉下台。只有諾列加下台了，美國才好推出自己在巴拿馬的新代理人，從而讓巴拿馬成為美國的「小兄弟」，稍微放鬆一下美國在巴拿馬運河問題上那緊繃的神經，繼續立足於巴拿馬運河，部署全球戰略計畫。

美國在巴拿馬經營了那麼多年，修軍事基地、建公司、打通巴拿馬政界……美國不能讓這些努力在小小諾列加這裡毀於一旦。然而，美國要想公然將手伸入巴拿馬，就必須找到一個能夠服眾的藉口。國際上對那種干涉他國事務的國家很是反感，美國偶爾也得顧及一下國際輿論。

正所謂「欲加之罪，何患無辭」，對美國而言，給諾列加羅織罪名並不困難。更何況，諾列加並不是那種清白的政治家，美國手上就掌握著不少諾列加的犯罪資料，譬如參與毒品走私。

世界三大毒品出產基地之一的「銀三角」就在南美，和美

國相距不遠。美國有漫長的海岸線和林林總總的港口，很方便毒品運輸。美國經濟發達，市場龐大，毒品在美國的售價格外昂貴，一盎司古柯鹼可以賣到 8000 美元，是黃金價格的 20 倍。在毒品販子眼裡，美國是難得的財富之泉。

美國政府當然對毒品氾濫的現象很是頭疼，因毒品而起的綁架、搶劫、盜竊、凶殺等等，這些都嚴重危害著美國的社會治安。在毒品問題上，諾列加有很多疑點，美國發現，很多毒品都是通過巴拿馬運河流入美國境內的。諾列加執掌巴拿馬大權，又天生愛財，那些大毒梟們大可以買通諾列加，將巴拿馬運河變成毒品運輸的「安全通道」。

隨著美國調查的深入，諾列加從事毒品業的證據越發明顯。諾列加曾幫助毒品販子逃跑，曾為毒品販子提供交易場所、運輸工具，還曾借到美國訪問的機會，為毒梟們偷運毒品。巴拿馬的很多毒梟都知道，只要和諾列加搞好關係，就不會在巴拿馬栽跟頭。諾列加從毒品中收穫甚豐，1984 年有個大毒梟為了見諾列加一面，就拱手將 400 萬美金匯入諾列加的戶頭。

美國早就對諾列加從事毒品有所察覺，那時，諾列加還是美國的好夥伴，對諾列加的這些不光彩事蹟，美國尚可以睜一隻眼閉一隻眼。但這次不同了。一個針對諾列加毒品問題的調查小組迅速成立。1988 年 2 月 4 日美國就已經為諾列加準備好了一份長達 30 頁的起訴書。上面列舉了諾列加的 12 條罪狀。若這些罪狀都成立的話，諾列加將被判處 145 年的徒刑，

並需交納 114 萬美元的罰款。

　　諾列加參與毒品的證據並不難找。美國指出，1984 年，哥倫比亞的大販毒集團麥德林卡特爾（Medellín Cartel）殺害了哥倫比亞司法部部長博尼利亞（Rodrigo Lara Bonilla）。凶手在諾列加的保護下，仍逍遙法外。麥德林卡特爾還在巴拿馬建立了一座古柯鹼工廠，專門加工來自哥倫比亞的古柯鹼，然後再將大批古柯鹼運往美國。諾列加不可能對此一無所知，但這個加工廠在巴拿馬營運得非常良好。

　　在 1982 年到 1984 年間，在諾列加的幫助下，有 100 萬磅的大麻流入美國，諾列加從中得到了數百萬美元的收入。1984 年到 1986 年，從毒品事業上嘗到甜頭的諾列加又變本加厲，幫助販毒集團將 2 噸古柯鹼和 500 噸大麻運到美國。

　　掃毒是正義事業，美國可以名正言順地治諾列加的罪。但諾列加是巴拿馬首屈一指的大人物，如何引渡諾列加，這是擺在並不怎麼受巴拿馬人歡迎的美國面前的一大難題。如果趁諾列加離開巴拿馬的時候將其引渡，也不失一個辦法。只是諾列加並不是傻瓜，且早就看穿了美國人的心思。

　　美國有些懊惱。也許美國唯一能做的就是等待時機了，可時機又不知什麼時候會出現。

六‧又一起讓白宮蒙羞的政變

　　美國幾次試圖用暗中插手巴拿馬政變的方法拉諾列加下台

都失敗了。美國很清楚，諾列加對美國的仇恨已經到了無以復加的地步，若由著諾列加把持巴拿馬，巴拿馬遲早有一天會成為反美戰場。到那時，美國在巴拿馬的利益會大受損害，美國自身的安全也將受到影響。

美國仔細尋覓著「倒諾」的時機。巴拿馬政壇內部充斥著爾虞我詐，惦記著諾列加權力的人不在少數。這些人的「倒諾」心情往往比美國還要迫切。1989 年秋天，機會再次向美國招手。

1989 年 10 月 1 日夜裡，巴拿馬國防軍烏拉卡營營長莫瓦塞·希羅爾迪（Moisés Giroldi）的妻子，悄悄來到美國駐巴拿馬南方軍區司令部大院。希羅爾迪夫人告訴接待她的美國軍官，她的丈夫已經準備好在 10 月 2 日發動政變，推翻諾列加，一切都會如美國所願。希羅爾迪的妻子希望得到美國的庇護，並聲稱，為了能讓政變成功，美國方面最好出兵將一些主要公路封鎖。

南方軍區司令部馬上將這一消息轉給華盛頓。時任美國國防部長的錢尼（Richard Bruce Cheney）聽到這一消息，非常高興。錢尼馬上授意美國駐巴拿馬的南方司令部，要求他們庇護好希羅爾迪夫人。但至於要不要如此明目張膽地插手巴拿馬政變，錢尼還拿不定主意。事關重大，他連忙將此事彙報給白宮。

1989 年 10 月 2 日上午 9 點，老布希將各政府要人召集一起，就巴拿馬政變一事開會。白宮的各個官員都巴不得能早一

天除掉諾列加，正所謂「機不可失，時不再來」。白宮很快做出決定，插手巴拿馬政變，支持希羅爾迪，封鎖巴拿馬主要道路。

白宮的神經完全繃了起來，密切關注著巴拿馬的情況。巴拿馬的希羅爾迪，好容易等到了美國的回應，但不知出於什麼原因，希羅爾迪頻繁地更改政變時間，他先是告訴美國，政變在 10 月 2 日上午進行，然後又稱 10 月 2 日上午太倉促，而將時間定在 10 月 2 日下午。到了 10 月 2 日下午，希羅爾迪告訴美方，政變要等到 10 月 2 日晚上才能進行。又過了不一會兒，美方接到消息，說希羅爾迪決定等到 10 月 3 日上午再發動政變。美國被希羅爾迪的出爾反爾激怒了，同時也懷疑起希羅爾迪發動政變的真正動機，也許希羅爾迪並沒有心思推翻諾列加，而是和諾列加聯手給美國製造圈套。於是連忙聯繫南方司令部，叮囑它不要輕舉妄動。

10 月 3 日早上 8 點，希羅爾迪發動政變，而此時的美國還在猶豫是不是要助希羅爾迪一臂之力。

諾列加似乎對政變一事一無所知。10 月 3 日早上，諾列加像往常一樣到國防司令部上班，他的身邊有好幾位持著武器的壯漢。諾列加知道反對自己的大有人在，非常注重安全。當諾列加走到國防司令部大樓時，希羅爾迪的人早已荷槍實彈地埋伏多時。當諾列加的保鏢發現這一異常時，已經太晚了，諾列加一行徒勞地開了幾槍，很快就因寡不敵眾被制伏。

政變進行到這裡，一切順利。諾列加被關入了一間臨時監

獄。歷史上，每個堪稱梟雄的人物，都能做到身處劣勢而不驚慌。諾列加也是如此。政變從來不是「搞掉」某個領導人這樣簡單，它往往意味著政府內部的大換血。因此，不用諾列加擔心，自會有人想方設法地解救他。更重要的是，這些和諾列加共榮共損的人集合起來，勢力要比希羅爾迪大得多。

希羅爾迪最失敗的地方，就是沒有充分利用起美國這個靠山，沒有在第一時間將諾列加被捕的消息通知美國。負責管理南方司令部的是瑟曼中將，他雖稱得上軍中翹楚，但到南方司令部工作的時間卻非常短，還沒能和巴拿馬方面磨合好。他只命令 1000 多名美國士兵處在高度戒備狀態，在一旁觀望巴拿馬的動態。直到 10 月 3 日上午 10 點，希羅爾迪才通過電台告訴巴拿馬人：諾列加被捕，國防部被占。希羅爾迪聲稱，這次政變是一次純粹的軍事行動，其間沒有摻雜任何政治內幕，和美國也沒有絲毫瓜葛。政變的目的就是要趕諾列加下台，恢復軍隊的威信、人民的尊嚴……在進行完一大段冠冕堂皇的演講後，希羅爾迪宣佈，從現在開始巴拿馬的一切將由臨時政府負責。

與此同時，諾列加的黨羽已經展開了營救諾列加的行動。擁護諾列加的勢力以迅雷不及掩耳之勢，對希羅爾迪發出通牒「儘快釋放諾列加」。

希羅爾迪害怕了，其指揮政變時的那種鎮定自若已蕩然無存。他連忙找來支持政變的一些巴拿馬政要，和他們一起在國防司令部大樓裡商討對策。就在他們開會商量的期間，不斷有

子彈打在國防司令部大樓上，聽著「砰砰」作響的槍聲，希羅爾迪等人焦頭爛額。

政變的一方陷入被動。希羅爾迪趕忙派了兩名士兵向美國方面尋求援助，希望美國能派直升機和裝甲車支援政變，最好能將諾列加運送出巴拿馬。然而，美國卻借機提出條件：美國可以答應希羅爾迪的要求，但巴拿馬方面必須將諾列加引渡美國，交給美國審判。

希羅爾迪再怎樣看不慣諾列加，也不想將巴拿馬的事交給外國，尤其是美國去處理。巴拿馬人的反美情緒不是醞釀了一天兩天了，希羅爾迪剛剛才告訴巴拿馬人，政變與美國無關，若他扭臉將諾列加交給美國，他必定會成為千夫所指。

希羅爾迪拒絕了美國的條件，美國駐巴拿馬方面將這一情況彙報給華盛頓。但是，不知道中間出了什麼差錯，華盛頓收到的消息卻是「政變方面同意將諾列加引渡到美國」。聽到這個消息，美國的法律專家還認認真真地擬出引渡諾列加涉及的法律程序，還以為先前為諾列加準備的長達 30 頁的指控書即將派上用場。可不一會兒，美國又收到一份情報，說諾列加在 10 月 3 日上午根本就不在國防軍司令部。美國政要面面相覷，摸不清巴拿馬的具體情況。

時間在一點點地流逝，華盛頓很平靜，可巴拿馬的局勢卻迅速地發生變化。那營救諾列加的部隊攻勢越來越猛，希羅爾迪已完全喪失了招架之力。希羅爾迪焦急地等待美國方面的援助，他不知道，遙遠的華盛頓還在苦苦分析著巴拿馬的情報。

希羅爾迪絕望了，他不得不承認大勢已去，一些跟著希羅爾迪政變的士兵，開始向營救諾列加的部隊投降。希羅爾迪陷入了四面楚歌的境地，他若再不釋放諾列加，自己的性命也將不保。

希羅爾迪無奈地釋放了諾列加。美國只得看著諾列加大搖大擺地重獲自由，政變只持續了一個多小時。美國離「搞掉」諾列加只有一步之遙，可就是這「一步之遙」，讓諾列加起死回生，反敗而勝。白宮方面再次為錯失良機懊惱不已。

美國「倒諾」的每一次失敗，都將成為諾列加炫耀的資本。1989 年 10 月 3 日晚上，諾列加以勝利者的姿態出現在電視上，他很清楚美國在這場政變中扮演了什麼樣的角色。諾列加有些挑釁地稱：「政變對我而言，就像刮一場風一樣，輕鬆至極。」

七‧在劫難逃

諾列加自認為可以應付好那些針對自己的政變，但他卻低估了美國的能力和決心。經歷了多次政變的諾列加，對自己充滿信心，他在 1989 年 12 月 15 日出任巴拿馬政府首腦，登上了權力之巔。

然而僅僅兩天之後，美國就宣佈要武裝逮捕諾列加。美國的行動非常迅速，在短短幾天的時間裡，就集合好一支包括陸、海、空在內的 2.5 萬人的大部隊。1989 年 12 月 20 日，未

等諾列加坐熱政府首腦的椅子，美國就對巴拿馬發動了進攻。美國乾淨俐落地拿下了巴拿馬諸多戰略要點，美國如期實現了戰略目標——除了抓到諾列加。

「正義行動」持續了 4 天，眼看耶誕節就要到了，白宮連諾列加的影子都沒看到。在巴拿馬待的時間越長，美軍就越不利。且不提美軍在巴拿馬那龐大的軍事開銷，白宮不得不考慮一個問題：如果抓不到諾列加，事情該怎樣收場？

其實，美國政府如坐針氈的時候，諾列加的日子也不好過。諾列加不知道美軍還要在巴拿馬待多久，就算負責「正義行動」的美軍撤走了，巴拿馬運河上還有大量的美軍。就算不管這些美軍，諾列加還有一大堆仇人、反對派。諾列加的房子被監視了，交通工具被毀掉了，家人親信不知所終……諾列加從來沒有遇到過比這更糟糕的狀況。左思右想後，諾列加只有一條路可選：逃往梵蒂岡駐巴拿馬大使館，尋求庇護。

梵蒂岡是羅馬教廷的所在地，全世界的天主教中心，美國不敢在梵蒂岡頭上造次。1989 年 12 月 24 日中午，諾列加成功地躲進了梵蒂岡駐巴拿馬大使館，美國得到這個消息後，又喜又憂。喜的是，終於清楚了諾列加的下落，憂的是，梵蒂岡未必會按美國的意思行事。果不其然，不等美國做出反應，梵蒂岡方面就同意了諾列加的要求，願意向諾列加提供庇護。美國總統親自出面，打電話給梵蒂岡使館，要求梵蒂岡方面協助捉拿諾列加。而梵蒂岡卻婉轉地拒絕了美國。美國只好一面派兵守在梵蒂岡大使館外面，一面繼續和梵蒂岡交涉。

第 6 被告 **諾列加**——選擇閉口的巴拿馬鐵腕

　　500 多名全副武裝的美國大兵和 10 多輛裝甲車，將梵蒂岡駐巴拿馬大使館圍了起來。諾列加的政敵們在大使館外擾擾嚷嚷，大喊「諾列加，滾出來」。有的美國兵特地在大使館外放起了諾列加最討厭的搖滾樂，樂曲的名字是《無處可逃》。

　　梵蒂岡方面曾一口拒絕美國，不同意交出諾列加，卻也漸漸承受不住壓力。羅馬教皇的使節和美國政府展開談判。諾列加的命運已經完全系在了他人手上，諾列加是束手就擒，還是熬過難關，都取決於梵蒂岡和美國的談判結果。

　　但這個結果卻並不難預料。梵蒂岡和美國的會談進行了好幾天，最後，羅馬教皇的使節委婉地告訴諾列加，該投降了。梵蒂岡方面不會主動將諾列加交給美國，諾列加也不可能在大使館裡躲一輩子，這和坐牢沒有太大區別。看著窗外氣勢洶洶的美國人，聽著那一陣強過一陣的噪音，諾列加的精神瀕臨崩潰。

　　即便諾列加能躲過美國人的追捕，他也很難再度執掌大權。那些曾被他死死壓制住的政治對手、曾被他傷害過的巴拿馬人，都借美國發動「正義行動」的機會活躍起來，他們已經等不及給諾列加「落井下石」。落到美國人手裡，諾列加或許能夠保住性命，但落到巴拿馬人手裡，諾列加可能連全屍都留不下來。在 1989 年 10 月的政變中，尚還有人能舉兵營救諾列加，但那時困住諾列加的只是區區希羅爾迪，現在圍住諾列加的則是 2.5 萬美國大兵，在巴拿馬誰能有本事幫諾列加逃出生天？

諾列加的時代已經結束。諾列加只有一條路可以走,那就是走出梵蒂岡大使館。走出梵蒂岡大使館前,諾列加向美國提出了幾個條件:打電話給親朋好友,得到公正的審判,不會被判處死刑。美國都答應了。

1990 年 1 月 3 日晚,在一片喧囂聲中,梵蒂岡駐巴拿馬大使館的門打開了。諾列加穿著整齊的軍裝出現在人們面前,神情高傲。為了保證諾列加的安全,一個神父陪在諾列加身邊。守在外面的美軍一看到諾列加,馬上跑了過來給他戴上手銬。這些美國人已經懶得去想諾列加的心情,他們太累了。美國的「正義行動」成功了,諾列加被帶上了飛往美國的直升機。

八‧審判與歸宿

諾列加在 1990 年 1 月 3 日晚上被美國逮捕,1990 年 1 月 4 日下午,美國就為諾列加準備好審訊室。對諾列加的審訊在邁阿密的一個審訊室中進行,法官、檢察官、律師都早早做好準備。

巴拿馬是個主權國家,諾列加是這個國家的政府首腦。不管巴拿馬人怎樣反感諾列加,一想起自己的首腦竟要站在美國人的被告席上,巴拿馬就群情激奮,這無疑是對巴拿馬的侮辱。審訊諾列加的過程引起了全世界的關注。

對諾列加的審判一直持續到 1992 年 4 月 9 日。美國指控

諾列加走私毒品、洗錢、大選舞弊。美國找來數十名證人證明諾列加的犯罪情況，這些證人裡有不少坐過牢的販毒分子，其中包括麥德林卡特爾集團的手下。美國還找到了諾列加過去的助手陸軍中校德爾‧茨德。茨德在諾列加身邊工作了 20 多年，對諾列加了解頗深，據茨德所說，諾列加曾接受過一個裝滿現金的手提箱，手提箱來自哥倫比亞。諾列加將這筆來歷可疑的錢通過巴拿馬銀行，轉為合法資金。

值得一提的是，茨德在指證諾列加時，自己也背著一堆官司。美國答應，只要茨德能夠出面指證諾列加，就會減輕對茨德的刑罰。茨德是諾列加案中非常重要的人物，他從諾列加的傳令兵做起，一直做到諾列加的保鏢、助手。諾列加的飛行員佛洛德‧卡爾頓，也被美國找來證明諾列加的罪行。卡爾頓向法庭透露了諾列加和麥德林卡特爾集團一些頭目交往的內幕。美國又找到曾經在麥德林卡特爾集團任事的勒代爾‧里瓦斯做證人。里瓦斯稱諾列加曾經為麥德林卡特爾集團提供安全的毒品運輸路線，幫助該集團將毒品運往美國。里瓦斯還指出，諾列加幫助麥德林卡特爾集團每通過巴拿馬運送 1 公斤毒品，就能得到 1000 美元的報酬。

不過，鑑於里瓦斯和茨德一樣，也面臨著一堆指控，不少人認為法庭需要好好斟酌里瓦斯和茨德的證詞，這兩個人說不定是為了得到減刑，才故意順著美國的意思描黑諾列加的。

諾列加並不是笨嘴拙舌的人，但他在審判過程中卻保持沉默，就連諾列加的律師，也沒有給人留下一點咄咄逼人的印

象。有人覺得，在美國的強權面前，諾列加最終選擇了閉嘴。有人則認為，諾列加是用沉默對抗美國的霸權。

對諾列加的審判在爭議中進行，讓人們百思不得其解的是，美國怎麼可以用國內的法律去裁判巴拿馬人諾列加呢？就算諾列加真的參與了國際販毒活動，美國也無權跑到巴拿馬去抓諾列加，美國展開「正義行動」之時，美國包圍梵蒂岡駐巴拿馬大使館之際，諾列加的販毒罪名還沒有成立。對諾列加的審判與其說是打擊販毒，不如說是鞏固美國在南美的影響力，是為了保護美國在巴拿馬運河的利益。

審判的結果很快出來了，諾列加走私毒品等多項罪名成立，被判處有期徒刑 40 年。

諾列加的律師提出，諾列加是一名軍人，根據相關法律，他可以享受戰俘待遇。戰俘待遇比囚犯待遇要好得多，得到戰俘待遇的諾列加從狹小的牢房裡搬出去，搬入一個舒適的別墅中。不僅如此，美國政府要為諾列加在別墅中的所有花費買單，包括給傭人的薪水。不過，沒過多久，諾列加又被美國從別墅中「揪」了出來，轉送進有「惡魔島」之稱的馬里恩監獄。

美國政府總算長鬆一口氣，讓他們頭疼的「巴拿馬鐵腕」終於安靜了。諾列加在服滿 40 年刑後，已是耄耋老人，不會對美國構成什麼威脅。在審判諾列加的同時，美國已經為自己在巴拿馬找好了新的代理人——恩達拉（Guillermo Endara）。

恩達拉是諾列加的反對者，在巴拿馬有很高的聲望，曾號

召巴拿馬人絕食抵制諾列加。重要的是，恩達拉對美國很有利。恩達拉握住了巴拿馬的治國大權，在恩達拉的就職儀式上，站滿了荷槍實彈的美國士兵。

人們搞不清楚，美國到底是在保護恩達拉的安全，還是在炫耀美國的力量。據說，恩達拉上任沒多久，恩達拉的官邸就被一夥暴徒洗劫了，連恩達拉的椅子都被扛走了。

諾列加在如此強大的證人團面前徹底被擊潰了，在整個審判過程中，他一直保持沉默，沒有採取措施為自己辯護。

後來當上美國國務卿的柯林・鮑威爾（Colin Luther Powell）在 1989 年也參加了「正義行動」，並在其中扮演了相當重要的角色。多年之後，鮑威爾提起「正義行動」還是一臉的慷慨激昂。在自傳裡，鮑威爾稱自己堅持的信念都在該行動中得到印證——「要有一個明確的目標並鍥而不捨；使用一切必要的兵力，無須因兵力巨大感到內疚，如果這是達到目的的必要條件的話。」

在「正義行動」中，美軍有 17 人喪生，巴拿馬有 314 名軍人戰死，另有 223 名無辜平民死亡，受傷者無數。一個踏上了稱霸之路的國家，當然不會在意這些「微小」的傷亡數字。只不過，巴拿馬人絕對沒有心情將美國在 1989 年 12 月 20 日發動的這場軍事行動稱作「正義」。當時，在巴拿馬國防司令

部大樓周邊的民房，大多被美國炸毀了，大批的居民無家可歸。

1989 年的焦點人物——諾列加，很快就淡出了人們的視野，但對美國橫行霸道的指責聲則一直沒有停歇。但是這些，似乎都已與諾列加無關。諾列加所在的馬里恩監獄位於美國聖路易斯市東南 100 英里處，緊挨著野生動物保護區。該監獄以嚴酷著稱，它除了有望台、圍牆外，還有 13 重帶著利刃的圓筒狀鐵絲網。儘管它看起來風景優美，有山有水，卻依然散發著冰冷的死亡氣息。馬里恩監獄關押的多是重刑犯人，獄警都配有一根一公尺長的黑色鋼頭警棍。

由於身份特殊，諾列加享受到單人牢房的待遇，並受到了 24 小時的監視。負責看管諾列加的監獄長名叫哈曼，他曾勸說諾列加寫一本自傳，以便能沾諾列加的光，名揚天下。但諾列加似乎並沒有這個心情。

後來諾列加被轉到了佛羅里達州的一所聯邦監獄，在那裡，他同樣享受到了單間待遇，可以看電視，可以閱讀書報，還可以到監獄裡的健身房鍛鍊身體。

1998 年，諾列加提出要假釋出獄，美國法院拒絕了他的要求，並告訴他，如果他表現良好，將在 2007 年，也就是坐滿 15 年牢之後，得到假釋。

1999 年 12 月 14 日，在巴拿馬運河上，美國向巴拿馬政府交還了巴拿馬運河主權。曾因為運河主權和美國人翻臉的諾列加，沒能看到這一景象。

第 6 被告 **諾列加**——選擇閉口的巴拿馬鐵腕

2007 年，諾列加再次成為世界的焦點——9 月 9 日，在事隔 17 年（連審判加服刑）之後，諾列加獲假釋出獄。

然而，等待著諾列加的依然不是一個美好的結局。法國方面曾以諾列加在法國從事過洗錢活動為由，要求美國將諾列加引渡到法國。巴拿馬方面也向美國發出了引渡諾列加的要求，堅持讓諾列加回巴拿馬接受審判、繼續服刑。巴拿馬法院已判定諾列加多項罪名成立，不過，如果諾列加回到巴拿馬的話，根據巴拿馬法律，由於諾列加年事已高，可以在家裡服完漫長的刑期。

在巴拿馬年輕一代眼裡，諾列加就是傳奇，他敢於站在美國面前要求巴拿馬運河的主權，他能夠一次次地化解政治上的危機。諾列加在巴拿馬還有相當的影響力，讓老布希和小布希都擔心的是，諾列加很有可能成為反美主義者的新偶像。諾列加掌權時，的確做過很多不光彩的事，但在反美情緒日益濃厚的時候，很多人寧可選擇性地忘記諾列加那些不光彩的歷史。

美國可以將自己討厭的人推上審判台，也可以將這個人關入監獄，而至於讓這個人在人們的記憶裡銷聲匿跡，恐怕就是美國辦不到的事情了。

第四法庭
給權力鬥爭陪葬的人

　　在這個世界上，只要有玩弄政治的地方，只要是還有權力的地方，鬥爭就不會停息，也無法停息。既然有鬥爭，就會有輸有贏，就會有上台的，有被踢出局的，還有為他人陪葬的。美國的尼克森，韓國的盧泰愚，這些馳騁政界的風雲人物，最終的結局，也不過是塵歸塵，土歸土，各有各的歸宿罷了。

第 7 被告 尼克森
——在「水門」中落馬

被 告 人：理查・米爾豪斯・尼克森（Richard Milhous Nixon）

國　　別：美利堅合眾國

身　　份：美國前總統

被控罪名：在「水門事件」中掩蓋事實真相

刑　　罰：美國國會原本計畫對其彈劾，最後在共和黨的商討下決定讓其引咎辭職。

結案陳詞：政治舞台向來都是絢爛奪目的，那些滿懷大志的人紛紛向舞台中央靠近。誰都沒有想過如果從這個舞台摔落下去將會怎樣。尼克森就是眾多拚命靠近中央的人，他在政壇中摸爬滾打了 28 年，人生最黃金的時間都獻給了政治。經過無數次的失敗，最終走向了權力巔峰。然而，也正是在春風得意之時，感觸到了高處不勝寒的淒涼。一次醜聞，讓他的 28 年心血付諸東流，從高處狠狠摔落。

第 7 被告　**尼克森**——在「水門」中落馬

一・兩黨逐鹿，爭連任尼克森拚搏

　　他，迄今為止美國歷史上唯一一位因醜聞而下台的總統。他，打破了中美之間的僵硬關係，成為對中國外交頗具影響力的總統之一。他，功過不一，對於美國來說，他實在算不上偉大，爭議繁多，可是對於世界來說，又缺少不了他所推崇的緩和政策。他就是美國第 37 屆總統，理查・米爾豪森・尼克森。

　　尼克森的政治生涯跌宕起伏，如果寫作成一部長篇小說，一定十分豐富多彩，有血有肉。他一直都十分慶倖，自己得到了命運之神的垂青，一路走來，雖然風雨不斷，但最終還是登上了政界人物夢寐以求的權力巔峰。尼克森一直這樣告誡自己，一個獻身於政治的人，要不斷經受考驗，學會眼觀六路，耳聽八方，時刻保持清醒才能躲過政壇中的明槍暗箭。

　　尼克森在當選總統之前，就已經嘗盡了政治風波中的尖刀利刃。不過，他像諸多對這種痛苦上癮的政客一樣，依舊在政壇裡流連忘返。他對自己充滿了信心，認為自己有足夠的能力化險為夷。同時，尼克森也知道，即使當上了總統，也不代表著安全。果然，尼克森生命中最大的一次政治危機在 1972 年出現了，他的政治生命就是在這一年被斷送的。

　　這一年，是美國四年一次的總統大選，此時的尼克森要為連任而參加競選。他喜歡總統這個身份，並依賴這份榮耀。於是，他從當上總統那刻起，就已經開始為連任做準備了。

　　尼克森的第一個任期還算不錯。在內政事務上，尼克森不

算出色，平庸且乏味。但是在外交上，卻佳音頻頻。他帶著美國從越南戰爭的泥沼中艱難地爬出來，雖然有點狼狽，但起碼是全身而退。尼克森還緩解了冷戰的局勢，他是第一個有念頭與蘇聯緩和關係的人，而且也付諸了行動。最為著名的當屬尼克森的中國之行，這一行意義重大，告別了從前歷屆總統對中國冷處理的態度，與中國握手言和。

1972 年 2 月，尼克森抵達北京，與毛澤東、周恩來進行親切會談，《上海聯合公報》也正是在這個時候提出的。尼克森偕同夫人在中國參觀工廠，走進北京百姓生活。對中國的訪問進行得十分順利，尼克森的緩和政策起到了至關重要的作用。這次訪華也為尼克森在美國贏得了榮譽，在政界中成了一顆外交之星。

對於榮譽，沒人嫌多，特別是要立身政壇，更需要為自己砌起一座榮譽之牆。更何況尼克森的內政並不突出，必須要在外交上下點工夫。離開中國後，尼克森在 5 月訪問了蘇聯，就限制戰略核武器與蘇聯簽訂了 9 個協議。儘管在白宮內部，並不是所有人都支持尼克森的緩和政策，但是這兩次行動的確給尼克森的政治聲譽奠定了堅實的基礎。

國際社會大吃一驚，美國在玩什麼把戲，恐怕無人得知。尼克森十分得意，他認為以這樣的成就走入下一屆應該沒有問題。而且，競選連任與初次競選不同，有經驗更有便利的條件。但是，尼克森也清楚地知道，沒有絕對安全的環境，優勢隨時可能變成劣勢。在隨時隨地可能出現的危機面前，尼克森

從不掉以輕心。此次參加競選的對手是民主黨的喬治‧麥高文（George McGovern），此人也頗具威信，在民間受歡迎的程度不亞於尼克森。於是，為了更有把握地勝出，尼克森必須採取一些特殊方式、特殊手段。在尼克森的身邊，有的是能人奇士為其出謀劃策。

從競選中就可以看出，尼克森爭強好勝，不輕易言敗。在大學的時候，尼克森張揚、堅強、不放棄的性格就基本成型。他永遠不知疲憊地與人競爭，為達目的不擇手段，用尼克森白宮辦公室主任里‧哈德曼（H. R. Haldeman）的話說，就是典型的進攻型競選者。在競選當中，尼克森從來都是主動進攻，只要能把對手打到趴下，什麼招都敢用，一副「拚命三郎」的模樣。

在大選期間，尼克森成立一個名為「爭取總統連任委員會」的組織，任命司法部長約翰‧米切爾（John N. Mitchell）擔任委員會主席。米切爾一直都是尼克森的謀士，是他最信任的朋友和心腹。

尼克森的每一步都能看到米切爾的身影，從 1968 年尼克森競選總統開始，米切爾就玩命地為尼克森拉票，四處奔波。在尼克森無法滲透的地區，多虧了米切爾的奔走才讓他順利地得到了這些地區的選票。可以這麼說，沒有米切爾，就沒有尼克森的未來。尼克森入主白宮之後，米切爾理所當然地成了司法部長，「爭取總統連任委員會」主席也自然落在了米切爾的頭上。

其實，尼克森的總統當得也很窩心，他所代表的共和黨在國會參議院和眾議院的席位均不占優勢。眾所周知，國會是可以牽制總統的，如此境況自然讓尼克森感到不自在。就在他執政之後的兩年，依然如此。更讓尼克森頭大的是，參、眾兩院的議員幾乎都是民主黨成員，而且很多都身居要職。在 20 個常設委員會中，主席幾乎都是民主黨人，而且幾個重要委員會的大權都握在民主黨人手上。這就意味著，能夠立法的國會基本上是民主黨在操控。

很快，尼克森就見識到了反對者的威力，他提出的 40 多個關於國內問題的提案，幾乎全部被擱置。顯然，這樣的情況並不利於尼克森連任，非常時期就得用點非常手段。米切爾就要負責想出這個非常手段，順利地讓尼克森當選。

為了制訂出一個切實可行的計畫，米切爾啟用了所有可以利用的人脈關係和資源。他找到了戈登・李迪（G. Gordon Liddy）和霍德華・杭特（E. Howard Hunt）一起制訂這個計畫。這兩個人是何許人？前者是情報間諜工作的行家、老手，後者是中央情報局的官員，兩個人加起來就能組織成一個特務機構。他們發揮特長，很快就制訂出了一個行動方案。

假如尼克森知道這個方案會害得他斷送前程，無論如何大概也不會採納。整個行動方案最經典的是，竊聽民主黨電話，將對手關押進兵營，以示威脅。這二位不愧是情報間諜出身，什麼損招狠招都用上了。甚至派出一大批妓女隊伍，去勾引腐蝕民主黨成員。然後，趁他們進行肉體交易的時候，進行秘密

拍照，以此來要脅對方。

　　米切爾左思右想，覺得這麼做不太妥當，於是建議重新制訂一個方案。李迪奉命制訂另一個計畫，很快就大功告成。所謂新計畫，不過是刪減了一些被認為有些過火的部分，比如關押民主黨成員。但是，其中的竊聽和偷拍還是被保留了下來。而且，這個計畫極其省錢，大概也就 25 萬美元。於是，李迪的計畫被批准了，緊接著，麻煩接踵而來。

　　米切爾認為事先告訴尼克森只會增加事情的難度，到時候一定有反對者，又是一場不必要的風波。更何況，尼克森不知情，如果東窗事發，也和他無關。於是，米切爾並沒有將此事告訴尼克森。當然，米切爾之所以能自行其是也取決於尼克森平日裡的行事作風，總統本身就是習慣於不擇手段，對竊聽方式也津津樂道。尼克森曾經說過，他在政壇混了這麼多年，什麼陰謀詭計，什麼鉤心鬥角，從公開競爭到舞弊做假，見得多了也就麻木了，對於一切竊聽政治案件，都不會表現出義憤填膺的樣子。正是這種態度影響了米切爾，才讓他覺得這個方案一定會得到總統的認可。

二‧水門「現形記」

　　米切爾認定了這種自行其是可以幫助尼克森獲勝。於是，「爭取總統連任委員會」便著手實行，主要負責人是該委員會的安全顧問詹姆斯‧麥科德（James W. McCord, Jr.）。這個計

畫的風險指數不在任何人的掌控之中，需要運氣。如果技術嫻熟，加上不錯的運氣就可能如願以償，一旦被發現，就等於沒了前程。麥科德十分謹慎，特地僱用了四個古巴流亡者執行具體行動。

美國歷史上著名的醜聞事件，就從醞釀中逐漸變成了事實。他們的目標是水門大廈，華盛頓眾多摩天大樓中的一棟，擁有典型都市審美習慣的外觀，時尚而特別。它可以當作旅館，也能辦公。最特別之處，也是對麥科德等人最有價值之處，是民主黨全國委員會的總部設在這裡。

竊聽計畫正式展開，麥科德等人在水門大廈對面的汽車旅館訂了個房間，打算在這裡進行竊聽和錄音。萬事俱備，只欠東風，只要能順利地將竊聽器安裝在民主黨總部，一切就大功告成。

1972 年 5 月 30 日，第一次竊聽行動開始。一切都進行得十分順利，麥科德和四個助手不露聲色地將竊聽器安裝在了民主黨的辦公室，然後安然無恙地回到了汽車旅館。當大家暗

位於華盛頓甘迺迪中心的水門大廈。水門事件即發生於此。

自慶倖行動十分成功的時候，第一個意外發生了。他們一共安裝了兩個竊聽器，可是有一個壞了，而這個也恰恰是最重要的。剩下的那個倒是不負期望，竊聽效果非常好，可惜的是，內容品質不高。竊聽到的電話都是一些女工作人員的家務

事、談情說愛,那倒是很好的八卦內幕,但是對於競選毫無用處。麥科德只能再進行一次安裝。

也就是這第二次行動,葬送了尼克森和他們的政治生命。

1972 年 6 月 17 日,第二次行動開始。這次進入水門大廈的有七個人,麥科德和四名古巴助手依然是要潛入位於第六層的民主黨總部,杭特和李迪兩人則在二樓負責指揮聯絡。在汽車旅館,還安置了一個人密切觀察對面的情況,以備不時之需。

麥科德一行人於午夜時分從水門大廈的車庫上到了大廳,他需要先去對面的旅館確認所有安排都萬無一失。為了方便起見,麥科德隨手用膠紙黏住了大廈大門的鎖舌。這是標準的特務手法,好萊塢式的劇情,可以媲美 007。

麥科德等人前腳出了水門大門,大廈值班的守衛後腳就跟了出去。當然,並不是他發現了什麼,而是他需要到外邊去買一杯咖啡來提提神。當守衛開門的時候,發現鎖舌被黏上了,這種事不是第一次,很多維修人員經常粗心地做這種蠢事,起碼他是這麼想的。

既然是粗心所致,也就不需要多心,守衛扯掉了膠布,隨後走了出去。門被鎖上了。待到麥科德一切檢查完畢,回來的時候才發現,門又被鎖上了,這個時候,他喪失了一個情報工作者該有的警惕性,犯了跟守衛一樣的錯誤,認為這是個正常現象不值得追究。他命其中一名古巴人俐落地開了鎖,並再次黏上了一塊膠布,迅速向六樓飛奔而去。一個不留心的意外,

卻成了致命的失誤。

當守衛喝完咖啡回來的時候，又發現門鎖被打開，而且是一樣的手法。這絕對不是個巧合，再粗心的維修人員也不會在幾分鐘內犯同樣的錯誤，何況，三更半夜的哪裡還有什麼維修人員？守衛大概雞皮疙瘩都起來了，在他腦子裡反復出現一個詞——竊賊。於是，他輕輕打開門，生怕會打草驚蛇，躡手躡腳地走到值班室，撥通了警局的電話。所有的一切，麥科德等人都毫不知情。

在辦公室裡，麥科德正在和他的助手們安裝竊聽器，全神貫注地拆裝電話。這翻翻，那看看，找到重要文件就隨手拍下來。與此同時，水門大廈門口悄悄停靠一輛沒有任何標誌的汽車，車裡下來三個人，並進了水門大廈。

然而，在水門大廈對面負責監視的人並沒有意識到這有什麼不妥，不過是三個人進去了而已。可是，當汽車旅館裡的人看到水門大廈第八層的燈全部亮起來之後，才感到事有蹊蹺，立即給在水門大廈二層負責聯繫的杭特和李迪打電話匯報情況。

這些情報間諜專家們並沒有發揮他們應有的警惕和敏感。接到電話的杭特不以為然，告訴對方這不過是查夜人員例行公務罷了，沒什麼大驚小怪。聽到這番對話的還有正在安裝竊聽器的麥科德等人，他們也有無線通話器，為的就是隨時知道外邊的情況。可惜的是，麥科德也認為這個情況不值得重視。其中一名古巴人還順手關掉了通話器，但就這麼個舉動把自己困

死在了這水門大廈中。

　　整個作案過程，漏洞百出，失誤不斷，這些所謂的行家都犯了同樣的錯誤。

　　就在這個時候，員警搜到了六樓。從對面來看，六樓房間的燈依次亮起，事情絕非尋常，而且此時監視者總算是確定這三個人不是一般人了，他分明就看到了三人手中的槍。可是，這個時候通知對面已經來不及了。

　　杭特接到電話後瘋狂地呼叫麥科德，可是對方始終沒有回應。別說麥科德等人沒有關掉通話器，就算是開著的，也來不及脫身了。

　　就在麥科德等人還在專注工作的時候，員警破門而入，抓了個現形。麥科德等人就這樣被捕，一場震驚全國的驚天醜聞就此浮出水面。

三·新聞界窮追不捨

　　1972 年 6 月 18 日，新聞界一片譁然。

　　《華盛頓郵報》發表了一篇關於「水門事件」的報導，轟動了全國。本來，其他各大媒體也都第一時間發表了相關消息。但是，他們並沒有想到這幾個竊賊會跟這次大選扯上關係。所以，只用了一個不大的版面來報導。就連美國第一大報紙《紐約時報》都只是用了寥寥幾筆，如此而已。

　　最重要的是，白宮一直都在掩蓋事實。麥科德的身份讓白

宮很尷尬,「爭取總統連任委員會」顧問,這很容易讓人產生聯想。但是事發的第二天,「爭取總統連任委員會」發言人就表示,麥科德只是被派去安裝安全系統,並沒有其他任務。而且該委員會還表示,麥科德除了為委員會工作外,還有很多其他兼差。也就是說,即使麥科德做的是不法勾當,也是受到了別人的僱用,而非「爭取總統連任委員會」。

所有媒體幾乎都相信這種解釋,也沒有想過會有什麼新聞價值。可是《華盛頓郵報》卻不同,它將「水門事件」搬上了頭版,放在最搶眼的位置。也正是這家敢為人先的報紙,撕下了醜聞的面具。

從「水門事件」發生之後,《華盛頓郵報》就派出了伯恩斯坦(Carl Bernstein)和伍德華(Bob Woodward)兩名記者跟蹤調查,他們堅信這是件大新聞。於是乎兩名記者就變成了聯邦調查局的探員,從挖掘到曝光,整個過程十分周密。

不得不佩服新聞記者的敏感和對真相的好奇,這兩點促使兩位記者不顧一切地尋找線索。他們從被捕古巴人的通訊錄上發現了杭特的電話號碼。這一切的聯繫似乎都太過於湊巧了,杭特是「爭取總統連任委員會」的成員,事情發生在民主黨辦公室,而且時間正好在大選期間,這些因素聯繫起來,就絕對不是巧合那麼簡單。

伯恩斯坦和伍德華是經驗豐富的資深記者,不可能想不到這點。於是,他們撥通了白宮杭特的電話。但是杭特不在,不過總機卻把電話接進了總統特別顧問查理斯・寇爾森

（Charles Colson）的辦公室。這可把兩位記者給樂壞了，要知道寇爾森跟米切爾是尼克森的左右手，如果杭特是在他的辦公室裡，就說明「水門事件」不是那麼簡單。

果然，杭特在寇爾森那裡，當他接到電話的時候，記者馬上詢問，他的電話號碼和名字為什麼會在嫌疑人的身上。杭特根本沒有反應過來，只是下意識地「嗯」了一聲。可就是這一「嗯」暴露了所有的隱晦。當意識到這個錯誤的時候，杭特惱羞成怒，很不客氣地打發了記者。沒過多久，杭特就人間蒸發了。

這就有了後來的那篇報導：《白宮顧問與水門案竊賊有染》。這個新聞一經曝光，立即在政壇和新聞界引起了軒然大波，「水門事件」立即成了焦點。接著，更多爆炸性的新聞被《華盛頓郵報》兩位記者給挖了出來：「爭取總統連任委員會」曾經匯過一筆錢到嫌疑人的帳戶。

醜聞像個雪球一樣越滾越大，人們更加接近了真相。誰也不敢想像，總統會跟竊聽行為扯上關係。在記者的繼續深挖下，越來越多的事實浮出水面。刊登在《華盛頓郵報》上的新聞稿子就像一頓悶棍打在尼克森和他的競選團隊身上，令他們頭暈眼花。

緊接著，各大新聞媒體都受到了觸動，開始連篇累牘地發表類似的文章。尼克森本人沒有想到這件事會到不可收拾的地步，當「水門事件」剛剛出現在其他媒體上的時候，尼克森正在和一位美國富商遠在加勒比海附近的沃克島的別墅裡度假。

在這樣的環境下，尼克森第一次看到「水門事件」的報導。他並不以為然，認為這種事情有些荒唐。尼克森並沒有意識到自己將會成為這起醜聞中的主角，更沒有意識到自己會在這次事件後下台。

尼克森先給白宮辦公室主任哈德曼撥了個電話，當然，兩人討論的是一項教育法案的事，跟「水門事件」一點關係都沒有。接下來的幾個電話，即使有「水門事件」方面的詢問，也都是草草幾句就結束了。這個時候他還不忘了給家裡的女兒打電話問候一下，彷彿被捕的古巴人就是幾個普通的小偷，不小心偷到了民主黨的門下，充其量是愚鈍無知，荒唐可笑而已。

尼克森為自己安排了一個充實的假期。就在當天下午，他還去海裡游泳，而且情緒飽滿。回到房間後，又給寇爾森去了電話，談話內容依舊與「水門事件」毫無關聯。晚飯後，還和隨從看了電影。

這個週末尼克森在別墅裡度過得非常愉快，這種心情也跟隨他回到了白宮。不過，很快，這種好心情就被排山倒海而來的醜聞揭秘給打垮了。

在返回華盛頓的飛機上，哈德曼告訴尼克森一個消息，「水門事件」所有的涉嫌人員名單出來了，包括麥科德這個「爭取總統連任委員會」的成員。尼克森大吃一驚，但是儘量表現出無所謂的樣子。其實，那時的尼克森心裡早已經翻江倒海，查出了自己人，這意味著自己必須要有足夠的精力去為自己辯護。當然，還有一點更加重要，那就是如何確保接下來的

競選能順利勝出。

　　本來自己在內政方面就處處受到國會的羈絆，很多議案都被擱置了下來。堂堂一個總統，竟然要看他人臉色，心裡怎能不火大？尼克森原本打算要在此次大選中好好挫挫民主黨的銳氣，挽回點政治顏面，可沒想到半路殺出個如此要命的「程咬金」。

　　尼克森怎麼也想不明白，他的人怎麼會想到去幹這種蠢事。在他看來，從民主黨全國委員會總部根本刺探不到任何關於總統競選的內部消息，共和黨的內部消息同樣也不會放在自己總部。這些重要機密，不可能隨隨便便就在電話裡講。而且，做案人的手段實在是不怎麼高明，整個過程漏洞百出，尼克森真不希望如此拙劣的手法出自自己人之手。為了隨時掌握案件進展情況，尼克森派了一名白宮助理前去調查「水門事件」，與聯邦調查局一起一探究竟。

　　除此之外，尼克森在儘量把事情蜷縮在一定範圍內，不要無限制蔓延。於是，他一邊切斷線索，一邊對外宣佈，白宮會積極配合聯邦調查局和司法部的工作。而且還一再強調，白宮很無辜，「爭取總統連任委員會」也是清白的。

　　白宮陷入了高度緊張的狀態，6 月 20 日，所有的相關負責人聚集在白宮助理約翰·艾里克曼（John Ehrlichman）的辦公室裡開會，目的是要探討如何來收拾殘局。顯然，尼克森已經慌亂了，幾天前的悠閒自在一掃而光。米切爾等人也都到會，事情暴露後，他比總統還要緊張。但是，他不能表現出

來，他得讓自己看起來事不關己，也得讓總統放心。此時，沒什麼比安撫大家躁動的情緒更重要的了。

果然，這種表現起到了很好的作用。哈德曼表示。從米切爾的表現上來看，「水門事件」應該不會帶來任何危險，而且不會牽連任何「無辜」的人。哈德曼不是傻子，他不可能不知道這件的事情的重要性。當然，哈德曼是打心裡認為，抓到幾個無關痛癢的小人物會對總統造成什麼損害，只要米切爾平安無事就代表一切正常。凡是有些政治覺悟的人都明白，哈德曼在白宮充當著保護總統光環形象的角色。他的任務就是要把所有不利於總統形象的真相都掩蓋起來。只要事態需要，他可以犧牲所有來保住總統和白宮的顏面。

然而，《華盛頓郵報》的追蹤報導隨後陸續發佈，這天的頭版是《白宮顧問與竊聽人物有關》。接著，更多的消息蜂擁而至，樁樁件件都對白宮和尼克森極為不利。調查機構那邊給出的資訊表明，「爭取總統連任委員會」撥款委員會的財務顧問戈登·李迪與此次事件有染，那些古巴人被懷疑是李迪所僱用的。而且還從嫌犯身上搜出了記載著杭特電話和姓名的通訊錄，巧合的是，杭特在事發後不久就從白宮消失了。這些現象和證據足以讓人們質疑，白宮的確跟「水門事件」有著某種曖昧不明的關係。

這些接二連三的報導和調查結果，像一枚枚炸彈炸響在白宮，搞得人心惶惶。尼克森自然是最憂心的一個。其實，從他知道「水門事件」和他可能有某種關係的當天，尼克森的心裡

就出現了漣漪，前後三次打電話向寇爾森詢問此事。

　　眾所周知，無論尼克森事先知不知道水門計畫，都會對大選產生影響。這也正是尼克森最為擔心的，一旦與「爭取總統連任委員會」或是白宮高級顧問成員扯上關係，都可能令之前所有的努力都功虧一簣。

　　如此好的機會，民主黨豈能放過。

　　利用好這次機會，民主黨就可以重振雄風。於是，在「水門事件」後的第三天，民主黨就以對方侵犯私人秘密以及公民權的罪名，把「爭取總統連任委員會」推上了法庭，要求 100 萬美元的賠償。

　　共和黨斬釘截鐵地表示，白宮人員與「水門事件」絕對沒有關係。這話是說給民主黨聽的，也是說給尼克森聽的。尼克森不得不盡力讓自己相信米切爾的話，「爭取總統連任委員會」以及白宮人員與此事無關。

　　只要共和黨一口咬定自己無罪，在證據不足的情況下，民主黨奈何不了共和黨。但是，共和黨只要被推上法庭，民主黨就有權利參與到調查共和黨的行列中。民主黨希望將共和黨捆綁在官司上，令其無暇顧及選舉事宜，儘量在社會上造勢，讓更多的人前來關注，用輿論來破壞共和黨的競選優勢。

　　與此同時，聯邦調查局對「水門事件」的調查正在緊鑼密鼓地進行著。被調查的第一個人，自然是最先被露出水面的杭特。他曾經是中央情報局的僱員，離開後成了寇爾森的手下。但是寇爾森一口咬定在「水門事件」發生之前，白宮就已經解

僱雇了杭特。不過可惜的是,人們只知道在嫌疑人身上搜出了杭特的電話,寇爾森這番狡辯在這個事實面前顯然有點兒站不住腳。杭特與「水門事件」的關係已經是鐵錚錚的事了,在人們的固有印象裡,杭特始終是白宮的一分子。顯然,民主黨的輿論手段已經起到了一定的效果,共和黨要在眾多不利輿論中尋找生機。

就在尼克森絞盡腦汁要轉移人們注意力的時候,華盛頓地區法院宣佈受理「水門盜竊案」。與此同時,尼克森仍然沒有放棄,他暗示哈德曼將正在展開調查的中央情報局拉下水,減輕自己身上的輿論壓力。而且,共和黨一直要求法庭能將開庭日期延後到大選投票結束之後,以便減小此事對尼克森選票的影響,但是卻遭到了拒絕。

法庭如期開始了對「水門事件」的審理,可是結果有點讓民主黨接受不了。當場被捕的五名犯罪嫌疑人的定罪是偷竊,而且在開庭前獲得了保釋。顯然,白宮對法院施加了一定的壓力,而法院本身也不想把事情鬧大,希望能儘量化解。

可是民主黨不允許,好不容易抓住的機會,怎麼能就此罷手?於是,民主黨對外宣稱,他們調查出共和黨內部有 13 名成員與此事有關。其中包括杭特以及其他「爭取總統連任委員會」中更「大咖」的領導人物。

在民主黨的強烈要求下,法院只能重新開庭審理,這次的被告不僅僅是那五個人,而是整個共和黨。於是,兩黨之爭從政府搬上了法庭。民主黨控告共和黨參與間諜活動,共和黨

就控告民主黨侵犯其名譽，捏造事實，故意製造事端。這場法庭訴訟戰變成了整個大選中的一部分，而且十分精采，也曲折離奇。共和黨想要勝出，最好的辦法就是銷毀所有跟「水門事件」有關的線索和證據。不過，政治嗅覺同樣靈敏的民主黨是不會放棄主掌大局的這一優勢的。

四‧法庭上的訴訟戰

　　既然民主黨要立案審查，一場訴訟戰是無論如何也避免不了了。民主黨發誓要把尼克森政府連根拔起。

　　這件事還真是經不住調查，本身漏洞就太大，想彌補難於上青天。除了麥科德曝光之外，還有籌款委員會主席莫里思‧斯坦（Maurice Stans）、財政委員會主席休‧斯隆（Hugh W. Sloan, Jr）以及財務顧問戈登‧李迪。對這三個人的調查都是跟錢有關。

　　民主黨得意洋洋地拿著證據要求共和黨的賠償費用從 100 萬美元提高到 300 萬美元，賠償是次要的，民主黨是想炫耀自己手中查到的證據。很快，斯坦和斯隆就被告上了法庭，他們的罪名是向這次竊聽活動提供了經費。李迪和杭特則被以夜闖水門大廈的直接指揮者而被推上法庭。

　　尼克森手下幾個得力的助手都被斬於馬下，時下的尼克森就像是被斷掉了左右手。民主黨以掌握的證據控告共和黨在「水門事件」之前就已經有了多次的竊聽行為，「水門事件」是

共和黨人去維修原有的竊聽設備以及安裝新的竊聽裝置。

這些控告有理有據，讓共和黨百口莫辯。聯邦調查局也已經插手，照這個事態發展下去，不僅是尼克森，整個共和黨也勢必會受到牽連。民主黨本來就卯足了勁要好好整治共和黨一把，這次定然不會輕易罷手，到時候就會有無數的共和黨人被捲進來。

尼克森有一種不祥的預感湧上心頭，如果事態進一步發展，那麼過去所做的一切努力都將付諸東流。這個想法讓尼克森後背發緊，做了很多努力卻在最後一刻功虧一簣的先例不是沒有。

12 年前，身為副總統的尼克森跟參議員甘迺迪競選美國第 35 屆總統。較勁伊始，沒人能夠猜到最後的贏家是誰，這兩個人都十分出色地贏得了不錯的選票。二人難分伯仲，在多次的民意測驗中輪流坐大，鹿死誰手，還無法預見。到了最後階段，尼克森以微弱的優勢領先。可惜的是，兩人最後的較勁是電視辯論，人們將透過他們在媒體上的表現來決定手中的選票最終投給誰。這是美國有史以來總統競選中的第一次電視辯論，完美亮相，一錘定音。

在電視辯論開始的那天，大概有 7000 萬人在電視機前收看。尼克森從一亮相，就註定了敗局。人們從螢幕上看到的尼克森少了幾分精神抖擻，多了些許的疲憊。大概是太過繁複的政治鬥爭讓尼克森顯得十分憔悴，再加上他「邋遢」的打扮，讓整個人看上去沒有生氣。可甘迺迪卻不同，他的外表落落大

方,穿著得體,從氣勢上就可以打敗尼克森。

當時的尼克森 47 歲,僅僅比甘迺迪大了 4 歲,但從外表上看去卻好似大了 14 歲。結果不難預料,在這最後一刻,人們將選票投給了甘迺迪。

尼克森費盡心機等待了十幾年,最後在電視辯論中輸得一塌糊塗。這樣慘痛的教訓一直伴隨著尼克森後來的執政生涯,「水門事件」就像是那次的電視辯論,難道悲劇要再次上演?尼克森始終都忘不了在 12 年前敗給甘迺迪後自己如何忍辱負重、臥薪嚐膽,在經歷了 8 年的艱苦奮鬥後,終於在 1968 年成功當選為美國總統。人生有多少個 8 年,更何況「水門事件」並不同於那次的電視辯論。上次電視辯論輸掉的是氣勢,可這次如果輸了,那輸掉的就是人心。人心一去,多少個 8 年都無法補償。

政治世界畢竟不同於普通生活,你在高處得意忘形的時,有不少人等著看你的笑話,甚至還有人在蓄謀將你推下去。

為了扭轉劣勢,也為了避免十幾年前的失敗再次降臨,尼克森命令手下採取措施,將「水門事件」帶來的負面影響降到最低。原本以為主動出擊勝過坐以待斃的尼克森萬萬沒想到,主動出擊變成了「掩蓋水門事件真相」的行為,這個罪名可不小。

此刻的尼克森,幾乎已經邁進了死胡同,那些得力助手悉數被牽扯了進去。艾里克曼建議讓李迪當替罪羔羊,讓他承擔起所有罪名。李迪直接操作了這件事,他完全可以向法庭陳

述，自己是為了成為尼克森眼中的功臣才這麼做的。艾里克曼認為，李迪如果成了替罪羔羊，民主黨也就沒有什麼立場繼續糾纏下去，也可保尼克森周全。而且，一旦李迪被定罪，白宮還可以向法院求情，即使判罰也不會重判。

結果，李迪識相地承擔起了所有罪名，他反復強調這一切都是自己想出來的，總統對此一無所知。不管怎麼樣，緊張的局勢總算是稍有緩和，尼克森爭取到了一點喘息的時間。

然而，事態的發展永遠都有出人意料的時候。「爭取總統連任委員會」主席米切爾的夫人，向新聞界發佈了一個消息，稱家中有本小冊子，上面記錄著夜闖水門大廈的詳細步驟。不難想像，當這個消息與公眾見面後會發生怎樣的化學效應。

其實，米切爾夫人並沒有什麼惡意，她的所作所為都是出自對丈夫過於執著的愛。事實上，米切爾夫人的出現倒給這場男人間的較勁增添了一份溫暖。米切爾夫人是眾多平凡女人中的一個，但她的身份卻又恰恰不能讓她平凡地生活。米切爾是個繁忙的人，很少有時間留在家中陪伴嬌妻。日子一久，米切爾夫人開始抱怨丈夫冷落了自己。在水門事件發生兩周後，米切爾夫人便給新聞界打電話，一點一點向媒體透露消息。米切爾夫人不在乎丈夫是否有顯赫的地位，她只希望丈夫能多點時間陪伴自己，更希望丈夫能乾乾淨淨地做人。

顯然，米切爾夫人在警告丈夫，如果不從紛亂、骯髒的政壇中退出，她就將知道的一切都告訴大眾。就當時的狀況來看，米切爾並沒有聽從妻子的話。人們都懷疑這位夫人是不是

瘋了，這樣的爆料對她自己沒有什麼好處。

米切爾夫人一心一意想讓丈夫擺脫政治羈絆，有更多的時間來經營他們的愛情生活。然而，這個自私的決定卻害了米切爾的一生。米切爾被迫辭去了「爭取總統連任委員會」的主席職務，不甘地走下政治舞台。米切爾是尼克森在此黑暗時刻的明燈之一，他的離開就等於又滅掉了尼克森政治道路上的一盞指路燈，黑暗進一步加深。

這個時候，最需要的就是冷靜。對於見慣大風大浪的尼克森來說，除了冷靜，他一無所有。為了轉移人們對「水門事件」的注意，尼克森特地出訪了中國。當然了，尼克森訪華的計畫先於「水門事件」，他一向提倡的是緩和政策。接著是訪問蘇聯，與蘇聯簽訂了限制大規模殺傷性武器的協議。

從蘇聯回來後，尼克森又成功地將美國從越南戰爭的泥沼中打撈上來，遏制了越南戰爭帶來的通貨膨脹和美元外流。這一系列的外交手段和國內改革，讓尼克森獲得了不錯的人氣。人們開始相信，「水門事件」真的跟總統沒有關係，這樣一位對美國大有幫助的總統應該獲得連任機會。

1972 年 11 月 7 日，是投票大選的日子，尼克森忐忑不安地等著結果出來。投票結束了，尼克森再次戰勝競選對手，順利實現連任。霉運是不是真的過去了，尼克森是不是真的已經化險為夷，似乎還未成定局。儘管在這次大選中，他的選票比對手高出了 1750 萬張，創下了美國一最，但卻不能掉以輕心。「水門事件」並沒有遠離，只是被大選的風頭暫時掩蓋了

而已。

不得不佩服尼克森的競選班底，在「水門事件」的影響下依然幫助他們的總統實現連任。尼克森在大選結束的第二天舉行了一場慶功宴，專門感謝了他的競選班底。1973 年 1 月 20 日，美國第 38 屆總統——理查·米爾豪斯·尼克森，宣誓就職，實現連任。

尼克森的連任讓民主黨人陷入了被動，本來打算在「水門事件」中一舉毀掉尼克森，卻事與願違。形勢似乎在脫離民主黨的掌握，在「水門事件」中被指控的李迪、杭特等 7 人，拒不認罪。這 7 人之外的嫌疑人也由於證據不足而無法起訴，民主黨人急得抓耳撓腮，但卻束手無策。過了不久，李迪等 7 人也被保釋出來，民主黨似乎感到大勢已去。難道如此惡劣的一次醜聞事件，就真的會這樣不了了之？

民主黨看著得意的共和黨舉杯慶祝，恨得牙癢癢。在大選結束後幾天，共和黨不斷為尼克森舉辦各種慶功會，在這上面投入了幾百萬美元。經過了喧鬧、炒作、指控、懷疑、訴訟戰、大選，共和黨人有些筋疲力盡了。可惜的是，大選並沒有結束一切，真正的好戲即將上演。

五·落寞地離開

尼克森的確有些得意忘形了，更準確地說是他過於急切地想讓自己的位置更加牢固起來。尼克森連任之後的第一件事，

就是在身邊各個重要位置上安插自己人，在原先政府的高層上來了次大換血。

善於鑽營的尼克森這個時候犯了一個嚴重的錯誤，過於小心地保護自己卻忘記了在政治鬥爭中有些人的利益是不能觸動的。

在華盛頓有條潛規則一定要遵守：新聞界、官僚機構、國會與情報系統共同構成了華盛頓的四大權勢集團，這四者相互依賴，又相互牽制。討好這四大權勢，或者說不觸及這四大權勢的利益是每個政客必須學會的。

在這四個權勢集團中，最大的權力機構便是國會以及與其建立起複雜聯繫的政府部門。這張大網籠絡了華盛頓的各大權力，能躋身這個行列是眾多政客的努力方向。

尼克森深諳其道，為了維護自己的權力地位，只能在這張大網中不斷安排自己的心腹。顯然，尼克森的安排破壞了這種潛在的聯繫，讓這些權力機構中的人感到恐懼。就這樣，尼克森不知不覺中成了權勢集團最警惕的人。

當局者迷，旁觀者清，尼克森深陷其中忘乎所以，可在一

《華盛頓郵報》記者伍德華和伯恩斯坦根據來自政府高層的神秘人物「深喉嚨（Deep Throat）」提供的線索，爆出美國有史以來最驚人的政治醜聞——水門事件，導致尼克森黯然下台。圖為馬克·費爾特（W. Mark Felt），前聯邦調查局副局長，他的另一個身份就是神秘的「深喉嚨」。

旁的民主黨卻看得一清二楚。這無疑是個天賜良機，民主黨當機立斷聯合起利益遭到觸動的權勢集團，一起向尼克森發難。「水門事件」又一次被提上日程，受到損害的權勢集團和民主黨的咄咄逼人讓尼克森再次陷入噩夢。尼克森精心構築的權力堡壘還沒竣工，就提前遭到了大地震。

經過民主黨和權勢集團的輪番轟炸，被指控的那 7 個人中終於有人張嘴說話了。最先招架不住的是麥科德，他寫信告訴法官，所有被起訴的人都受到了政治壓力，要他們認罪。1973年 3 月 31 日，法官在開庭後宣讀了麥科德的信。

這封信徹底將「水門事件」推向了風口浪尖，在此之前，人們對這件醜聞的關注度從沒有如此熱烈過。新聞界開始發揮自己的特長，儘量渲染「水門事件」，令其充斥人們的視野。美國各大報紙、電台、電視台都對「水門事件」進行了全程追蹤報導，一個個醒目的頭條新聞讓人們目不暇接。

「水門事件」終於升級為美國最熱門的話題，街頭百姓無一不知。形勢的驟變讓白宮上下一片慌亂。白宮法律顧問、國內事務助理約翰‧迪恩（John Dean）心急如焚。他曾經為尼克森起草過一份關於調查「水門事件」的報告，字裡行間都是站在了尼克森一邊，甚至有一些不真實的材料。這讓迪恩感到不安，不用說查出真相後自己將被拖下水，單單是一直以來的內疚和負罪感就折磨得他難以入眠。

1973 年 4 月的一天，迪恩忐忑地向尼克森提出要求給他豁免權。他表示，如果有了豁免權，一旦有什麼問題，就能

第一時間去找檢察官說出真相，也可以為白宮避免不必要的麻煩。說白了，迪恩就是想給自己留條後路。尼克森毫不客氣地拒絕了迪恩，這讓迪恩愈發不安。此刻的迪恩四面楚歌，一個不小心就有可能露出馬腳。他左思右想試圖找到所有需要彌補的地方，「爭取總統連任委員會」的副主席傑布・馬庫德（Jeb Stuart Magruder）曾經與迪恩達成了證詞上的一致，如果他翻供，迪恩就等於一隻腳邁進了監獄。

政治鬥爭從來都是不見血的殺戮，往往比真刀真槍還要殘忍。迪恩陷落在一種絕望中無法自拔，他知道自己無論再怎麼努力都不會逃過現實的懲罰，與其這樣戰戰兢兢地生活，倒不如去自首。求個解脫。經過一系列複雜的思考，迪恩鼓起勇氣到司法部自首。

迪恩的聽證會很快舉行，他的證詞幾乎註定了共和黨的敗局。根據迪恩的證詞，尼克森曾經打電話告訴過他自己可以籌集到一筆 100 萬美元的資金用來掩蓋「水門事件」的真相，讓杭特閉嘴。儘管這筆錢最後沒有兌現，但也足夠作為定罪的證據。

這個時候，尼克森又被自己過分的謹慎所害。尼克森上任後，為了防止有人洩露白宮的秘密而暗中命助手亞歷山大・巴特菲爾德（Alexander Butterfield）安裝了一套聲控錄音設備。當天他與迪恩的電話談話都被錄了下來。在迪恩背叛了尼克森之後，白宮辦公室主任哈德曼還指控迪恩做了偽證。他以為錄音設備的事只有少數的幾個人知道，只要掩藏得夠好，迪

恩的證詞就不能成立。哈德曼恐怕是這多事之秋罕見的對尼克森依舊忠心耿耿的人。然而，哈德曼並沒有想到，此刻幾乎沒人願意跟他站在統一戰線。

在迪恩之後緊接著就是巴特菲爾德，這位曾信誓旦旦表示要效忠總統的人，轉眼就出賣了尼克森。他向參議院特別調查委員會透露，尼克森在白宮秘密安裝了錄音裝置，他所說的所有話都被錄了下來。

「水門事件」最大的突破點出現了，只要找到錄音帶，真相就會大白於天下。最高興的就是民主黨了，這件案子起起落落浪費了他們太多的精力，這下終於峰迴路轉了。負責調查錄音帶的是民主黨人考克斯（Archibald Cox），他是剛剛被調來專門負責調查「水門事件」的特別檢查官。考克斯一向大公無私，一上任就對尼克森發出通牒，要求他交出錄音帶。

現在的尼克森是一葉障目，只能看到一條路，那就是拒絕，拒絕來自調查委員會的一切要求。於是，尼克森拿起總統的行政特權作為自己的擋箭牌，拒絕了考克斯以及參議院特調查委員會的要求。考克斯不是個輕易罷手的人，他甚至比尼克森還要執著堅定。

被考克斯窮追不捨了幾個月後，尼克森終於忍不住了，宣佈撤了考克斯特別檢察官的職務，撤銷特別檢察官辦事處。尼克森這是在自打嘴巴，他的怒不可遏只能證明他在心虛。司法部長得知此事，連同副部長一起向尼克森遞交了辭職信。這兩封辭職信立馬成了第二天新聞媒體的大頭條，一時間吵得沸沸

揚揚。

　　窗外已經是驚濤駭浪，尼克森依然一副「我自歸然不動」的姿態，就是不交錄音帶。事情拖拖拉拉地進行了半年多，他除了緩兵之計之外再想不出其他方法。1974 年 3 月 15 日，美國聯邦大陪審團裁定尼克森參與掩蓋白宮官員捲入非法進入民主黨總部的「水門事件」

「水門事件」發生後，尼克森接待來訪者。

真相的陰謀。1974 年 7 月 24 日，美國最高法院通過裁決，下令尼克森必須交出 64 卷錄音帶。事態發展至此，完全由不得尼克森狡辯了，不得不交出法院所要的 64 卷錄音帶。

　　尼克森靜靜地等待法官們的結論，此時此刻除了等待別無他法。很快，結果出來了，這 64 卷錄音帶並不完整，其中有 18 分鐘的聲音被人洗掉了。經過調查，被洗掉的 18 分鐘正是 1972 年 6 月 20 日尼克森與哈德曼的談話。不管這 18 分鐘是誰洗掉的，這個主意都實在太糟糕了。

　　法官們不是笨蛋，他們不會認為這 18 分鐘是被人不小心刪減了或是根本沒有錄進去。他們能想到的是，這 18 分鐘的內容是什麼，洗掉這 18 分鐘內容的人動機是什麼，是否在隱藏些什麼？

　　沒過多久，尼克森就再次接到了法院的命令，要他交出其餘的 74 卷錄音帶。這次的錄音帶沒有被人做過手腳，那些熟悉的聲音、熟悉的事情赤裸裸地呈現在法官們的面前。這些錄

音帶完整地記錄了尼克森在「水門事件」被揭發後的抑鬱憤怒，以及要求身邊人保密的聲嘶力竭。那些被掩蓋了的事實一幕幕被揪了出來，尼克森呆若木雞，只得聽天由命。

自從「水門事件」發生之後，尼克森就沒有過一天踏實的日子，整個人看上去頹廢、憔悴，雙眼佈滿了紅血絲。1974年7月，眾議院司法委員會通過表決，向國會眾議院提出了彈劾總統的決議。理由很簡單，尼克森在整個「水門事件」的調查中百般阻撓，而且濫用職權，甚至拒絕國會索要錄音帶的命令。

在媒體的渲染下，彈劾的聲音鋪天蓋地地席捲華盛頓。人們都在談論「水門事件」，都在猜測著尼克森的下場，他們如同說書人一樣繪聲繪色地講述著整件醜聞。從這時候起，尼克森下台已成定局，人們討論的方向變成了總統何時下台。

一旦眾議院有半數以上的人同意、參議院三分之二的人通過決議，彈劾就會生效。

尼克森又要做一道選擇題了，等著被彈劾，將來被貶為平民後還要經過一系列的審理和判決；主動辭職，就沒有彈劾一說，直接由普通法院處理。

如果被彈劾，這段時間至少需要幾個月。在這幾個月裡，尼克森依舊是總統，他要在繁忙的國事當中去應付頻繁的審查，還要為自己辯護。這樣一來，美國最核心的動力將會受到影響，那時的社會將不可避免地陷入混亂。如果經過調查，尼克森被證實有罪，那麼他即將受到法庭的審判。共和黨本就不

利的地位就會再次遭到威脅。也就是說，彈劾於國家無利，等著受審於共和黨也無利。唯一可取得就只剩引咎辭職了。

1974 年 8 月 1 日，接替尼克森前助手巴特菲爾德一年有餘的亞歷山大·黑格（Alexander Haig）去見尼克森。黑格是位陸軍上將，這一年多來已經成為尼克森的心腹。他從來沒有見過尼克森像今天這般消沉過，當尼克森告訴黑格他決定辭職時，黑格還是對這早已預料的結果有些驚訝。尼克森一輩子都在跟各種政治壓力做鬥爭，從未屈服過，這次也一樣，他希望能體面地離開。

8 月 7 日，尼克森正式決定辭職。第二天上午，他約見了副總統福特（Gerald Rudolph Ford），告訴他自己的決定。福特在此之前沒有過任何執政經驗，也從來沒有當國家第一把交椅的願望，整個人顯得平靜、安詳。如果不是尼克森當年的副總統因為金融醜聞而下台，福特恐怕一輩子都不會登上副總統的寶座。

美國歷史第一位因醜聞而辭職的總統，在 1974 年 8 月 8 日，在電視上發表談話，跟自己的人民說再見。

晚上 9 點 12 分，尼克森站在總統辦公室裡，進行最後一次公開演講。人們從電視裡看到的尼克森完全沒有了從前的精神，甚至比他 1960 年出現在螢幕上時還要萎靡。眼神滿是失望，臉上還掛著一絲苦笑。28 年，他在政壇度過了 28 個春秋，青春與熱情都揮灑在了這裡。可是就在今天，他將揮手告別從前。

1974 年，當辭職的尼克森登上直升機，向送行的人們揮別時，他臉上的笑容難掩心中的痛苦。

尼克森整個演講的語調都十分緩慢，進行了十幾分鐘後，最終說出了辭職的決定。8 月 9 日上午，黑格最後一次在白宮見到尼克森。但這次他是拿著總統的辭職信來讓尼克森簽字的，尼克森已經沒有力氣再去思考什麼了，他拿起筆顫抖著簽下自己的名字。

這是最後一次在官方文件上簽字了。簽字結束後，尼克森就跟家人一起坐上直升機回到了他開始步入政壇的加州。

1974 年 9 月 8 日，距尼克森辭職整一個月，傑拉爾德‧福特正式宣誓就任總統。這位新總統將面臨的是如何恢復民眾對總統以及政府的信任，如何重新塑造總統的形象。不管怎麼樣，「水門事件」總算平息了，眾議院司法委員會取消了對尼克森的彈劾，赦免了他的全部罪行。

「水門事件」是結束了，但它留下的後遺症卻困擾了很多政客。大部分民眾都認為不應該赦免尼克森，他們開始懷疑政府和總統的品格，美國政府陷入了深重的信任危機。

第 8 被告　**盧泰愚**
——從青瓦台到監獄

被 告 人：盧泰愚

國　　別：大韓民國

身　　份：韓國前總統

被控罪名：受賄、內亂、軍事叛亂

刑　　罰：被判 17 年監禁，追繳罰金 2628 億韓元，後被特赦而獲釋

結案陳詞：盧泰愚的名字是祖父取的。最初祖父給他取名為「盧泰龍」，後來覺得這個名字鋒芒畢露，便改為「盧泰愚」，意為「大智若愚」。然而，盧泰愚終究是辜負了這番苦心。他參與政變，出兵鎮壓平民，執掌大權後翻手為雲覆手為雨。他庇護了自己的前任總統金斗煥，以為自己的繼任者也會庇護自己，不把其罪行放在心上。但最終，他還是沒逃過法律的審判。

一·軍旅生涯

1932 年 12 月 4 日,朝鮮東南部慶尚北道的一個小山村裡,一戶姓盧的人家喜氣洋洋,原來是兒媳金泰香添了個大胖小子。

剛剛做了爺爺的盧永洙樂得合不攏嘴。兒媳進門 8 年了,卻一直不曾生下一男半女,兒子兒媳著急,老兩口更著急。婆婆每天都陪著金泰香上山拜佛,只求送子觀音開恩,給她送來個孫子。

說來也奇怪,一天晚上,金泰香做了一個怪夢,她夢見一條巨蟒追在身後,她緊跑慢跑也擺脫不了,突然那巨蟒一竄,就纏住了她的身子,金泰香驚駭不已,卻見那蟒蛇一口咬在了她的腳後跟。做了這個夢沒多久,金泰香就懷上了孩子。

老爺子盧永洙是個漢學迷,非常喜歡研究些天兆、命理之術。他得知兒媳的怪夢以後,笑顏逐開地分析道:「這是大吉之兆,我敢肯定媳婦肚裡的是個男孩,而且這孩子將來了不得,肯定是大人物。」

果然,幾個月後一個男嬰呱呱墜地。盧永洙很高興,孫子一出生,他就琢磨著取個什麼好名字。他想起了兒媳做的那個夢,夢中的巨蟒應該代表著龍,村子的名字叫「新龍洞」,也有一個「龍」字,看來這孩子的名字當中一定要有個「龍」字,再加上族譜的「泰」字,那就是「盧泰龍」。「泰龍,泰龍。」老爺子試著叫了兩聲,又覺得這個名字鋒芒畢露,不是

好兆頭。俗話說「物極必反」，富貴逼人的名字可不好。他思索了一番，決定改叫「泰愚」，意為「大智若愚」。

　　盧家不是一般的村裡人家，祖上曾有人做過高官，甚至官至宰相，只是後來家道中落，才成了新龍洞的莊戶人家。盧永洙在村裡生活了一輩子，時時盼望著有朝一日盧家能恢復往日的榮光。

　　小孫子盧泰愚生來不凡，盧永洙深信他就是上天派來重振盧家的人。於是，從盧泰愚懂事開始，盧永洙就給他講述盧家祖先的成就，盼著孫子好好學習，將來飛黃騰達光宗耀祖。說來也奇怪，小小年紀的盧泰愚對爺爺的故事很感興趣，他常常全神貫注地聽著，偶爾提出一兩個問題。這讓爺爺很吃驚，講起故事來勁頭更足。盧泰愚的童年便在爺爺的故事中過去了。

　　盧泰愚 7 歲那年，家裡發生了變故。盧泰愚的父親盧秉義遭遇了車禍。那天，盧秉義搭乘別人的汽車，去大邱探望上學的弟弟。車行至一個鐵路道口時，汽車與火車搶道，被呼嘯而來的火車撞飛出去，車裡的人全部遇難。盧秉義是家裡的支柱，他的死讓盧家的生活陷入了困境。一直以來，盧秉義在類似鄉政府的機構「八公面」做秘書，收入很穩定，他的薪資是家裡的主要經濟來源。

　　雖然經濟條件不好，但盧永洙仍堅持讓盧泰愚去上學。盧泰愚自從父親去世，似乎長大了不少。他知道一家人對他期望頗高，因此認認真真地讀書，生怕辜負了爺爺和媽媽。後來爺爺去世了，叔叔繼續供他上學。學校離家足有 8 公里，但是盧

古老的書法藝術，給盧泰愚帶來莫大樂趣。

泰愚不怕吃苦。他天不亮就起床，天黑才回家，往返於家和學校之間，風雨無阻。

在學校，盧泰愚學到了很多知識，也有了自己的想法。他將爺爺光宗耀祖的念頭扔到了一邊，打算按照自己的想法生活。盧泰愚的理想是成為一名醫生，為了實現這個理想，他準備在小學畢業後，報考升學率最高的慶北中學，然後再考入醫科大學。然而，學校老師不贊成盧泰愚報考慶北中學，不給他寫推薦函。無奈的盧泰愚只能向現實屈服，進入大邱工業學校學習。

到了工業學校以後，盧泰愚被分配到航空器科，航空器科是熱門專業，本來有些不快的盧泰愚又高興起來。他不再做什麼醫生夢，乖乖地當一名航空器科的好學生。但好景不長，1945年，日本戰敗投降，朝鮮半島解放了，學校把航空器科改成了電氣科。這時的盧泰愚已經念到二年級，他對學校的改革作法深感不滿，對工業學校也沒了興趣。

1950年朝鮮戰爭開始了，部隊到處徵兵。盧泰愚覺得這是離開大邱工業學校的好機會，便決定報名參軍。但是，盧泰愚知道家裡人一定會反對，無論是心疼兒子的母親，還是供他上學的叔叔，都不會同意他去戰場上冒險。但盧泰愚拿定了主意就不願回頭，他瞞著家裡人從軍了。當年18歲的盧泰愚，

成了一名軍人。

戰爭時期的服役軍人，肩負著重要的使命，需要接受苛刻的訓練。盧泰愚不怕吃苦，他認真地學習各種技能，很快成了一名優秀的士兵。訓練結束他被派往前線，參加了多次戰鬥，幾次在生死邊緣徘徊。

1951 年 9 月，韓國陸軍士官學校在部隊招生，這是一所一流的士官學校，課程設置和管理制度都很有規範，學制為四年，教育內容與普通大學相同，學生畢業時授予「理科學士」學位。最讓盧泰愚心動的是，進入陸軍士官學校能接受高等教育，但不需要交納學費。盧泰愚決定報考這個學校，這次他沒有瞞著家裡人。但是盧泰愚的母親和叔叔都表示反對，不願意他繼續留在部隊，但是盧泰愚主意已定，根本不聽母親和叔叔的意見。

韓國陸軍士官學校的招生條件很苛刻，報名者需要經過層層選拔，20 個人報名，恐怕只有一個人能過關。盧泰愚準備充分，順利地通過了各項考試，成了士官學校的一名學生。

陸軍士官學校不愧為韓國一流的士官學校，管理非常嚴格。學校制度中，有一項很有名的「三禁三忌」制度。「三禁」為禁菸、禁酒、禁女人，「三忌」為忌偷、忌騙、忌撒謊。「三禁三忌」是士官學校的基本制度，凡是能嚴格遵守的人會被視為最出色的軍人。盧泰愚就是一位出色的軍人，他執行著學校的規範，過著如苦行僧一樣的生活。

韓國陸軍士官學校從美國西點軍校引進了一些管理措施，

把學生們的課程安排得滿滿的。學生們每天的生活就像打仗，忙完了這件事，馬上開始那件事，全都急匆匆的。學生上課也像打仗，每堂課結束前教官都會要考試，低於 67 分的人都要退學。學生們把這種考試稱為「占領 67 高地」。對這瘋狂的教學模式大家都怨聲載道，但盧泰愚從來都沒有一句怨言，他只是默默地學習，認真地考試。

經過 4 年的磨礪，盧泰愚成熟起來。1955 年，盧泰愚從士官學校畢業，成了一名少尉軍官。畢業後，他被派往基層部隊，擔任排長。兩年後，盧泰愚被任命為光州步兵學校的區隊長，軍銜升為中尉。1957 年，盧泰愚被派往美國，在那裡接受了為期半年的特訓，成為一名特種兵。

回國後，盧泰愚步步高升一帆風順。1968 年，盧泰愚以中校軍銜，率領韓國「猛虎師」一個營，赴越南參戰。在戰場上，盧泰愚表現突出，他指揮部隊取得了多次勝利，個人也得到了「花郎武功勳章」和「忠武武功勳章」。一年後，盧泰愚奉命回國，晉升為上校。1974 年，盧泰愚被授予少將銜，成為同學中第二批當上將軍的人。

盧泰愚的仕途非常順利，順利得讓人眼紅。有人說他是個幸運兒，但盧泰愚心裡清楚，世上根本沒有什麼幸運的成分，一切都是自己爭取來的。盧泰愚在為人處世上很有一套，他性格隨和，討人喜歡，他常說：「我有兩隻大耳朵，有什麼苦惱儘管告訴我。」他在同事中很有人緣。

在上司眼中，盧泰愚才華出眾，工作可靠，善於領會高層

意圖，是個機靈的好下屬，因此長官們都樂於提拔他。盧泰愚對待下屬也很有人情味，深得士兵們的擁護。有一次，士兵們列隊聆聽長官訓話。當時天氣很熱，每個士兵都盼著快點結束，但長官們的談話沒完沒了。輪到盧泰愚了，他只說了一句就宣佈解散，讓士兵們一下子就喜歡上了這位體貼下屬的長官。還有一次，盧泰愚擔任空降旅的旅長，他屬下有好幾個傘兵要結婚，盧泰愚出面為他們設計了一場前所未有的婚禮。他安排了一架飛機，讓新郎們從天而降，娶走新娘，得到了賓客的好評，也贏得了部下的忠心。

慢慢地，盧泰愚在他所屬的部隊有了點小名氣，不過影響力還是有限。直到 1961 年，盧泰愚才成了真正的大名人。當年 5 月 16 日，軍方高官朴正熙發動政變，掌控了韓國大權。政變遭到了韓國輿論的一致批評，朴正熙也受到各界人士的斥責。就在朴正熙灰頭土臉的時候，盧泰愚出現了，他擺出一副大義凜然的面孔，為朴正熙擋開了各方的攻擊。

盧泰愚與朴正熙相識已久。盧泰愚擔任基層軍官時，朴正熙是他的師長。有一次，朴師長下連隊視察，認識了盧泰愚，他覺到盧泰愚是個可造之才，有意栽培他。盧泰愚本來就崇拜朴正熙，有了這樣的機會自然不會放過。兩人的交情便日益深厚起來。

朴正熙發動政變後，盧泰愚也在行動。他召集了很多士官學校的畢業生重返母校，與在校生一起用遊行的方式支援朴正熙。他宣稱：韓國局勢危險，只有朴正熙才能幫助韓國擺脫

困境。接著，盧泰愚又召集了 150 多位士官學校的校友，聯名上書要求「清除弊政」，並指出這樣的重任只有朴正熙能夠承擔。這份聯名上書大大減輕了朴正熙的壓力。不過，上書中的一些內容觸怒了一些政要，盧泰愚被捕入獄，但很快朴正熙就將盧泰愚釋放了出來。經此一事，盧泰愚聲名鵲起。到 20 世紀 70 年代時，他已經與全斗煥、鄭鎬溶、車圭憲三人並稱為軍中「四大金剛」。

「四大金剛」中，盧泰愚跟全斗煥的關係最為密切。1979 年，朴正熙遇刺身亡，全斗煥發動「一二・一二」政變奪權。盧泰愚也參與了這次政變，不過與 1956 年的朴正熙政變相比，「一二・一二」政變中，盧泰愚的地位和作用都大不相同了。如果說 1956 年政變中盧泰愚是個搖旗吶喊的小頭目，那麼 1979 年政變時盧泰愚已然就是個領兵作戰的大將軍了。在全斗煥安排的所有棋子中，盧泰愚最重要。

1979 年 12 月 12 日，盧泰愚調動自己執掌的第九師進入漢城（現稱為首爾），發動突然襲擊。很快，他控制了幾個重要的國家機構，包括陸軍總部、國防部和議會。依靠盧泰愚的部隊，全斗煥控制住了局面。隨後，盧泰愚被任命為首都警備司令，率大軍守衛漢城。1981 年，盧泰愚從軍隊退役，正式進入政界。

二‧終於變「愚」為「龍」

在「一二‧一二」政變中，盧泰愚功不可沒。政變以後，盧泰愚又為全斗煥做了很多事情，如鎮壓人民、反獨裁運動等。沒有盧泰愚的保駕護航，全斗煥很難穩坐於韓國權力的頂峰之上。源於此，全斗煥將盧泰愚視為心腹，十分器重他。

1981 年，盧泰愚有了退役的想法，全斗煥考慮了一下，同意他離開部隊。盧泰愚退役的第二天，就收到了新的任命──第二政務長官，專責外交與安全。盧泰愚的首要任務，便是讓漢城取得第 24 屆奧運會的主辦權。

盧泰愚迅速開展行動，他了解到，漢城最主要的對手是日本的名古屋，怎樣戰勝名古屋他一點頭緒也沒有。經過一番深思熟慮，盧泰愚決定把工作重心放在國際奧會的執行委員身上。國際奧會有 80 多個執行委員，只有 20 人支持漢城，這是遠遠不夠的。無論如何，必須讓漢城得到多數委員的肯定。

盧泰愚採取了分兵出擊各個擊破的方針，他找來了體育界、政治界、經濟界、文藝界等各界名流，將他們編成若干小分隊，然後安排每支小分隊針對一位國際奧會執行委員開展工作。小分隊不管採用什麼辦法，只要能讓委員們為漢城投票即可。一時間，小分隊分散到各個國家，開始了有針對性的說服工作。

這種方法奏效了。最終國際奧會投票表決時，漢城獲得了 52 票，得到了第 24 屆奧運會的主辦權。盧泰愚非常高興，他

與所有工作人員舉杯慶祝。但是 1984 年國際奧會卻改變了決定。

由於全斗煥的獨裁統治，韓國的形勢很不穩定，人民抗議活動不斷，讓國際奧會對韓國能否成功舉辦奧運會產生了懷疑。因此，國際奧會打算換一個地方開辦這屆奧運會。盧泰愚急了，他深知機會得來不易，便開始想方設法挽回局面。

為了說服國際奧會的執行委員們，盧泰愚乘飛機趕往國際奧會的總部所在地瑞士洛桑。他與國際奧會主席薩馬蘭奇（Juan Antonio Samaranch）協商，得到了一個在大會上發言陳述的機會。盧泰愚憑藉三寸不爛之舌，最終說服了國際奧會的委員們。第 24 屆奧運會仍然在漢城召開。

借助在奧運工作中的傑出表現，1985 年 2 月盧泰愚當選為執政黨民主正義黨的全國區議員。很快，他又擔任了民主正義黨的代表委員，成為執政黨的第一把交椅。

1987 年，總統全斗煥決定「退位」，他提名盧泰愚為民主正義黨的總統候選人。6 月，在民主正義黨的安排下盧泰愚公佈了一份「民主化宣言」。宣言中提出了一些加強民主的改革措施，尤其是贊成總統直接選舉制度。這份宣言得到了韓國人的認可，盧泰愚也借此樹立了良好的公共形象，有了一些支持者。與此同時，全斗煥辭去黨內職務，盧泰愚就任民主正義黨總裁。12 月，盧泰愚在總統大選中獲勝，成為韓國的下一任總統。

盧泰愚終於像爺爺盼望的那樣，成了一條「龍」。但那時

他的爺爺看不到了，能夠跟盧泰愚一起分享喜悅之情的，只有他的妻子金玉淑。

金玉淑陪伴盧泰愚已經 35 年了，他們初識的時候，盧泰愚還是陸軍士官學校的一年級學生。那年夏天，盧泰愚和很多同學一起到一位名叫金復東的同學家裡做客。那時候，朝鮮戰爭到了緊要關頭。受戰爭影響，韓國的經濟形勢惡劣，基本生活物資匱乏。即使是陸軍士官學校這樣培養軍事人才的單位也無法得到足夠的口糧。一到放假，他們就集中起來，輪流去各家吃飯。這樣既能有的吃，還能有的玩。

這天輪到去金復東家裡吃飯，他家是當地的名門望族，家底殷實，而且金復東的父親在政府機關做事。同學們不用擔心一頓飯會把人家吃窮，所以心情特別好，嘻嘻哈哈地笑鬧著。突然，一位少女推門進屋，讓屋裡的傻小子們看得一愣。只見這少女肌膚如雪，身材修長，穿著一件彩色連衣裙。盧泰愚一下子被迷住了。

這個女孩就是金復東的妹妹金玉淑。很快，金玉淑與盧泰愚相戀了。在陸軍士官學校讀書的盧泰愚，不敢違反校規明目張膽地戀愛，只能將感情藏在暗處。盧泰愚畢業後，兩人才開始正式交往，然後談婚論嫁。

1959 年，盧泰愚和金玉淑在相戀 7 年之後結婚了。在他們蜜月的第 3 天，盧泰愚接到了軍隊發來的命令，不得不結束蜜月返回部隊。緊接著盧泰愚被派往美國學習。半年後，盧泰愚從美國返回，夫妻二人開始了一段甜蜜卻清貧的生活。當時

盧泰愚的軍銜只是中尉，收入不高，金玉淑不得不精打細算，管好家庭財政。有時候，她到小鎮上擺攤出售一些軍用乾糧，換回一些生活必需品。

很快，盧泰愚升職了，隨著他職位的升高，收入逐漸增加，夫妻倆的生活也寬裕起來。兩人的感情歷久彌堅，盧泰愚像新婚時那樣疼愛自己的妻子，金玉淑也如初戀時那樣關心著丈夫。據說，只要盧泰愚在家，每天早上金玉淑都會親手為他刮鬍子。

1981年，盧泰愚成了上將，當上了韓國最高級別的軍官。金玉淑感到家庭生活隨著丈夫的升職發生了變化。富貴與榮耀撲面而來，讓她不知如何是好。她只能盡力排除外界的影響，保持著寧靜溫馨的家庭生活。緊接著，盧泰愚又離開軍隊步入了政界。金玉淑只能跟著丈夫的腳步，慢慢地適應自己的角色。1988年，盧泰愚當上了韓國總統。金玉淑迅速適應了總統府的生活，並且繼續扮演著賢妻良母的角色。面對記者們的採訪，她從容不迫，再也沒有什麼能夠影響她安靜的生活。

少年夫妻老來伴，金玉淑與盧泰愚一起，度過了無數的風風雨雨，年紀越大，感情越深。金玉淑說：「盧泰愚常常很沉默，他不會發表豪言壯語，也不會油嘴滑舌。在我心裡，他是最值得信賴、最值得依靠的人。」這種信賴讓他們攜手走過了幾十年。盧泰愚很感激妻子對他的支持，他說：「玉淑為我們的家庭付出了很多。我工作忙，很少能照顧到家裡的事。多年來，玉淑忙裡忙外地操持著這個家，讓我沒有後顧之憂。」話

裡話外都是感情。

對金玉淑而言，丈夫的地位越來越高，分給家庭的時間卻越來越少，中國有言道：「悔叫夫婿覓封侯。」但金玉淑從未後悔，她為丈夫的

韓國總統府──青瓦台。

成就感到驕傲。她對家庭的付出，也是辛苦而又快樂。

三·在青瓦台的歲月

1988 年 2 月 25 日，盧泰愚入主韓國總統府青瓦台，登上了韓國權力金字塔的頂端。但是，站在金字塔的頂端並不好過。盧泰愚必須處理好他與前任總統全斗煥的關係。

全斗煥曾在韓國實行了 8 年獨裁統治，搞得天怒人怨。8 年中，韓國人一直在反對獨裁制度，一場又一場的示威抗議活動接連不斷，但是全斗煥還是穩穩地把持著大權。終於，韓國人等到了全斗煥下台的這一天，他們興奮無比，大聲要求當局清算全氏家族的問題。

當政的盧泰愚不敢不重視民眾的要求。但是他是全斗煥一手捧起來的總統，不可能不顧全斗煥。怎樣才能既保全了全斗煥，又安撫了民眾呢？盧泰愚眉頭緊鎖。最後，盧泰愚對民

意做出了讓步。在他的默許下，全斗煥的家人接受了警方的調查，並且紛紛入獄。盧泰愚以為這樣能給民眾一個交代，卻沒能讓韓國人滿意。韓國人要求全面審查全斗煥的歷史問題。

盧泰愚聽到這個要求，只覺得心驚肉跳。他心裡清楚，全斗煥的歷史問題全牽連到自己。他想了個折中的辦法，讓全斗煥交出財產，向民眾道歉，以獲得民眾的原諒。但民眾還是不滿意，他們依然要求嚴懲全斗煥。盧泰愚不得不繼續讓步，他安排全斗煥「隱居」到了山裡。終於，大部分民眾不再堅持追究全斗煥的問題，盧泰愚暗暗地鬆了一口氣。

對盧泰愚而言，全斗煥的歷史問題是個定時炸彈，一旦處理不好，他也會跟著遭殃。終於，他拔出了深陷在全斗煥案中的雙腳，把注意力轉移到韓國的內政外交工作上來。

1988 年 4 月 26 日，韓國國民議會舉行換屆選舉，在總共 308 個議席中，執政的民主正義黨只獲得了 125 個席位，沒有過半數。執政黨的力量比不上反對黨，這意味著總統盧泰愚不得不面臨「朝小野大」的局面。議會中，能對盧泰愚當局構成威脅的力量主要是「三金」：和平民主黨的總裁金大中、統一民主黨的總裁金泳三和新民主共和黨的總裁金鐘泌。

盧泰愚開始暗中運作，設法增強執政黨在議會的勢力。1990 年 1 月 22 日，兩位反對黨領袖金泳三和金鐘泌對外宣佈，他們所屬的兩個政黨併入盧泰愚的執政黨，成立民主自由黨，由盧泰愚擔任總裁。這即是說，原來的民主正義黨、統一民主黨和新民主共和黨合併成立民主自由黨，如此一來，民主

白由黨在議會的席位就遠遠超過了半數。

盧泰愚此舉成效顯著，他在議會獲得了絕對的優勢。但是這也是一種冒險，雖然他還是執政黨的總裁，但他對執政黨的控制力有所減弱。增加議會優勢的代價，是失去了在黨內說一不二的地位。

同樣，金泳三也很難判斷合併是利是弊。他本是反獨裁鬥士，具有良好的公眾形象，與獨裁的民主正義黨合併後，形象一定會受損。不過金泳三也能從中得到好處，最直接的便是一舉從勢力弱小的反對黨躍升為掌握絕對優勢的執政黨。三個人中只有金鐘泌最容易判斷取捨，他的黨派勢力最弱，而且黨員們都是前總統朴正熙的班底，與盧泰愚頗有淵源。因此，既不用考慮形象問題，又能得到直接的好處，合併自然是有賺無賠的好生意。

三個政黨都有私心，自然很難融合在一起。民主自由黨在成立之初，內部就分為三個派系，它們彼此之間矛盾重重，不斷爭鬥。實際上，三黨的合併是靠著三位領導人的影響力而合在一起的，而不是靠著相同的理念或原則。從這個角度看，民主自由黨的凝聚力很差，一旦內部意見分歧，整個黨便會有分崩離析的危險。不過短期之內，三個派系的爭鬥還不會導致分裂，民主自由黨勢必會對韓國政局造成重要影響。最明顯的是，盧泰愚的實力增強了，在他的推動下，韓國議會通過了一系列法律法規。借助這些法律法規，盧泰愚政權度過了重重危機。

盧泰愚在第十三屆總統就職儀式上宣誓。

盧泰愚這屆政府，在內政方面沒有太大的作為，甚至該階段韓國國內的經濟還表現出低增長的情況。不過，在外交領域，倒是在不少機緣巧合中有些建樹。比如在盧泰愚的推動下，朝鮮半島南北雙方的關係就步入了一個新階段。

1988年，盧泰愚一上台，就很關注朝鮮半島統一問題。他提出了一些解決這個問題的原則，並主動表示歡迎南北首腦進行會談。不過由於幾件意外事件，南北會談推遲了。

1990年，朝鮮半島的兩方終於拉開了會談的序幕。9月，朝鮮民主主義人民共和國政務院總理延亨默率領代表團，乘車通過板門店軍事分界線。隨後他抵達漢城，與韓國總統盧泰愚、總理姜英勳進行會談。儘管雙方的意見存在很多分歧，此次會談沒有取得任何成果。但畢竟這是朝鮮的高層領導人第一次越過板門店，是朝鮮半島分裂45年來最高級別的南北會談，是了解對方要求和底線的試探過程。

有了這個開端，朝鮮半島南北雙方的會談就容易了。兩年之內，南北雙方簽署了一系列協定，影響力較強的有《關於北南和解、互不侵犯和交流合作協議書》和《關於朝鮮半島無核化共同宣言》。

最值得一提的是，在盧泰愚任職期間，韓國加入了聯合

國。盧泰愚很善於實行「多邊外交」和「平衡外交」，他以加強韓美關係和韓日關係為基礎，大力發展與周邊國家的友好關係。

　　整體而言，盧泰愚的 5 年執政生涯還算是平穩過渡。但他沒有料到的是，相對來說一帆風順的執政期剛剛告一段落，狂風暴雨便隨即而來。

四‧17年的刑期

　　1993 年 2 月 25 日，盧泰愚的任職到期，他將大權交給金泳三，退出了韓國的權力中心。韓國政府對卸任總統有優厚的待遇，盧泰愚過上了優哉遊哉的生活。但是好日子沒有持續多久，1995 年 11 月，盧泰愚被逮捕了。

　　1995 年下半年，韓國各個政黨忙於準備議會議員的選舉。為了爭取優勢，各政黨無所不用其極。10 月，國會議員朴啟東揭露，前總統盧泰愚使用假名，在銀行存有巨額秘密資金。韓國實行的是存款實名制，用假名存款的行為是違法的。檢察機關順藤摸瓜對此案展開了調查，但是很快，他們的調查重心不再是假名存款問題，而是這筆鉅款的來源和去向。

　　檢察機關發現，盧泰愚在任期間，曾經多次向一些大型商業集團索取賄賂。盧泰愚被捕後的供述也證明了這一點，他曾經秘密收取了約 5000 億韓元，合 6.5 億美元的政治資金，這筆錢被用在了一些不能曝光的事情上。

　　檢察機關到銀行調查時，這筆秘密資金還剩 4000 億韓元。盧泰愚交代，花掉的錢主要用在了 1988 年和 1992 年的總統大選中。這種說法很可信，在野黨領袖金大中出面作證，他聲稱 1992 年大選時，盧泰愚曾經給他提供了 20 億韓元的活動資金。此言一出，眾人的注意力不由集中到了現任總統金泳三身上。連在野黨領袖都收取了盧泰愚 20 億韓元，那最終當選的金泳三有沒有使用這筆秘密資金呢？

　　金泳三發現形勢不妙，馬上授意檢察機關調查全斗煥的歷史問題，企圖轉移公眾的注意力。這是個更大的案子，韓國人的視線一下子被吸引過來。自從全斗煥下野以來，韓國人就一直要求政府徹查「一二‧一二」政變和「光州事件」，但是由於當局的庇護，元凶全斗煥一直逍遙法外。因此當韓國最高檢察院開始調查這一案件時，再也沒有人關注金泳三總統的問題。

　　隨著案件的深入調查，兩位前總統都捲了進來。最後，檢察機關對全斗煥和盧泰愚進行指控，罪名包括受賄罪、內亂罪和軍事叛亂罪。法院進行了多次庭審。1997 年 4 月 17 日，韓國大法院做出終審判決，判處盧泰愚 17 年監禁，追繳罰金 2628 億韓元。盧泰愚作為前總統所享有的種種權利也被剝奪。

　　1997 年 12 月 20 日，韓國總統金泳三發佈特赦令，特赦全斗煥、盧泰愚等人。2 天後，特赦令生效，盧泰愚隨之被釋放。

　　盧泰愚曾笑稱自己的命運是個奇蹟──沒想過當大將結果

當上了；沒想過當部長結果當上了；沒想過坐上總統寶座結果也坐上了。不過，他自己也許最沒有想到的是，在他卸任後，因為自己的「罪孽」，而最終淪為韓國民眾齊聲聲討的階下囚。

第五法庭
在權欲與貪婪中玩火自焚

　　人最大的敵人不是別人，是自己。人的貪欲是無止境的。欲望和野心足可以把任何一個謹慎的智者變成一個瘋狂的冒險家，一不留神就栽了跟頭。當權者一旦深陷權欲當中貪得無厭，就會欲壑難填，而「玩火自焚」就是玩火者走向消亡的不變軌跡！韓國的全斗煥、印尼的蘇哈托，這兩位領導者的最終下場不正是鐵錚錚的印證嗎？

第9被告 全斗煥

——從鐵血到高牆

被 告 人：全斗煥

國　　別：大韓民國

身　　份：韓國前總統

被控罪名：受賄罪、軍事政變和內亂罪

刑　　罰：一審被判死刑，追繳罰金 2205 億韓元，終審將死刑改判為無期徒刑，1997 年底韓國總統金泳三發佈特赦令，全斗煥獲釋。

結案陳詞：全斗煥是個迷失在欲望中的人，為求權力不擇手段。他發動政變上台，用高壓手段維持獨裁統治。他以為自己可以永遠掌握著韓國的大權，最後卻不得不在一片反對聲中下台；他以為可以安排自己信任的人繼承權勢從而保住自己的地位，最終卻不得不隱居山林；他以為自己可以逃脫法律的制裁，卻怎麼也無法避過人民的審判。

一‧12月12日，政變發生了

全斗煥是何許人？這位韓國民選總統，事實上是靠軍事政變掌握韓國政權的「狠角色」。這個「狠角色」是怎樣登上了權力的巔峰，怎樣灰溜溜地下台，最後又是怎樣不得不面對莊嚴的審判？這一切都得從頭說起。

全斗煥，出生於 1931 年，是慶尚南道陝川郡人，曾參加過越南戰爭，越戰期間擔任韓國猛虎師團長。越戰結束後，全斗煥先後擔任特戰司令官和保安司令官。1981 年 2 月，全斗煥當選為韓國總統，1988 年他的任職期滿，離開了總統職位。

全斗煥畢業於韓國士官學校，走出校門後，他進入了軍隊。在部隊裡，全斗煥結識了師長朴正熙。全斗煥覺得朴正熙的一言一行都充滿魅力，將他奉為自己的偶像。全斗煥也是個很有才能的人，慢慢地，他得到了朴正熙的器重，成了朴師長的心腹。1961 年，朴正熙發動了一場軍事政變，掌握了韓國的大權，而在這場政變中，全斗煥功不可沒。

不過讓朴正熙沒有想到的是，全斗煥是個不甘寂寞的人。全斗煥很有心，一直都在關注著朴正熙的行為，也在默默地學習著。他把朴氏的政變視為一個大課堂，從中學到了很多東西，比如怎樣拉攏人心，怎樣發展地下勢力。

在朴正熙的政變中，有一個地下組織出力甚大。這個組織由一批士官學校的畢業生組成，他們以同學會的名義聚在一起活動，秘密地為朴正熙的政變做準備。這些人都是軍隊的軍

官，團結在一起是一股驚人的力量。朴正熙派出了他的女婿金鐘泌做這個組織的領導人，牢牢地把秘密組織掌握在自己手中。

全斗煥就把這套把戲學了個十足。他在部隊成立了一個秘密的小組織，取名叫「七星會」，兩年半以後，又改叫「一元會」。一元會跟朴正熙的秘密組織非常相似，也打著校友聯誼的名義行事。在全斗煥的悉心經營下，一元會不斷壯大，一批又一批優秀的士官學校畢業生都加入進來。

全斗煥派他最信任的同學兼下屬盧泰愚擔任一元會的領導者，定期召集成員聚會，增進交流合作，讓他們建立起一種親密無間的關係。實際上，這些人既是校友，又是同鄉，大部分成員都來自全斗煥的家鄉慶尚地區，具有一種天然的親近感。這種親近感在交流中得到了進一步增強。

一元會成員們定下盟誓，要互相幫助，彼此忠誠。只要有機會，每一個會中成員都有義務幫助其他人獲得更高的職位，而背叛組織和同伴的人，將受到嚴厲的懲罰。這種約定發揮了重要作用，在彼此的幫助下，一元會成員得到了比常人更多的升職機會，一元會的勢力也越來越大。

一切在無聲無息中進行，沒有人知道一元會在軍隊中有多大的影響力，也沒有人知道全斗煥掌握了多少軍事力量。所有一元會成員都具有雙重身份，他們一方面受軍方領導統轄，一方面服從全斗煥的私人命令。全斗煥的勢力在暗中飛速增長。

這個積聚勢力的過程不是沒有痕跡表露出來。比如全斗煥

的心腹盧泰愚，曾經多次得到全斗煥的保薦爬上了更高的位置。盧泰愚曾經五次接替全斗煥的職位，還曾在全斗煥的舉薦下出任了韓國中央情報部的反情報部部長。

這些蛛絲馬跡終被搞政變出身的總統朴正熙覺察到了，本來他就對任何暗中發展的力量都有著超常的敏銳直覺。朴正熙慢慢地注意到了一元會，並開始防範。他成立了首都衛戍司令部，選任自己信任的人擔任司令，保衛自己的安全，同時設法加強自己對軍隊的影響。朴正熙還對全斗煥的職務做了調整。但是，朴正熙終究還是低估了全斗煥和一元會，他不知道，自己信任有加的新任首都衛戍司令便是一元會的成員。

如果歷史按照這樣的軌跡發展下去，一元會和全斗煥的力量不斷壯大，朴正熙的權威會受到全斗煥的挑戰。但是，歷史的軌跡並非如此。1979 年 10 月 26 日，朴正熙遇刺身亡。總統的職位出現了空缺，一些野心家們蠢蠢欲動。

最先對總統職位發起衝擊的是時任總理的崔圭夏。此前，崔圭夏一直都是個「安分守己」的人。因此，朴正熙去世時，崔圭夏沒有多大的私人勢力，不過按照法律規定，總統職位一旦出現空缺，總理將代理總統的工作，崔圭夏也就有了機會。

崔圭夏採取了一系列措施，樹立自己的威信。他首先下令韓國除濟州島以外的其他所有地區，都進入緊急狀態。然後，他任命自己比較信任的陸軍參謀長鄭升和擔任戒嚴司令。緊接著，崔圭夏推行了很多懷柔政策，拉攏人心。

朴正熙是個獨裁者，在任時關押了很多不同政見者，此時

這些人成了崔圭夏拉攏的對象。崔圭夏釋放了一大批被朴正熙限制自由的反對黨人士，包括前總統尹潽善、前總統競選人金大中及一些要求民主的教授、宗教界領袖和新聞記者，並且下令恢復一些進步學生的公民權。

1979 年 11 月 10 日，崔圭夏代總統對外宣佈，韓國立法部門將修改憲法，並根據新憲法選舉新的總統。同年 12 月 6 日，崔圭夏如願以償地當選了韓國總統，摘掉了「代理」的帽子。

不過，韓國的政治領域依然有很多朴氏獨裁的後遺症，比如總統間接選舉制、總統權力集中的現象，韓國人渴望新任總統採取措施進一步掃清民主的障礙。民意調查顯示，73％的韓國人希望將總統間接選舉制改為直接選舉制。要求自由與民主的聲音響徹了韓國的天空。

政界人士和平民都沉浸在所謂民主的氛圍中，誰也沒有注意到，一些軍人已經聚齊了足夠的力量，他們即將開始奪權的軍事政變。

1979 年 12 月 12 日晚，全斗煥在漢城（目前稱為首爾）一家飯店大宴賓客，客人都是鄭升和派系的軍官。客人們不知道這是全斗煥的調虎離山之計，就在他們飲酒暢談的時候，時任第九師師長的盧泰愚已經展開了行動。

盧泰愚是全斗煥的老搭檔，他根據全斗煥的安排，兵分三路，開始奪權。第一路人馬的目標是戒嚴總司令鄭升和，他們聲稱鄭升和是刺殺朴正熙的同謀，逮捕了鄭升和，並占領了戒

嚴司令部。第二路人馬的目標是議會大樓，他們開著坦克，配著重型武器，一下子就鎮住了議會大樓裡的議員們，也順利地掌控了局面。第三路人馬的目標則是陸軍總部和國防部，跟前兩處一樣，這兩個部門也毫無防範，一轉眼就被全副武裝的軍人們占領了。

　　根據事先制訂的計畫，一旦盧泰愚的部隊占領了這幾個重要部門，那麼他們就控制了整個漢城乃至整個韓國。如他們所料，一切進行得很順利，盧泰愚派出了 7500 多人，在夜間展開閃電戰，沒費多大功夫就控制了局面，接下來就是善後問題了。

　　全斗煥早有打算，他是保安司令官，負責捉拿刺殺朴正熙總統的刺客。他對外宣佈，鄭升和參與謀殺總統，自己只是負責抓捕。用這個藉口，全斗煥便將政變的事情遮掩了過去。同樣還是借著捉拿刺客的理由，全斗煥派人逮捕了中央情報部部長金載圭，隨後處死。

　　金載圭倒是死得一點都不冤枉。有明確的證據表明，金載圭持槍刺殺了朴正熙。不過，有心人看得出來，全斗煥處死金載圭的動機很複雜，與其說是在為朴正熙報仇，不如說是他看上了中央情報部部長的位子。

韓國政府發生內訌。圖為中央情報部長金載圭在宴會上向朴正熙總統開槍，朴正熙當場斃命。

中央情報部是 1961 年朴正熙政變剛成功時成立的，職責便是監控國內的政治動向。這樣的部門自然是握在自己手中最放心。全斗煥處死了金載圭四個月後，自己便兼任了中央情報部的部長。

1979 年 12 月 13 日，當韓國人從睡夢中醒來時，他們無奈地發現，獨裁政治重新降臨了。政變發生在 12 月 12 日，因此也被稱為「一二‧一二」政變。

「一二‧一二」政變後，全斗煥成了韓國的主要掌權人。有人說，從長相上看全斗煥就是個陰狠毒辣、善於玩弄權術的人。全斗煥個頭不高，身材粗壯，頭髮稀疏，常常剃成光頭，眼睛微微瞇著，看不出什麼神采，但是偶一睜眼，便會射出銳利的光芒。鼻樑高挺，下巴緊攏，兩耳陡立，給人一種陰沉、毒辣、孤傲、暴烈的感覺。也許就是因為忍受不了全斗煥噬人的目光，1980 年 8 月，崔圭夏主動辭職了。

1980 年 8 月 7 日，全斗煥被韓國統一主體國民會議推舉為代理總統，他任代總統期間，修改了憲法。新憲法規定，保留間接選舉的制度，把總統任期改為 7 年，不得連任。

1981 年 2 月 11 日，全斗煥正式當選為韓國總統。

二‧民意洶洶

依靠政變，全斗煥成功地登上了權力的頂峰，但是他的日子並不輕鬆。從「一二‧一二」政變開始，韓國人的抗議運動

一波接著一波。全斗煥別無他法，企圖用高壓政策平息事端，穩定局面。

1980 年 5 月，全斗煥頒佈了全國戒嚴法，宣佈在全國範圍內戒嚴。這次戒嚴的範圍包括了韓國所有地區。隨後，全斗煥採取了一系列措施，壓制反抗活動。他宣佈國會閉會，停止政治活動，限制言論自由和出版自由，禁止傳播與朝鮮政治主張一致的思想、言論，命令大學停課。

但是，高壓政策出台後，民眾的抗議行動並沒有銷聲匿跡，正相反，越來越多的人加入到了示威遊行的行列中來。學生、在野黨、民意代表、市民等各界人士走上街頭，抗議全斗煥的軍事政權和獨裁政治。學生是抗議活動的中堅，據統計，約有來自 55 所大學的大學生走上了街頭。

不過全斗煥更痛恨在野黨，他覺得，抗議運動發展到如此規模，是因為有在野黨在群眾中煽風點火，發表對自己不滿的言論。1980 年 5 月 18 日，著名的在野黨領袖金大中和金鐘泌被捕，金泳三被軟禁。

就在全斗煥出手的同一天，韓國西南部的全羅南道首府光州爆發了大型群眾示威運動，規模超過了此前的所有抗議運動。

1980 年 5 月 18 日，光州的學生們上街遊行，抗議全斗煥獨裁政權。全斗煥頒佈戒嚴法後，很多地區的抗議活動聲勢弱了下來，但是全南大學和全中大學及光州教育學院的學生們依然不為所動，繼續進行示威遊行。5 月 19 日，更多的人加入

了進來，工人、市民、小商人等各行各業的人，追隨學生們的腳步，參加遊行抗議獨裁政權。當局派出軍隊控制局面，企圖阻撓遊行隊伍，卻發現上百輛公車和計程車橫七豎八地擋在路上，軍隊根本無法靠近人群。

民情越來越激昂，示威活動達到高潮，局面開始失控。21日，約10萬名學生和追隨者們包圍了市政府大樓，政府派出傘兵部隊向示威人群開火，密集的子彈雨幕般打向毫無防備的群眾，無數人倒了下去，馬路上到處都是死傷者。

但是，這也沒有鎮住示威的人群，他們滿懷憤怒之情，奮不顧身地衝向手持槍械的軍人。最終，示威群眾抵擋住了軍隊的攻擊，占領了市政府大樓。學生們都很激動，他們對外宣佈光州擺脫了高壓獨裁統治，光州解放了。

接到報告的全斗煥很憤怒。5月27日，全斗煥派出了包括坦克車的大規模軍隊。士兵的槍口對準了手無寸鐵的人民，一時間鮮血橫流。

在「光州事件」中到底有多少受害者人們不得而知，但可以肯定的是，為了鎮壓人民的抗議活

民主與獨裁的對決。圖為群眾與軍方發生衝突的悲慘場面。

動，全氏當局足足出動了至少 2 萬人的軍隊。

　　光州的抗議浪潮被壓制下去了。5 月 31 日，全斗煥下令成立「國家保衛非常對策委員會」，簡稱為「國保委」，並自任常任委員長。這一機構的成立對韓國政局產生了很大影響。「國保委」權力很大，儼然替代了國會，成為新的國家最高權力機關。「國保委」把光州民眾抗議軍事獨裁的事件定性為民眾暴力騷亂，趁機擴大了打擊面。

　　他們聲稱這是有預謀的反政府行動，是由金大中的反對黨精心策劃的。借著這個理由，「國保委」處分了金大中。金大中被判死刑。消息傳出，韓國各界馬上向當局抗議，迫於社會的壓力，金大中的處分改為秘密驅逐出境，從此金大中流亡美國。

　　與此同時，「國保委」宣佈，禁止第十屆國會中的 210 位議員參加政治活動，這樣一來，還能正常任職的議員只剩下31 位。權力得到鞏固，全斗煥還不滿足，他緊接著又將自己的影響力擴大到其他行業。

　　在一個半月之內，包括政府部門、教育行業、金融保險行業、傳媒行業等各個行業在內的 8500 多人被認定為危險分子，被迫離開工作崗位。其中，出版傳媒業的人員受到的影響最為明顯，大批工作人員沒了工作。幾家通訊社被強令合併成一家，派往各地的記者也被撤回。「國保委」連宗教領域也不放過，5.7 萬名佛教徒被捕，其中 4 萬多名僧尼被迫接受改造，3000 多人被拘留。

　　學生是抗議獨裁運動的急先鋒，因此，一批大學生被開除，一批學生被關押，剩下的在校生也時時受到嚴密監控。1984年11月4日，來自高麗大學、延世大學和成均館大學的264名學生因為討論全斗煥所屬的政黨黨史，被當局拘留。

　　不可否認，全斗煥的高壓政策削弱了反獨裁運動的聲勢，卻無法從根本上杜絕抗議活動。事實上，在全斗煥掌權的8年多時間裡，韓國民眾的抗議運動自始至終都沒有停止過。1985年，400多位文化界名人發表抗議聲明，要求自由的創作空間；同一年，當局打算出台《校園安定法》來限制學生示威活動，在眾多在野黨和社會團體的抗議下，《校園安定法》被迫取消；1986年3月，某大學教授發表聲明要求民主政治，廣泛大中小學教師群起回應；1987年1月，韓國發生了員警拷打學生朴鐘哲致死的事件，社會各界群情激奮，連向來不關心政治的中產階級也加入了抗議的行列；2月，流亡歸來的金大中聯合金泳三，成立了「新韓民主黨」，很快成了韓國最大的在野黨，他們從政治上施加壓力，抗議全斗煥的獨裁。

　　繼1987年1月的朴鐘哲事件後，6月份又有一個名叫李韓烈的學生被催淚彈攻擊致死，血淋淋的慘案讓人震驚，學生們掀起了更激烈的反抗運動。很快，全國95所大學的4000餘名大學生聯合了起來，8月，他們在忠南大學成立了「全國大學生代表協議會」，專門負責領導學生的抗議運動。

　　這段時間裡，韓國的政治氛圍很壓抑，慘案接二連三地發生，有的直接與當局的行為有關，有的則是極端的抗議行為。

有些人用自殘的方式，來抗議全氏獨裁政治。

到了 1987 年夏天，韓國又出現了一次抗議高潮，規模和影響力都更勝從前。示威活動最初只在漢城發生，隨後二十多個城市響應，很快蔓延到全國各地。這次抗議活動最明顯的變化是中產階級的加入，中產階級一直是社會上經濟條件最好的階層，也是對示威活動最冷淡的階層，但是這一次，他們與年輕的學生們一起，走上了街頭，舉起了標語。新加入者的態度很明確，他們要求保護人權，結束朴正熙的維新憲法，改變獨裁強權，保障民主和自由。

中產階級的加入讓全斗煥擔心起來，中產階級生活富足，很少直接參與政治活動，用示威表明立場。他們的加入意味著形勢十分不妙，全斗煥開始擔心自己眾叛親離了。前總統李承晚的前車之鑑就在不遠處。李承晚執掌大權 12 年，為人強勢、孤傲，似乎無所不能，但是面對 1960 年的舉國倒李浪潮，他不得不辭職。

俗話說，官逼民反。一般來說，大批民眾反對政府，往往是因為生活困難，衣食無著。但是此時韓國的民眾抗議運動風起雲湧卻並非這個原因。事實上，全斗煥在經濟領域的表現是可圈可點的。1987 年，韓國的經濟增長速度為 12.8％，平均國民生產總值由前一年的 2503 美元增長到 3098 美元，而且，這樣的成績是在全國群眾示威活動不斷的情況下取得的。可以說，就經濟領域的表現來看，全斗煥是個合格的總統。

因此，中產階級參與抗議運動的目的就是爭取民主和自

由，爭取政治權利。這樣的分析結論讓全斗煥很不安，他同時還發現自己十分看重的美國，也不是穩固的靠山。

在全斗煥發動政變之初，美國對他私自調動軍隊的行為很不滿。因為根據美韓聯合武裝指揮部權限界定書，韓國的任何軍事調動都必須經過美韓聯合武裝指揮部。不過，全斗煥掌權後，在他的刻意結交下，美國政府認可了他的政權，美國總統雷根還正式接見過全斗煥，美韓聯合武裝指揮部的威肯總司令也對全斗煥政權表示了支持。威肯還在專制與民主的問題上發表過一番「高見」，他說：「韓國人就像野鼠一樣，是乖乖的順民，無論什麼樣的人做他們的領導人，他們都會服從。因此，他們更適合獨裁政治，而不是民主制度。」當然，這樣的論斷為他贏來的只有韓國人的痛恨。

以前，韓國人感謝美國幫助他們擺脫日本的侵略，感謝美國在經濟、政治等方面為韓國提供的幫助，因此在心理上對美國有一種親近感。他們覺得，美國是個民主進步的國家，會幫助他們從落後走向進步，但是美國對全氏獨裁政權的支持，毀壞了美國在韓國人心中的美好形象。他們一邊喊著「打倒全氏獨裁政權」的口號，一邊舉著「美國佬滾回去」的標語。

伴隨著各種反美活動，韓國掀起了一場重新認識韓美關係、重新認識韓國社會的新思潮。有些大學校園裡，出現了一些秘密組織，專門探討這些問題。

一些激進分子認為，韓國面臨的所有問題都是由美國造成的。他們把美國的罪行一直追溯到了 1945 年，當時，為了消

滅日本軍事力量，美蘇兩國以北緯 38 度線為界，劃分了對日作戰的範圍，這為朝鮮半島的分裂埋下了種子。

1948 年，蘇聯軍事力量撤出了，但是美國的部隊一直停留。一些學生尖銳地指出，韓國社會的各種問題正是根源於對美國的依賴。還有人說，韓國政府自成立以來就是反人民、反民主的，之所以如此，是因為受到了美國的影響！

當然，這些激進的思想之外，也不乏冷靜的探討。無論激進還是冷靜，都是重新審視韓國社會、韓美關係等問題的結果。

這些觀點本身可能不正確，但這種摒棄固有觀念，重新認識問題的態度、方式是可取的。很多年後，人們發現，20 世紀 80 年代出現的這股新思潮，並沒有在反美反獨裁的問題上取得什麼成就，但是正可謂有心栽花花不開，無心插柳柳成蔭，在打破權威、解放思想方面，這股新思潮意義非凡。

三・做「太上皇」的白日夢

從 1986 年開始，全斗煥獨裁政權和民主勢力的鬥爭集中到了修憲問題上。

當時韓國正在實施的是一部維護獨裁的憲法，全氏政權一直把它當作執政的法律依據。為了破除所謂的「法律依據」，反對黨和公眾發出了要求修改憲法的呼聲。於是，是否修改憲法成了民主與獨裁鬥爭的焦點。其中，總統選舉是實行直接選

舉還是間接選舉的問題，成了焦點中的焦點。

直接選舉與間接選舉有何不同呢？直接選舉是指由全體選民直接投票決定由誰任職，間接選舉則要複雜一些，先由選民投票產生代表，再由代表投票決定由誰擔任職務。這樣經過一層又一層的選舉，容易出現代表無法準確把握選民意圖的情況。而且，間接選舉中參與最後投票的人數相對較少，很容易被人控制。因此，在韓國的修憲之爭中，公眾更希望實行直接選舉，而獨裁派則堅持間接選舉。

1986 年初，反對黨組織了千萬人參加的「修憲」簽名活動，全斗煥派出員警鎮壓，並軟禁了兩個反對黨的領袖金大中和金泳三，他以為這樣可以把修憲的呼聲壓制下去。但是就在此時，菲律賓傳來消息，實行了 20 年獨裁政治的馬可仕政府垮台。這個消息鼓舞了韓國民眾，他們掀起了更大規模的反獨裁鬥爭。

進入 1987 年，一股前所未有的全國性示威運動席捲了韓國全境。全斗煥立即召集心腹尋找解決辦法。會議主要由執政黨——民主正義黨內部高層成員參加，大家的意見很不統一，有人主張堅決鎮壓，有人贊成和談對話。最終，全斗煥接受了後一派的觀點。4 月底，全斗煥就修憲問題發表聲明，如果反對黨與執政黨能夠達成協議，他就同意在任期內修改憲法，並在 1988 年任期屆滿時主動退位。

抗議運動終於取得了成果，所有的韓國人都激動起來，不過激動之餘，人們也感到納悶，全斗煥是大權在握的獨裁者，

怎麼會主動退位呢？

　　有人說，全斗煥在擔任總統的幾年裡，民主法制意識提高了；有人說，全斗煥主動退位是因為漢城即將舉辦的奧運會，如果因為國內接連不斷的抗議示威活動，被國際奧會取消舉辦資格，韓國就出醜了；還有人說，全斗煥害怕走朴正熙、馬可仕等人的老路，無論是死在暗殺者的槍下還是被迫流亡國外，都不如急流勇退來得體面。

　　這些說法都能講得通，但是都沒有說到關鍵點上。其實，全斗煥主動退位的原因在於他已經安排好了接班人，他打算將自己信任的人推上總統寶座，自己則退居幕後，做個遙控政府的「太上皇」。1987 年 6 月 2 日，全斗煥召集了 30 多個黨內高級領導，在總統府開會決定總統繼任人選。全斗煥提議讓盧泰愚接班，與會的高層人士一致點頭通過。6 月 10 日，民主正義黨召開代表大會，7309 名黨代表出席了會議，99％的與會者贊成讓盧泰愚做全斗煥的繼承人。

　　獨裁政治就是這樣可笑，最高領導人做出了決定，集體討論不過只是走走過場。當然，名義上還不能直接稱呼盧泰愚為總統接班人，他不過是一個黨派推出的總統候選人而已。而且，按照當時的形勢，修改憲法，改變總統選舉制度已經勢在必行，盧泰愚要想登上總統的寶座，還需要通過民意這一關。

　　一心一意力推盧泰愚的全斗煥開始為他造勢。1987 年 6 月，民主正義黨制訂了一份「民主化宣言」，內容包含了很多限制總統權力加強民主的改革措施，如修改憲法，將總統選舉

改為直接選舉，改組內閣，赦免被流放的金大中並允許他自由參政等。這樣一份限制獨裁、加強民主的改革計畫書，註定會受到反對黨和公眾的歡迎，甚至，連宣佈這份計畫書的人，都會被視為民主人士，獲得公眾的好評。

這個公佈民主化宣言的機會，就好比是一次公眾形象大加分的機會。如果這個發佈者之前並不為民眾所了解，那麼他會獲得完全正面的評價；如果這個發佈者此前是個人人痛恨的獨裁者，那麼他的形象也會大大好轉。

全斗煥雖然是個獨裁者，但也希望公眾對自己的觀感好一些。他知道這是自己的機會，但更是盧泰愚的機會。如果盧泰愚能夠借此樹立起正面的公眾形象，那麼他在總統選舉中獲勝的機率會大得多。

最後，全斗煥將加分的機會留給了盧泰愚。盧泰愚向著總統的寶座邁出了一大步。

有了全斗煥和民主正義黨的保駕護航，盧泰愚的競選過程非常順利。1987 年 12 月，盧泰愚在選舉中獲勝，成為韓國的新任總統。有人懷疑全斗煥在票數上做了手腳，但也只能是懷疑，沒有什麼能阻擋盧泰愚走向青瓦台的腳步。

青瓦台，這座藍瓦白牆的建築，向來便是大權所在之地。青瓦台建成以來，先後做過朝鮮王朝皇宮後園、日軍駐朝鮮總督官邸和日本投降後的軍政長官官邸，1948 年大韓民國成立以後，這裡成為總統官邸。

1988 年 2 月 25 日，盧泰愚入主青瓦台，全斗煥舉家搬

離。此時的全斗煥沒有想到，他這一走，就徹底遠離了韓國的政治中心。他沒能當上優哉遊哉的「太上皇」，卻變成遠離紅塵的「出家人」。

四‧「皇親國戚」的命運

俗話說，人走茶涼。全斗煥掌權時，他的親朋故舊犯下再大的罪行也有人幫著遮掩；等全斗煥下台了，這些人犯下的罪行就被揭露出來，曾經的「皇親國戚」也難逃法律的制裁。

第一個被審判的人是全斗煥的同胞弟弟全敬煥。他於1988 年 3 月被捕，8 月被判刑。全敬煥是「一人得道，雞犬升天」的典型，他做過軍人、警衛、保鏢和柔道教練，80 年代之前，還是個無名之輩。他的哥哥全斗煥上台後，他一躍成為威名赫赫的大人物。

1981 年 1 月，這位歷來靠體力吃飯的粗人，出任了「新村運動」中央本部的事務總長。一年後，他當上了「新村運動」會長。

「新村運動」是一個有官方背景的民間團體，成立於 20 世紀 70 年代，那時的韓國還處在朴正熙的掌控之下。朴正熙希望通過這個組織，加強農村的基礎設施建設，推動農村的整體發展。所以最初「新村運動」帶有很強的官方色彩，每年政府部門都會專門為「新村運動」撥款。這個款項用在很多方面，如修路建房、整治環境、發展文化事業、幫助孤寡老人等。按

照朴正熙的設想，「新村運動」的官方性質要逐漸淡化，最終成為獨立運作的民間團體。

全敬煥接手「新村運動」後，就把「新村運動」當成了搖錢樹。他想方設法把別人的錢弄到「新村運動」的帳上，再轉到自家的戶頭上。從這個角度看，全敬煥可以算得上是個「理財高手」了，他找到了很多門路，賺了個荷包滿滿。

全敬煥憑藉「皇親國戚」的特殊身份，把手伸向了各個領域和部門。各級官員們正求之不得，他們紛紛「慷慨解囊」，無論是公家財產還是私有物品，都毫不吝嗇地給了全敬煥，只求能靠上這棵大樹。因此，無論全敬煥走到哪，都有一群人巴結、逢迎，在與官員們的交流中，全敬煥的膽子大了起來。他不光向官員們伸手，還開始問商家大戶要錢。被全敬煥看中的商人們就不像官員們那麼痛快了，他們得罪不起全敬煥，只能乖乖地進獻財物，但心裡難免如割肉般疼痛。

為了撈錢，全敬煥想了很多把戲，什麼「集資」，威逼銀行向即將破產的企業貸款等等，一門心思只想賺錢，從來不講道德良心，也從不顧忌法律制裁。慢慢地，「新村運動」的勢力變大了，成了「政府中的政府」。全敬煥的胡作非為，惹起了民憤。

媒體將全敬煥的一些違法行為報導出來，希望能吸引公眾視線，給當局施加壓力。那時全斗煥還大權在握，有這棵大樹撐腰，全敬煥根本不怕調查。果然，司法部門忙了很久，懲治了幾個小人物就把案子結了。

全敬煥也知道自己是狐假虎威，全斗煥一下台，他就開始尋找退路。1988 年 3 月 1 日，即全斗煥離職後第 5 天，全敬煥與妻子悄悄前往日本，試圖躲避法律制裁。他們不敢張揚，用假名訂了機票，想偷偷地溜上飛機，不料在機場還是被人認了出來。夫妻倆提心吊膽，急急忙忙逃上了飛機。

全敬煥夫婦前往日本的消息，被媒體作為頭版消息報導了出來。韓國輿論頓時一片譁然，所有人都確信全敬煥夫妻的日本之行是有意逃避法律制裁。有的報紙將攻擊的矛頭指向了政府，指出全敬煥夫妻之所以能夠順利前往日本，是因為政府故意縱容他們。在野黨也給政府施加壓力，要求召回全敬煥，徹查他的違法行為。

盧泰愚很為難，他與全斗煥商量怎樣處理。迫於輿論壓力，全斗煥不得不同意

「大義滅親」，秉公辦理。全敬煥在日本躲了 20 天，返回了韓國。執政的民主正義黨立即發表聲明要徹查「新村運動」領導人涉嫌舞弊案，案件查清之前，禁止全敬煥離開韓國。

韓國總檢察廳迅速對案件展開了調查。3 月 29 日，總檢察廳正式傳訊全敬煥。全敬煥一開始負隅頑抗，拒不承認罪行，但是辦案人員經驗很豐富，他們巧妙地攻破了全敬煥的心理防線，打開了審查的缺口。

很快，總檢察廳收集到了必要的證據，3 月 31 日，全敬煥涉嫌「特殊經濟犯罪」被正式逮捕。同時，總檢察廳還逮捕了其他一些涉案人員，包括「新村運動」中央本部的前任經理

鄭章熙、宣傳部長文清、新聞社前總務部長黃興植,「社會體育振興會」前經理課長宣柱潤,福利機構「青松院」的理事金勝雄等人,還有全敬煥的兩個親戚。

隨後,總檢察廳公佈了一份調查報告,將全敬煥等人的罪行公之於眾。全敬煥在「新村運動」任職期間,先後173次挪用公款,貪污受賄的涉案金額高達78億韓元,合1040萬美元。有200多人參與了全敬煥的犯罪行為,其中63人犯罪證據確鑿被總檢察廳指控。1988年4月2日,該案全部相關涉案人員被起訴至法院。全敬煥一干人等受到了應有的懲罰。

該案案情重大,涉案人員眾多,但是司法部門僅僅用了5個月的時間就完成了偵察、起訴、初審的全部過程。這樣的辦事效率真是讓人忍不住嘆息,都說「牆倒眾人推」,眨眼間,前總統的影響力消失殆盡。

司法機關又迅速對其他全斗煥家族的成員展開調查。到1988年底,全斗煥的哥哥、弟弟、堂弟、岳父、外甥、妻叔等10多人相繼被總檢察廳審查,其中9人被判入獄。遮蔽在全斗煥權力大傘之下的罪惡,被一一揭露出來。

五‧向國民道歉的表演秀

1988年,全斗煥下台後,韓國人開始總結他任職期間的功過是非。民眾普遍認為,全斗煥從1979年政變成功以來,一直都在設法加強獨裁統治,他做過損害民主自由的事,做過

侵犯平民利益的事，唯獨沒做過幾件有益於人民的事。

　　人們清楚地記得，政變一結束，全斗煥就成立了國家安全立法委員會，並趁機架空了議會。從此，國家安全立法委員會成了韓國的最高權力部門，但這個部門只知道按照全斗煥的個人意願行事。

　　很快，公眾掀起了抗議獨裁制度的活動，有些報紙直接對全氏政權提出批評。全斗煥就授意他的立法部門頒佈《新聞法》，限制記者說話的自由。緊接著，他一聲令下，政府裁撤了一多半的新聞機構。韓國的新聞事業陷入了前所未有的低迷時期。

　　因為他這個命令，2/3 的新聞工作者失去了工作，全斗煥不放心，又下令制定了《基本勞工法》，其內容和宗旨與他國的勞工法截然相反，在他處，勞工法以保護工人權利為核心，全斗煥的這部勞工法卻是在想方設法限制工人的權利。

　　有人覺得全斗煥跟他的前輩朴正熙很相似，兩個人都是政變上台，實行獨裁。但朴正熙在職期間，雖然實行獨裁，也不忘發展經濟，他會關注民生，想方設法給韓國人創造更好的生活。

　　全斗煥就不一樣了，他發展經濟，是為了維護獨裁政權，他從不關心老百姓的生活，更不會為此做出努力。人們把全斗煥時代稱作是韓國現代史上最獨裁最專制的時期，一點也不為過。

　　1988 年，全斗煥下台了，緊接著，全斗煥的親戚接二連

三地走上了被告席，韓國人開始期待全斗煥被審的場面。但是，新政府卻不這麼想。執政黨民主正義黨和新總統盧泰愚都不願意在全斗煥的歷史問題上糾纏不休。尤其是盧泰愚，非常反對調查這些問題。

全斗煥的大部分罪行，如政變、「光州事件」等，盧泰愚都脫不了關係。甚至有人提到 1987 年總統大選中，因為全斗煥存在舞弊行為，也應該調查。盧泰愚當然反對，這直接牽扯到他的切身利益，說什麼也不能調查。

反對黨的態度正相反，他們希望徹底調查全斗煥的問題，尤其是曾經受到全斗煥打壓的金大中等人更是堅持。於是，就是否立案調查的問題，執政黨和反對黨在國會內展開了鬥爭。1988 年 4 月，金大中、金泳三和金鐘泌三人領導的在野黨聯合了起來，組成了反對黨聯盟，6 月，他們提出議案，要求調查「光州事件」。借助三個黨派聯合的力量，提案順利通過。國會成立了特別委員會，專門調查「光州事件」。

學生們也借助 11 月 3 日的「學生節」，舉行了大規模的示威活動。他們提出了「逮捕光州事件主犯全斗煥」、「嚴查全斗煥之妻李順子的腐敗問題」等要求，對當局施加壓力。同月，20 多個在野黨和政治團體也舉行示威遊行，要求政府逮捕全斗煥和李順子夫婦。

這一系列活動聲勢浩大，遍及漢城、大丘、光州、釜山等多個地區。有的示威者來到了位於漢城延禧洞的全斗煥私宅門口，群情激奮，局面一度混亂。政府派出了員警，卻導致了示

威者與員警的衝突。

抗議示威活動還在繼續發展，局面越來越難以控制。執政黨和盧泰愚終於認識到民意是無法壓制的，只好採取措施，他們推出了一套方案，打算「政治解決全斗煥時期後遺症」。

盧泰愚的方案其實就是「和稀泥」：全斗煥向國民道歉，並交出財產；國民就此放過全斗煥，再也不提以前的問題。全斗煥當然不願意接受，盧泰愚也幫忙做了些事，例如多次派人勸說全斗煥，自己也打去電話痛陳利弊。全斗煥看著抗議活動的規模越來越大，感到壓力越來越大，最終不得不接受了盧泰愚的安排。

1988 年 11 月 23 日，全斗煥通過電視發表了簡短的道歉聲明，他承認，曾經因自己的錯誤讓韓國進入了「黑暗時代」，他為此向所有國民道歉。他願意交出自己的全部財產和政治資金為自己贖罪，並從此隱居鄉間，不問世事。隨後，他公佈了個人財產和政治資金的情況。最後，他對著鏡頭向全體韓國人說：「各位國民，我實在罪不容恕。」電視聲明結束後，全斗煥夫婦馬上搬離了延禧洞豪宅，前往百潭寺開始隱居生活。

很多人至今對那個場面記憶猶新。全斗煥自始至終表情冷漠，沒有對記者多說一句話，也沒有接受記者提問。在宣讀道歉聲明的過程中，他沒有表現出多少真誠的歉意。整個過程更像是一場表演。不過，盧泰愚需要的無非也就是一場表演，他需要借此堵住民眾之口。

　　第二天，盧泰愚發表電視講話，懇切地請求公眾不要再繼續揪著全斗煥的歷史問題不放。他說：「全斗煥已經認識到了曾經的錯誤，也進行了公開道歉，以後，他還會為這些罪行承受很大的痛苦。」盧泰愚請公眾不要再堅持追究全斗煥的刑事責任，他說那是不公平的政治懲罰。同時他還表示，將儘快修改那些不利於民主的法律，為容易滋生腐敗的政治資金問題立法，竭盡所能地恢復民主政治。

　　為了安撫民眾的情緒，盧泰愚四處籠絡人心。他赦免了被全斗煥逮捕的政治犯，採取了一些措施，如恢復名譽、經濟補償等，對「光州事件」中的受害者進行彌補。

　　盧泰愚還調整了內閣的人員構成，變動了執政黨的領導團隊。原來的內閣除「動力資源部」和「國土統一廳」等4個部門的領導人沒有變動外，其他21個職位均由新成員擔任。這些新的內閣成員，有很多都是曾經備受排擠的人物，如新任內閣總理姜英勳，他曾經因為批評朴正熙，被冠以「反革命」的罪名下了大獄。

　　經過這些措施，盧泰愚平息了百姓的怒火，很多人同意放過全斗煥，不過也有人反對。以金大中為代表的反對黨指出，全斗煥用一紙輕飄飄的致歉書掩蓋了事實的真相。他們指出，全斗煥實際所擁有的財產數量，遠遠超過他所公佈的數字。他們仍然堅持要求徹查全斗煥的罪行，不能因為這場政治表演而中斷。

　　迫於反對黨的壓力，韓國檢察廳圍繞著幾個民眾意見較

大的問題展開調查:「日海財團」資金挪用問題、李順子貪污「育英會」公款問題、全斗煥父母墳地超過規定面積問題。

1989 年 1 月底,檢察廳公佈了相關調查結果 ──「日海財團」是全斗煥的智囊機構,它成立時,幾家大財團捐贈了一筆不小的款項,作為全斗煥的「政治資金」。這筆「政治資金」帳目清楚,沒有被挪為他用。李順子也沒有貪污過「育英會」的資金。她直接經手的資金有 374 億韓元,其中 2.69 億韓元被捐贈給了養老院,其餘資金悉數都交給了「育英會」。只有關於全斗煥父母的墳地的問題傳言屬實,據查證,墳地的面積確實超出了規定,構成了犯罪。不過,由於超出了訴訟時效,無法起訴。

這份調查報告顯示,全斗煥夫妻無罪。面對這樣的結果,在野黨憤怒了,他們認定這是執政黨的把戲,拒絕接受這樣的結果,並要求重新調查。執政黨拒絕了在野黨的要求。這時,國會特別委員會關於「光州事件」的調查還在繼續。在野黨期待著從這個地方為整個案件打開突破的關鍵點。

要查清「光州事件」,主要需要查清以下幾個問題:下達鎮壓命令的最高負責人是誰?現場執行的人是誰?執行過程是怎樣的?而要想弄清這些問題,需要得到軍方的配合,但是軍方拒絕協助。他們既不提供資料,也不出席國會組織的聽證會,甚至還威脅國會,要求馬上停止此案的調查。國會多次要求全斗煥出席聽證會接受調查,但是怎麼也請不動前總統的大駕,最後,全斗煥在 1989 年 12 月來到國會接受調查,但是他

沒有提供任何有意義的線索。

在 1990 年到來之前，國會宣佈結束對全斗煥的調查。

六‧隱居還是流放

1988 年 11 月 23 日，全斗煥發表完道歉聲明不到半小時，全氏夫婦按照當局的安排離開了延禧洞豪宅，開始他們的隱居生活。說是隱居，倒更像流放。

政府派來的小汽車就停在門口，上車前最後一刻，李順子放聲大哭，全斗煥表情僵硬，前來送行的民主正義黨代表尹吉童夫婦也沉默無語。沒有人知道他們心中作何感想。

全斗煥夫妻鑽進了汽車，車門「砰」的一聲關上了。接著小車駛離了漢城，向東走了 120 公里，來到位於群山中的百潭寺。寺廟的住持將全斗煥一行迎進寺中，全斗煥雙手合十，說：「我願在佛前日日禱告，懺悔執政時犯下的罪孽。」全斗煥選擇在百潭寺隱居，也是費了一番心思的。全斗煥同意遠離政治中心以後，當局為他提供了很多可以隱居的地點，包括一些療養院、私人別墅等環境幽雅、條件完備的地方。但是，全斗煥的謀士許文道卻為他推薦了條件艱苦的百潭寺。

百潭寺位於深山之中，背靠懸崖，面臨深谷，只有一條小路可供通行，只要守住這唯一的路口，便十分安全了。許文道建議說，百潭寺的生活很苦，這樣有利於博得公眾的同情。全斗煥覺得很有道理，便來到了百潭寺。

在百潭寺，全氏夫妻被安排到了一間 7 平方公尺（2 坪左右）的小房間，房間裡只有一張床、一張小書桌和一對沙發，沒有其他傢俱，也沒有電、自來水、暖氣等設施，條件十分簡樸。

　　寺廟的生活安靜平淡。每天一大早，全斗煥和妻子便起床了，他們要跟著寺裡的僧人們一起做早課。四點半左右，所有人來到正殿，一起念經拜佛。全斗煥表現地很虔誠，他每次都畢恭畢敬地向佛祖跪拜 108 回。

　　早課結束後，全斗煥往往會到住持的房間，跟住持一起談經論佛。到了七點半，他再回到僧人中間，與大家一起吃早餐。全斗煥沒有特殊待遇，吃的不過是些大豆、大麥做的粗糧。飯後，全斗煥的工作就是想辦法消磨時間。有時，他會到後院劈柴，有時會去食堂幫著燒火，更多的時候，他留在房間裡看書練字。他看的書大多是佛經，似乎只有佛經才能讓他保持心靈的寧靜。實在無聊的時候，全斗煥就會到附近其他寺廟去轉轉，他常去的一家寺廟位於 15 公里以外，步行往返並不輕鬆，但他在 100 天內去了 4 回。

　　也許是因為全斗煥少時家境貧寒，他很快就適應了這種樸素的生活。他早課每天必到，從不缺席；寺裡的粗茶淡飯，他也吃得津津有味。

　　李順子就不一樣了，她是將門之女，自幼錦衣玉食，哪吃過這樣的苦。一開始，她還堅持參加早課，但沒過多久，她就稱病不來了。李順子覺得百潭寺的生活條件非常落後，尤其

在衛生方面，簡直就像處在原始社會。比如，寺裡的廁所是用幾塊木板木條搭成的，四處透風。大冬天上廁所會凍得渾身發抖。洗澡就更不用說了，一個大木桶，一盆雪水，只能湊合著擦洗一下。

全斗煥夫妻上山的第三天，迎來了前來探望的女兒女婿。李順子一看到女兒，就忍不住痛哭起來，女兒看了父母的生活環境，也忍不住落下淚來。從此以後，全斗煥的女兒女婿便會經常上山，給父母帶些吃的、穿的，還有一些書籍。更重要的是，他們時常帶來外面的資訊。可能是為了避免聽到壞消息，也可能是為了避嫌，全斗煥上山後就閉門謝客，很少接見外人。大部分時間，他與妻子靜靜地生活在山林間。除了女兒女婿，常來拜會的只有一個許文道。

這位向全斗煥推薦了百潭寺的許公是個妙人，他每次上山都會帶些酒菜，與全斗煥對飲。兩人邊喝邊聊，一聊就是一個晚上，等酒喝完了，許文道就下山了。不過，1988 年底許文道離開了韓國，從此全斗煥的日子變得更加寂寞。

儘管全斗煥躲進了深山，但社會上要求懲罰他的聲音依然不斷。有的學生來到百潭寺外，向當局示威抗議，要求嚴懲全斗煥。全斗煥實行獨裁統治時，曾經鎮壓過一些佛教徒，此時他失勢了，卻躲進寺廟避難，這讓那些受到傷害的僧侶難以接受。一些佛教團體也發表聲明抗議，激進一些的人就直接來到百潭寺外，加入學生們的示威隊伍。示威人群來到了百潭寺山下的路口，被保護全斗煥的衛兵攔住了，雙方發生了衝突，混

亂中 18 名大學生和 4 名僧侶衝過了封鎖線，抵達了百潭寺門口。他們高喊著口號，要求將全斗煥夫婦從百潭寺驅逐出去。

為了平息人們的怒火，全斗煥在 1989 年 2 月 6 日開始了為期 100 天的靜修祈禱活動，為那些因為獨裁統治而無辜喪命的人祈福。5 月 16 日，百日靜修結束的當天，百潭寺舉辦了大型法會，法會上全斗煥淚流滿面地懺悔自己的過錯，祈求死者和所有韓國人的原諒。

全斗煥在百潭寺吃齋念佛、誦經祈福，慢慢平息了世人的怒火。1990 年 7 月，盧泰愚給全斗煥傳信，准許他離開百潭寺，但是不得回漢城。全斗煥在隱居的時間裡反復思考了過去的事情，覺得盧泰愚利用了自己。全斗煥認為，盧泰愚安排自己道歉，安排自己隱居，讓自己威風掃地，顏面無存，而盧泰愚卻趁機牢牢掌握了大權。因此，全斗煥給盧泰愚出難題，他說：「如果盧泰愚不來接我，我就不離開百潭寺。」盧泰愚只好做出讓步，也許是意識到了全斗煥的情緒，他還改口說允許全斗煥回到位於漢城的延禧洞豪宅居住。

全斗煥見好就收，也不跟盧泰愚鬧僵。1990 年 12 月 30 日，全斗煥終於再次回到了漢城。

七·逃不掉的世紀末審判

1993 年 2 月，盧泰愚的任期屆滿，金泳三當選為總統。金泳三本來是反對黨的領袖，1990 年，盧泰愚為了壯大執政

黨的力量,與兩大反對黨展開合作。合作以三黨合併的形式進行,盧泰愚領導的民主正義黨、金泳三領導的統一民主黨以及金鐘泌領導的新民主共和黨,三黨合併為民主自由黨,盧泰愚擔任總裁。這是個雙贏的結果。

1992 年下半年,總統大選即將開始,民主自由黨決定推金泳三為總統候選人。8 月,盧泰愚辭去了民主自由黨總裁的職務,由金泳三接任。隨後,金泳三當選為總統。1993 年 2 月 25 日,盧泰愚離開了青瓦台。

隨著盧泰愚的離職,反對黨掀起了新一波的抗議運動,再次強烈要求政府查處全斗煥的罪行。1995 年夏末,韓國國家大檢察廳開始調查「一二‧一二」政變和「光州事件」。反對黨們對這次調查充滿了信心,他們以為沒有了盧泰愚的干預,調查工作必然能取得成果。

然而,金泳三是被盧泰愚推上總統寶座的,對盧泰愚存了些感激之情。金泳三也明白,一旦徹查全斗煥,必然會牽連盧泰愚,弄不好自己也要跟著遭殃。因此,他有意無意地開始保護全斗煥。

在金泳三的授意下,國家大檢察廳的調查工作很快結束了。檢查當局做出了冠冕堂皇的解釋,指出軍事政變及「光州事件」的性質是權力運作,而非法律關係,因此不在法律的調整範圍之內,檢察機關無權審查。反對黨還是不死心,他們多次在國會提交議案,要求成立特別調查組,重新調查全斗煥的歷史問題。但是最終議案沒有獲得通過,罪惡繼續隱藏在重重

黑幕之後。可就在幾個月後,事情突然有了轉機。

1996 年是四年一度的國會議員改選年,為了在國會獲得更多的席位,韓國各政黨明爭暗鬥。1995 年秋,彼此間的競爭到了緊要關頭,政黨之間相互攻訐,不擇手段地打擊對手。10 月,國會議員朴啟東揭露,前總統盧泰愚曾經用假名在銀行開設帳戶,戶頭上存了數額巨大的秘密政治資金。韓國法律規定,銀行實行金融實名制,用假名存款是違法行為。

1995 年 11 月 16 日,韓國檢察機關逮捕了前總統盧泰愚。金泳三見形勢不妙,不敢再繼續袒護盧泰愚,11 月 24 日,金泳三表示將制定特別法案,依法重新調查「一二・一二」政變和「光州事件」的始末。

得知消息的全斗煥緊張起來,他馬上召集律師商量對策。律師想來想去,從憲法中找到了一條辯護依據。韓國憲法第十三條規定,法律不具有追溯既往事實的效力,任何人不得因此受到懲處。也就是說,新制定的法案只能對以後發生的事件產生效力,誰也不能依據 1995 年出台的法律懲罰 1995 年之前的犯罪行為,這叫做法不溯及既往原則。

全斗煥的律師發表了一項聲明,指出依據新制定的法案追究全斗煥的歷史罪行,是違反憲法的行為。如果當局這麼做,那便是金泳三的政治報復。律師說,國會早在 1988-1989 年調查過「光州事件」,而且已經結案,沒有必要再重新調查。盧泰愚的律師也配合地說,按照法律慣例,發動政變的人如果獲得了成功,那就不必受到懲罰。

　　要不要制定法律追究全斗煥和盧泰愚的歷史責任，成為一時的熱門話題。一些與全、盧二人關係密切的官員們極力反對，因為他們害怕自己受到牽連。學生們則極力要求懲處全、盧兩位前總統，他們舉行了示威活動，向當局施加壓力。一些法律界人士也對這個問題充滿了興趣，他們有的說應該懲罰，有的說不得追究，兩派展開了激烈的辯論，一時也分不出勝負，各有各的道理。

　　但是，政治上的事情，哪裡會在乎哪一方有理。剛才是甲有理，但風向一轉，便是乙更有理了。而那個時候，風向顯然已經轉到了「正義」的一邊。11月30日，檢察機關對外宣佈，重新調查全斗煥的歷史問題。

　　12月1日，漢城地方檢察廳傳訊全斗煥，全斗煥拒絕配合，他不但沒有去地方檢察廳配合調查，還召集了記者，在自己家門口召開了記者會。他重申了律師的說法：法律不應溯及既往，已經了結的案子不應該被重新調查；這是金泳三的政治報復。聲明中，全斗煥大肆攻擊了金泳三。在發表電視聲明後，全斗煥就離開了漢城。

　　聞訊後的金泳三勃然大怒，國家大檢察廳迅速領悟了總統的意圖，簽署了逮捕全斗煥的命令。負責執行的員警一刻也不敢耽誤，順著全斗煥的腳步追了上去。這一追就追出去了300多公里，一直追到了全斗煥的老家慶尚南道陝川郡。警方逮捕全斗煥的理由是他涉嫌謀劃軍事政變和下令鎮壓光州民主化運動。檢察部門對逮捕全斗煥做出這樣的解釋：「全斗煥拒絕配

合調查，我們不得不採取必要的法律程序。」

警方半夜抓捕了全斗煥以後，便隨即開始審訊。審訊持續了 11 個小時，卻沒有取得進展。法律規定，犯罪嫌疑人「有權保持沉默」，所以在絕大多數問題上，全斗煥都行使了沉默權。

審訊讓全斗煥身心俱疲。一連 300 多公里的奔波，緊接著11 個小時不間斷的審訊，就是年輕人也受不了，何況他還是個年過花甲的老人。為了給警方施加壓力，全斗煥開始拒絕進食。他斷斷續續的絕食持續了將近一個月，但是這些抵抗都無濟於事。

全斗煥被捕，對於韓國的政壇也有著不少的震盪，尤其在執政的民主自由黨內部更是由此引發了爭議。民主自由黨本是由三個政黨合併產生的，其中的民主正義黨與全斗煥關係非凡，全斗煥曾是民主正義黨的總裁，在黨內很有影響力。雖然三黨合併形成了新的黨派，但是很多原民主正義黨黨員依然效忠於全斗煥。全斗煥入獄後，這些人開始向民主自由黨的總裁金泳三提出抗議。緊接著，這些人從民主自由黨內分裂了出去。

1995 年 12 月 19 日，韓國國會通過了「五一八特別法案」，法案延長了「一二‧一二」政變和「光州事件」兩起案件的訴訟時效，為審判全斗煥和盧泰愚提供了法律依據。兩天後，檢察機關對全斗煥提出了指控，罪名包括特別受賄罪、軍事叛亂罪、非法調動軍隊等。

1996 年 3 月 11 日，韓國前總統全斗煥和盧泰愚因叛亂罪和內亂罪同時出庭受審。

1996 年 1 月 23 日，漢城地方檢察廳公佈了「一二‧一二」政變的調查結果，他們認定「一二‧一二」政變是一起「有組織、有預謀的內亂」。漢城地方檢察廳追加起訴全斗煥犯有內亂罪。同時，檢察機關還以內亂罪起訴了其他政變的參與者，其中就包括盧泰愚。

1996 年 2 月 26 日，法院第一次開庭審理全斗煥的受賄問題，全斗煥政權的罪惡逐漸暴露在陽光之下。經過 27 輪庭審，在同年的 8 月 5 日，法庭做出判決：判處全斗煥死刑，追繳 2205 億韓元的罰金。隨後，全斗煥向高等法院提出上訴，12 月 16 日，漢城高等法院做出終審判決，將死刑改為無期徒刑。

1997 年 12 月 22 日，全斗煥獲得金泳三總統的特赦，隨後被釋放回家。

法國大革命前夕的國王路易十四曾說：我死後，哪怕洪水滔天。事實上，不是所有人都有他這樣的好運氣，多數情況下，人還沒死，洪水已至。

第 10 被告 蘇哈托
——家族腐敗引火焚身

被 告 人：蘇哈托（Suharto）

國　　別：印度尼西亞共和國

身　　份：印度尼西亞前總統

被控罪名：盜用公款，濫用職權

刑　　罰：審判未果，病危之際，政府決定庭外和解

結案陳詞：人們在總結蘇哈托的腐敗倒台風波時，用了三個「三」字：三十多年穩若泰山，三個月騷動政變、三天土崩瓦解。蘇哈托在三十多年執政生涯中，領導印尼走向「自由穩定繁榮」的同時，也千方百計為自己以及家族瘋狂斂財，在印尼陷入東南亞金融風暴中不能自拔時，自己也一朝擱淺。人們看到了這三個「三」，卻看不到對於蘇哈托的審判到底需要多少個「三」才能夠罪證確鑿、水落石出！歷來很多國家對巨蠹的審判都是經年累月而難見分曉。人們將太多的問題留給歷史來說明，而歷史需要多久的時間才能卸掉這些重負？

一‧印尼「9‧30」政變

蘇哈托，被譽為印尼「發展之父」、「建設之父」，他在位 32 年間，帶領印尼走上了繁榮發展之路。他本以為自己的統治堅如磐石，卻不料在席捲東南亞的金融風暴中，他就像一片枯葉被輕輕吹落——曾經視他為「父」的臣民在 72 小時之內將他驅趕下台，並把他送上「世紀審判」的被告席。

究竟是什麼造成蘇哈托的命運突然脫離常軌呢？

1921 年 6 月 8 日，在印尼中爪哇日惹市格穆蘇村一個貧窮農家出生了一個男嬰，這就是蘇哈托，父母當時絕沒有料到這個普通的孩子若干年後會攪動印尼的乾坤。蘇哈托小的時候顯然也沒有意識到自己身上有什麼異稟，和別的農家孩子一樣，他經受了貧窮帶給人的種種磨難。勉強讀完中學後，父母就無力供他到普通大學繼續深造。無奈之下，蘇哈托轉投軍隊，到中爪哇昂望皇家荷印陸軍幹部學校學習。

印尼是一個多民族多宗教的千島之國。雖然排不上古國行列，但在西元 3 至 7 世紀也出現過一些分散的封建王朝，13 世紀末到 14 世紀初在爪哇一度建立了相對強大的「麻喏巴歇」封建帝國（Majapahit，明朝稱「滿者伯夷」）。但自此之後印尼就一直時運不濟，被強大的葡萄牙、西班牙、英國、荷蘭、日本輪番占領。

蘇哈托初步嶄露頭角就是在日本侵佔印尼的時候。1943 年，日軍占領印尼後，蘇哈托加入日占領軍的「衛國軍」。

1945 年 8 月，印尼宣佈獨立，蘇哈托遂轉投印尼人民保安軍，加入了印尼人驅逐日本的獨立之戰。

用「亂世造英雄」來形容蘇哈托並不過分。獨立戰爭以來，蘇哈托可謂千錘百鍊、身經百戰。他在槍林彈雨中，意志堅定地向前衝，衝出了累累戰績，也衝開了軍旅升遷之路：從連長、營長、團長、旅長到軍區參謀長，到將軍，蘇哈托一路高升。1963 年，蘇哈托升任陸軍戰略後備軍司令部司令，兩年後又兼任了戒備司令部副司令。

在多年的戎馬生涯中，蘇哈托不僅積累了豐富的作戰經驗，還磨礪了自己的性格和處世之道。在戰場上，不管遇到多緊急的戰況，蘇哈托都能沉著冷靜地處理，大有泰山崩於前而不動聲色的大將風範；他不莽撞，對於沒有把握的事情絕不出手，然而關鍵問題上又能果敢決斷。他對部下平易近人、關心體貼，頗得戰士的愛戴。這些優良的潛質為他後來 32 年政治生涯打下了牢固的基礎。

一直老老實實為部隊效力的蘇哈托，還沒萌生過從政的野心。但 1965 年的「9‧30」政變卻將他推上了印尼政治舞台。一切得從 1950 年印尼趕走了日本人，趕走了最後一個外國殖民者，建立了統一的印尼共和國開始追溯。那時，艾哈邁德‧蘇卡諾（Bung Sukarno）擔任印尼的第一任總統。

新生的印尼共和國在政治上顯然經驗不足。建國之初，蘇卡諾試圖在印尼實行西方的議會民主制。這種多黨的議會制度，使印尼的各種政治力量之間的矛盾與鬥爭日益激化，再加

蘇卡諾英俊瀟灑，擅於演說，他的革命激情極具感召力。他富於浪漫思想和愛心，曾把自己描繪為「一個偉大的愛人」。

上原本複雜的政黨矛盾、宗教矛盾、地方矛盾、軍政矛盾以及軍隊內部矛盾，統一後的印尼政局動盪不安。

顯然，議會民主制並不適合印尼。在這種情況下，蘇卡諾改變了印尼的政治統治形式，代之以「有領導的民主」。這種有領導的民主看似保留了議會民主的某些形式，事實上卻是總統獨攬一切大權。

在「有領導的民主」政治制度下，印尼共有三個大的黨派，他們分別主張民族主義、伊斯蘭教和共產主義。蘇卡諾將這三種主義融合為一個獨特的概念「納沙貢」（Nasakom）。然而「和諧」的表像下，互相對立的政治勢力總是不免要爭權奪利的。與此同時，軍隊勢力對印尼權力中心的滲透也越來越深。

20 世紀 50 年代末，蘇卡諾借助陸軍的力量來穩定政局。但自此之後軍隊並未撤出政界反而在政界扎根，形成了一支強大的政治力量。當時，印尼上至中央下至村社，都成立了與文官體制並行的「軍隊體制」，軍人集團就這樣將自己的勢力伸展到國家各級行政部門。這個現象被稱作「戰時掌權者當局」。這種現象在他國並不多見，是印尼的「特殊現象」。到 1958 年，印尼全國約有 80％的行政事務和企業都在軍人的掌控之下。軍人集團享有了前所未有的政治和經濟權力。這麼多

政治力量集合在一起，免不了矛盾不斷，紛爭也漸漸升級。最後，終於導致了 1965 年的「9‧30」流血政變。

而自蘇卡諾成功領導獨立運動以來，在外交政策上，也越來越向蘇聯靠攏。與此同時，蘇卡諾所在的印尼共產黨執政政府在中國共產黨的支持下發展得越來越蓬勃。在 1965 年，印尼共產黨的勢力已幾乎無處不在得到很多民眾支持。

印尼軍人在美國的協助下發動政變，企圖推翻蘇加諾總統。但他們的策劃行動被蘇加諾手下翁東（Letkol Untung）識破，於是蘇卡諾便策動反政變，派軍隊消除有參與行動的軍人。

1965 年 9 月 30 日午夜，蘇卡諾總統的衛隊營營長翁東中校突然發動政變，襲擊了陸軍司令雅尼和納蘇蒂安等 7 名將領的住所，並綁架了以雅尼為首的 6 名將領。翁東思想激進，從一開始，他發起的政變就被人懷疑和印尼共產黨有關，是共產黨背後操縱的結果。而這次政變也直接導致了號稱擁有 300 萬黨員的共產黨的覆滅。

政變者將被綁架的 6 名將領帶到了哈利姆空軍基地，隨後便占領了雅加達的電台和電報大樓，透過電台向全國人民宣佈，他們已經粉碎了「將軍委員會」的政變陰謀，並成立了「革命委員會」。

性格沉穩的蘇哈托拿出了他慣有在戰爭中的做派，先是按兵不動，待到將整個局勢了解清楚後，他才決定出手力挽狂瀾。6 名陸軍將領被綁架造成了陸軍領導層的真空，蘇哈托首

1965 年 10 月 6 日，蘇哈托（前排左二）與當時總統蘇卡諾總統衛隊司令沙布爾。

先接管了陸軍的領導權，並召開了作戰會議，派人負責總統蘇卡諾的安全。

第二天午夜，蘇哈托首先指揮軍隊占領了翁東控制的電台和電報大樓。然後，他在電台中向全國人民發表講話，聲稱在雅加達發生了反革命政變，政變者綁架了陸軍司令雅尼等 6 名將軍。此外，他還告訴國民說，蘇卡諾總統目前安然無恙，局勢已經被控制，陸軍領導權目前由他接管。

接著，蘇哈托指揮部隊攻占了政變者的基地——哈利姆空軍基地。就這樣，印尼「9‧30」政變只持續了一天便被控制，從頭至尾，蘇哈托將局面控制得遊刃有餘。也就是那時，印尼人民從電台中第一次聽到蘇哈托的名字，他們將這位力挽狂瀾的副司令視為大英雄。

一時間，蘇哈托的在印尼民眾心目中的地位一下子高大起來，民眾對其的擁戴程度甚至超過了在政變一開始便躲起來的總統蘇卡諾。

二・蘇哈托時代的到來

「9・30」政變發生一個月後，發起政變的翁東被捕並被判處死刑。

蘇哈托在這次政變中充當了「挽救大局」的英雄角色，在印尼民眾心中的威信迅速上升。起初，他還顧及著蘇卡諾的地位，謙遜地稱自己是他的「忠實執行者」。然而在印尼人民心中，蘇卡諾的地位明顯降低了。

政變後，印尼全國範圍內掀起了反共浪潮，人們要求政府將共產黨清除出內閣，這受到了蘇卡諾的阻撓——有社會主義傾向的蘇卡諾不願意破壞包含共產主義的「納沙貢」概念。於是，民眾很快將矛頭便指向了蘇卡諾。

雅加達的大學生在街上遊行示威，喊著要「蘇卡諾辭職」。無奈之下，蘇卡諾應右派的要求對內閣作了改組，但改組後的內閣中仍然有不少左翼人士。右翼並不滿意，社會上也因此再度出現了騷亂。

印尼時局的動盪也牽動了另一國家的神經，那就是美國。地處東南亞戰略交通要道的印尼，其地理位置十分特殊，因此美國是不可能容忍一個社會主義國家在這裡出現的。偏向社會主義的蘇卡諾顯然不是美國眼中的「朋友」，此時印尼的動盪讓他們看到了一個機會。正是在那個時候，蘇哈托對總統的態度也發生了轉變，於是，很自然地，蘇哈托成了美國眼中的合適人選，他們決定支持蘇哈托。

蘇哈托開始向總統「逼宮」，他親自到雅加達獨立宮，勸說蘇卡諾徹底改組內閣，並解散印尼共產黨。不過，蘇卡諾並沒有買蘇哈托的帳，他斷然拒絕了。碰壁後的蘇哈托並沒有死心，他開始對蘇卡諾採取軟硬兼施的策略。他一方面派軍隊包圍了獨立宮，以武力威脅總統，一方面讓蘇卡諾的家人和好友勸說蘇卡諾把權力移交給自己。

一時間蘇卡諾陷入內外交困的局勢，不得已簽發了一份《命令書》。《命令書》的內容包括有授予蘇哈托以總統的權力，可採取一切有必要的措施來維持治安和社會穩定，確保政府的正常運轉。《命令書》的簽發，意味著印尼最高權力的移交，蘇卡諾的地位已經名存實亡，他的「武裝部隊最高司令」、「偉大的革命領袖」等稱號已經失去了實際意義，國家實權落入蘇哈托的手中。

握有實權的蘇哈托，做的第一件事就是清除共產黨。他解散了印尼共產黨，將共產黨驅逐出內閣，代之以支持新秩序的人物。蘇哈托還頒佈了一系列的政策和措施，在最大限度上禁止馬克思列寧主義和共產主義在印尼的傳播。

蘇哈托做的第二件事便是對付原總統蘇卡諾。他不允許蘇卡諾保留「終身總統」和「偉大的革命領袖」的空頭銜，迫使臨時人民協商會議撤銷了這些頭銜。此外，蘇哈托還專門召開會議，要求蘇卡諾向會議報告他在「9·30」政變前後的所作所為。蘇哈托指責蘇卡諾背棄國家和民族利益，保護印尼共產黨的領導人。

這一系列事件，使蘇哈托的地位和權力得到了大大的加強。1967 年 3 月，在臨時人民協商會議特別會議上，蘇哈托順理成章地被選為總統。從那一刻起，印尼正式進入到了蘇哈托時代，而且這一時代整整持續了 32 年之久。

　　蘇哈托在接手總統職位時，印尼各方面情況都不容樂觀。在政治上，各地區分離傾向嚴重、動亂此起彼伏；而在經濟上，印尼負債累累，通貨膨脹率高於 60％，國民平均收入才 89 美元。蘇哈托深知，只有政局穩定了，才能為經濟發展創造安定的空間。他首先要做的事就是設法保持政局的穩定。

　　「9‧30」政變的發生就是政治力量分散的結果，蘇哈托吸取了這個教訓，反其道而為之，加強了對權力的集中。為此，他一手打造了兩個強有力的統治工具，那就是由他領導下的軍隊和他培植的政黨集團。

　　為了更有效地掌握軍隊，他對軍隊體制進行了一系列的改革。他取消了握有實權的三軍司令，代之以沒有作戰職能的參謀長；把全國劃分為幾個防區，由各防區來統管三軍部隊；還規定由武裝部隊司令也就是他本人或副司令直接調遣三軍和員警部隊，沒有蘇哈托本人的命令，任何人不能以任何原因調動部隊。而這個副司令人選，蘇哈托特意選擇了龐加貝安——一個即將退役、在軍中沒有任何威信的人。如此一來，這個副司令的位子其實就是個虛設，享有對軍隊、員警部隊調度權的只有蘇哈托一個人。

　　即使是這樣，蘇哈托還不放心，他從來不讓一個軍人長期

擔任某一職務，越是高級軍官，職位更換就越發頻繁。這樣任何軍官都不可能有機會發展自己的勢力。

高級軍官頻繁更換還有利於蘇哈托隨時清除異己分子，安插忠於自己的人選。1988 年，蘇哈托連任第五屆總統時，把曾是自己助手的蘇特里斯諾陸軍上將提升為武裝部隊總司令；1990 年，蘇哈托委任他的連襟阿里斯木曼塔爾少將為戰略後備司令，委任自己的副官古納爾托為員警總長。

蘇哈托把自己的親信和親屬安排在軍隊關鍵的職位上，有助於和軍隊中的反對派抗衡的作用。1980 年，為了使軍權更加集中，蘇哈托先後組建了「特種預備隊」、「全國戰略司令部」和「陸軍戰略後備司令部」，以便及時平息暴亂和執行緊急任務。

在蘇卡諾時代，軍人任職於各行政機構的現象相當普遍。在蘇哈托時期，為了鞏固軍隊統治機器，蘇哈托更是把這種「印尼特色」發揮到了極點。蘇哈托的副總統就是一位退役陸軍上校，而掌控各級政府要職的也是軍人。

為了讓軍人參政的模式長久地延續下去，同時也便於由自己領導的軍人掌握立法權力，蘇哈托將軍人參政、執政的慣用做法進行了立法保障。他以法律形式規定軍人在立法機構中的比例。這樣，在立法機構中的軍人數量就遠遠地超過了在野黨的議員，立法權的歸屬顯而易見。1982 年印尼國會就通過一個法律，規定軍隊不僅是一個軍事力量，還是社會力量。

蘇哈托以控制軍隊、軍隊參政的方式保證了各個重要職位

都被自己的力量占據，同時他還不放棄對基層社會力量的掌控。

「9‧30」政變發生後，蘇哈托借機消滅了共產黨和左翼勢力。而對於其他政黨，蘇哈托採取了簡化的方式。蘇哈托將印尼的十多個政黨強行劃分為兩個集團。一個集團由屬於伊斯蘭勢力的伊斯蘭黨教師聯合會、印尼穆斯林黨、印尼伊斯蘭教聯盟和白爾蒂伊斯蘭教黨組成；另一個集團裡是非伊斯蘭教的政黨，如印尼民族黨、印尼基督教黨、天主教黨、平民黨和印尼獨立擁護者聯盟。

他強令這兩個集團在「精神勝於物質」和「物質優於精神」當中，選擇一個作為自己的宗旨。選擇了精神的伊斯蘭教政黨組合被命名為建設團結黨；而選擇了物質的非伊斯蘭教黨派則被稱為印尼民主黨。透過對這些政黨的簡化，蘇哈托達到了約束、控制他們的目的。

在削弱別的政黨的同時，蘇哈托加緊發展、壯大自己所控制的「專業集團」。他的專業集團裡包括了所有政府公務人員、國營企業人員，這些人都是通過內務部和各級地方行政機構被拉入集團的。蘇哈托自任集團中央指導委員會主席，在他的領導下，集團組織非常健全，並成長為印尼覆蓋面最廣、人數最多的准政黨組織。專業集團雖然是個准政黨組織，卻常常凌駕於另外兩個正式的政黨之上，成為以蘇哈托為首的軍人勢力的選舉機器。

歷屆選舉中，集團所得的票數均超過 60％，它的主宰地

位可見一斑。集權政治儘管是可怕的，但事實證明，至少在那一時期，集權比民主議會制更適應印尼，印尼的政治漸漸穩定了下來，蘇哈托得以全心發展經濟。用蘇哈托自己的話來說，印尼走出了「玩弄政治的時代」，進入了「建設時代」。不得不說，軍人出身的蘇哈托不僅善於抓權，他還是一個實業家。

為了迅速奠定印尼經濟騰飛的基礎，蘇哈托減少了財政開支，緊縮信貸，依靠外援來發展經濟，控制通貨膨脹。這些措施的實施收到了較好的效果，印尼很快擺脫了經濟停滯的泥潭，經濟快速增長。

蘇哈托當政後，印尼經濟一直以 6.5％至 7％的比例增長，1996 年的經濟增長率達到了 7.8％。印尼人民的生活水準也迅速提高，貧困人口從 1970 年的 60％下降到 1990 年的 15％，國人 GDP 從 89 美元上升到 1300 美元，印尼一躍成為中等收入國家。

印尼人感激蘇哈托所做的一切，贈予他「發展之父」、「建設之父」等美稱。這時的蘇哈托志得意滿，如駕雲端，他怎麼會料到自己有被趕下台的一天呢？

三‧世界上最富有的家族

獨裁和腐敗是孿生兄弟。專斷的統治手法和過長的統治時間，使得蘇哈托以及他家族的腐敗問題也不可避免地存在著。在 32 年的統治中，蘇哈托已經逐步在印尼建立了一個以家族

為中心的政治、經濟、軍事網路，印尼赫然就是蘇哈托的家天下。

蘇哈托的家人長期掌控印尼的國家經濟命脈。他們手下有數百家企業，從銀行業、百貨公司到航運、船運無所不包，全部都是盈利極高的企業，為此家族財富達 400 億美元之高。在《富比士》雜誌中，蘇哈托曾在世界富人榜中排名第四，資產達 160 億美元。

蘇哈托的長女西蒂（Siti Hardiyanti Hastuti）連續幾屆當選為國會議員，曾幾次參加過副總統候選人的競選。她還曾任印尼國家社會事務部長，長期把持馬爾加公司——印尼主要的收費公路公司。長子薛狄（Sigit Harjojudanto）是印尼最大的汽車製造公司——阿斯特拉國際公司最大的股東。次子巴姆班（Bambang Trihatmodjo）是印尼比曼塔拉聯合大企業的主席，印尼的電視業、房地產業、建築業、酒店服務業、電信業都在他的控制之下。

次女凱迪蒂（Siti Hediyati Hariyadi）握有印尼多家銀行和建築公司的股份，此外還擁有印尼工業銀行 8％的股份。三子胡多莫（Hutomo Mandala Putra）是印尼國會議員，印尼的石化業被他壟斷，他還擁有一家航空公司和一家汽車公司，是安德羅美達銀行的董事會主席，掌管著印尼製造香菸的丁香供應公司。三女胡塔美（Siti Hutami Endang）壟斷了印尼海水浴場開發公司的大部分股份。蘇哈托的妻子控制印尼的公共工程公司，享有公司 10％的股份，因此她又被稱為「10％夫

人」。

除了蘇哈托家人的個人產業外，其家族還控制著全國70多個基金會。這些基金會雖然名目繁多，但都打著賑濟窮人、孤兒、殘疾人、幫助貧困子女上學等幌子。這樣一來，這些基金會便可以名正言順地享有免稅優惠，並且不需要對外公開自己的財政收支情況。蘇哈托把這些基金會當作自己的斂財聚寶箱。他通過各種政令、法規的形式，規定印尼的企業每年必須向基金會繳納扶貧資金。

對於年收入超過1億印尼盾的公司和企業，蘇哈托則要求他們將收入的2成以上交給指定的基金會。國家公務員也不能倖免，他們每年都需要向基金會捐款。當然，這些千方百計斂來的資產並沒有用於賑濟窮困殘疾人士，而是全被收入到蘇哈托家族的囊中——蘇哈托家族用這些資金來購置土地、買股票或者借給親朋好友辦企業等。

一人得道，雞犬升天。蘇哈托長達32年占據印尼高位，連他的親戚和密友都跟著飛黃騰達了。蘇哈托的堂弟卡特莫諾就控制著外國電影的進口權，還兼任一家龐大的水泥集團公司的總經理。

印尼前副總統哈達曾經說過，貪污是印尼生活的一部分，蘇哈托則把貪污擴大化、合法化了。蘇哈托家族通過長期的高度壟斷和巧取豪奪，成了世界上最富有的家族之一。該家族大部分財產已經被轉移到了國外，特別是瑞士。

對於蘇哈托家產的實際數額是眾說不一。據印尼檢察方通

過對於 7 家國家銀行、8 家外國銀行調查後，宣佈蘇哈托的存款在 310 萬到 1000 萬美元之間。

盛極而衰是亙古不變的道理。況且這個「盛」還是不得人心的。正當蘇哈托家族的財產像滾雪球似的越滾越大的時候，印尼的經濟卻走向衰落萎縮。一個巨大的陰影開始籠罩在蘇哈托家族的頭上。

1997 年 7 月，泰國因放棄固定匯率制，實行浮動匯率制，導致泰銖急速滑落，引發了一場橫掃東南亞的金融風暴。東南亞各國都受到極大的衝擊，其中以印尼最甚。

1998 年，東南亞的金融危機演變成亞洲金融風暴，印尼再受衝擊，經濟急劇衰退。一時間，印尼盾和美元的匯率由 1997 年初的 2400 比 1，驟然下降到 1.7 萬比 1，國內失業人數上升到 3300 萬，占印尼全國 9000 萬勞動力的三分之一有餘，國民平均收入也從 1997 年的 1055 美元，下降到 1998 年的 400 美元左右。

東南亞的經濟危機，將印尼國內自由、穩定、繁榮的金玉外表掩飾之下的社會敗絮暴露無遺。

印尼多年來的經濟發展是有沉重代價的。印尼市場體制發育不成熟，資源配置極度不均衡，社會資產集中到蘇哈托家族等少數人手中。這種體制下的快速發展導致了印尼的泡沫經濟，這種經濟一旦遭受到來自外界的衝擊，就會漏洞百出，一朝坍塌。

在東南亞經濟危機的衝擊下，印尼 30 多年持續發展的成

一批印度尼西亞大學生聚集到雅加達南部的首席檢察官辦公廳舉行示威抗議活動，要求當局迅速查清並處罰印尼前總統蘇哈托貪污一案。圖為學生憤怒攻擊辦公廳大樓的情景。

果頃刻間煙消雲散，其外債總額接近 1400 億美元。印尼人民，尤其是中下層民眾生活水準驟降，生計艱難。正當此時，蘇哈托的獨裁統治、裙帶政治、腐敗統治、官商政治的弊端也完全暴露出來，成了眾矢之的。人們早已對蘇哈托以及其家族的腐敗行為怨聲載道，積怨已久。經濟危機的衝擊將人們最後的一絲忍耐都沖掉了。

1998 年 2 月，當已經年邁的蘇哈托再次當選為印尼總統時，民眾積壓已久的不滿情緒終於爆發出來了。

反對蘇哈托的抗議活動以青年學子為先頭軍。他們走上街頭舉行遊行示威，要求蘇哈托下台。學生的活動得到了社會各界的廣泛呼應，社會上形成了一個龐大的反對派。人們要求蘇哈托下台，呼籲儘快結束蘇哈托的獨裁和腐敗統治。

在蘇哈托當選總統 3 個月後，印尼首都雅加達爆發了大規模抗議活動。抗議活動中，學生和軍警發生衝突，6 名學生被軍警開槍打死。此事一出更加劇了印尼的社會矛盾，雅加達在此後的幾天內發生了嚴重的騷亂，騷亂中有 500 多人死亡，無數商店被焚毀。

為了平息平民的不滿，緩解社會矛盾，蘇哈托政府決定分別將燃油和電價降低 8.33％和 20％，並免費向市民發放生活必需品，疏通蔬菜供應管道。此外蘇哈托還通過印尼國會議長、人民協商會議主席哈爾莫科向民眾表示，他將應國民的要求改組內閣。

　　在蘇哈托的積極調解之下，局勢漸趨平緩。然而就在此時，蘇哈托控制的專業集團內部一個主要派系——柯斯哥洛派突然跳出來反對蘇哈托，使形勢急轉直下。

　　1998 年 6 月，柯斯哥洛派首腦發表聲明，要求蘇哈托放棄國會對其託付的總統職權，並且說如果蘇哈托不願意和平下台，他們就必須迫使蘇哈托就範。專業集團是蘇哈托苦心經營數十年的政治機器，多年來一直支持蘇哈托，使他在選舉中獲得多數票數而穩坐獨立宮這麼多年。蘇哈托萬萬沒有想到，就在自己最危急的時候，這個政治機器忽然出現嚴重的分裂，從背後給了蘇哈托致命的一刀。

　　蘇哈托很快體會到了牆倒眾人推的滋味，反對派趁機滋事挑釁。回教社會運動的領袖賴斯明確表示支持學生提出的經濟與政治改革。賴斯呼籲反對黨要團結一致，並為此成立了一個「人民議會」，該議會包括了 56 個著名反對派人士。

　　1998 年 5 月 18 日，在印尼國會上，長期忠於蘇哈托的國會議長哈爾莫科也臨陣倒戈，他呼籲總統要為這次暴亂引咎辭職，哈爾莫科還要求重新選舉總統。

　　學生抗議得到了社會各界的支持，聲勢越來越大。5 月 19

日，15000多名大學生聚攏在雅加達的國會大樓周圍，他們宣誓要為改革而死。示威活動從白天持續到深夜，學生們久久不願散去。軍方這次出乎意料地對學生示威採取了容忍的態度。一則是因為他們不願意看到上次槍殺學生的慘案再次發生，二則中下階層的軍人飽受經濟蕭條之苦，不願意再為蘇哈托賣命了。

事情發展到這一步，很明顯，蘇哈托已經失去了自己兩大政治機器——軍人集團和專業集團的支持，還受到了來自印尼社會各界的普遍反對。蘇哈托沒有想到自己苦心經營了30多年，自以為堅若磐石的統治基礎崩潰於一時。

蘇哈托已無回天之力。他只好做出妥協，公開承諾將要儘快舉行新一屆的大選，而且自己不再連任，新任總統將由議員和其他人士組成的特別議會指派。為了獲取人們的諒解，蘇哈托還解除了包括女兒西蒂在內的6名部長的職務。

蘇哈托的辭職並沒有結束該國動盪騷亂的局面。當各個國家在為填補權力真空而明爭暗鬥之際，混亂在全國蔓延開來。圖為暴亂的一角。

然而蘇哈托此時才做出這種悔過的舉動，為時已晚。民眾長期飽受獨裁統治之苦，壓抑已久的怒火一旦爆發，就斷然無法輕描淡寫地被蓋上。

5 月 20 日，印尼又發生了以反對派為首的 70 萬人的大遊行，人們發誓要推翻蘇哈托的統治。印尼不再需要蘇哈托了，蘇哈托這位鐵腕人物在眾叛親離的情勢下，只好於第二天宣佈正式辭職，黯然下台。

用一個政治學家的話來說，蘇哈托在印尼的統治 32 年都沒發生任何變化，但卻在短短的 3 天之內，一切都變了。

四．無疾而終的「世紀審判」

蘇哈托下台後，印尼民眾極力要求對蘇哈托家族的經濟活動展開司法調查，把蘇哈托家族的巨額財富歸還印尼。他們甚至喊出「審判蘇哈托」、「絞死蘇哈托」的激烈口號。

11 月 10 日，印尼舉行人民協商會議特別會議時，數十萬印尼人聚集在雅加達國會大廈周圍，要求徹底清除腐敗，將調查蘇哈托財產的工作安排列入會議日程。印尼反蘇哈托的勢力原來準備等形勢正常後，再以適當方式和法律程序處理蘇哈托的貪污問題。眼見印尼民眾要求調查的心情如此迫切，國會和人民協商會議特別會議便順應民眾要求調整了安排，把調查蘇哈托家族財產提上了日程。

蘇哈托在位 32 年來通過各種方式非法斂得的資產數額非常巨大，對於他的調查因而吸引了全世界關注的目光，人們稱其為「世紀審判」。

其實早在 11 月印尼人民協商會議特別會議召開之前，印

尼政界已經開始著手處理蘇哈托的資產問題。6月，印尼在野黨建設統一黨分別致信瑞士、奧地利、德國、英國、荷蘭、新西蘭、新加坡、汶萊、美國等國家首腦和政府相關部門，要求他們協助凍結蘇哈托家族存在那裡的資金和不動產。此時蘇哈托還公開否認自己任職期間非法斂財，否認自己在外國有存款，還故作姿態地說歡迎對他的資產問題進行合法調查。

印尼司法機關採用迂回戰術，先從蘇哈托的朋友和家族其他成員開始著手調查清理工作。7月，蘇哈托的親戚和家族成員全都從人民協商會議和印尼國會中被清除出去，他們在全國上市公司中擔任的所有職務也被免去。9月，印尼最高檢察長穆罕默德、司法部長穆拉迪宣佈，前總統蘇哈托一旦被裁決犯有瀆職罪或濫用職權罪，將難逃法律的制裁。為此，政府建立了第二個工作小組，調查蘇哈托的海外資產。兩個月後，印尼新政府成立了一個專門調查機構，負責清查蘇哈托本人的腐敗情況。

隨著調查工作由外向內漸漸縮小，蘇哈托家族的腐敗行為也漸漸露出端倪。與此同時，印尼的一些知名人士、律師、企業家、知識份子成立了一個委員會，專門調查蘇哈托的非法活動。他們查得蘇哈托的次子巴姆班、女婿英德拉魯馬納、幼子胡多莫一系列貪污舞弊黑幕，並給予了初步的制裁。

1998年12月，印尼最高檢察院針對蘇哈托的財產問題以及貪污、官商勾結等問題，向蘇哈托第一次發出了接受調查的傳票。9日，蘇哈托在長達4個小時的聆訊中，回答了40多

個問題。然而在回答過程中，蘇哈托自始至終極力否認對他的所有腐敗指控，檢察機關沒有得到任何實質性的結果。由於蘇哈托及其家屬的不配合，調查工作進行得非常緩慢。

1999 年 10 月，印尼代理總檢察長宣佈，由於之前的調查缺乏足夠的證據，他已經下令撤銷對前總統蘇哈托盜用公款和濫用職權的調查。這一宣佈等於表明檢察機關對於蘇哈托不再追究，自然引起了國會議員和民眾的強烈不滿。

習慣以騷亂表達和宣洩不滿的印尼人再度製造了一系列的騷亂，印尼局勢一度進入動盪狀態。12 月，面對壓力，印尼新政府只好宣佈重新開始審理蘇哈托案件，並於 2000 年初將蘇哈托定為犯罪嫌疑人。

2000 年 2 月，由於印尼森林部秘書長蘇集多的揭發，蘇哈托腐敗案的調查出現了轉機。在印尼總檢察署，有蘇集多提交的關於蘇哈托家族及其朋黨涉及貪污的證據。這些證據能夠證明蘇哈托長女西蒂、弟弟普羅博蘇特（Probosutedjo）、次子巴姆班、親戚哈芯、妻舅蘇維卡莫洛等人以不正當的

在蘇哈托 79 歲生日當天，印尼學生在總統府前示威，要求立即將涉嫌貪污的蘇哈托送入監獄，學生們再度與官方安全部隊發生衝突。圖為在衝突後，幾名防暴警察正在踢打一名示威的學生。

313

手段借貸或濫用森林部的款項和資產。

2000 年 3 月，印尼最高檢察官員據此向蘇哈托又發出了兩次傳喚，但均被蘇哈托以患病為由拒絕了。於是，印尼總檢察院於 4 月對蘇哈托開始實行軟禁，軟禁一直持續到了 7 月 11 日。

在蘇哈托被軟禁期間，海外調查也傳來了令人振奮的消息，調查機關發現了蘇哈托家族藏匿在歐洲和美國一部分數目可觀的財產。7 月，印尼檢察機關沒收了蘇哈托位於西爪哇的一座別墅以及雅加達南區的一棟基金會辦公大樓。一個月後，最高檢察院對蘇哈托正式提出起訴，起訴書和相關材料長達 3500 頁。

「全球第一巨貪」蘇哈托因病情惡化，多次緊急入住醫院。圖為其受害者在醫院門口要求將他繩之以法。

接下來的兩個月裡，法院連續三次開庭審理蘇哈托腐敗案，但每一次蘇哈托都託病缺席，審判也因此無法開展、不了了之。之後的很長一段時間，印尼司法機關除了懲處了蘇哈托的幾個親屬和密友的一些腐敗案件外，對於蘇哈托本人的審理依然沒有任何實質性的進展。

　　蘇哈托統治印尼長達 32 年，是世界上任職時間最長的民選總統。在印尼，從中央到地方，從商界到軍界，都有蘇哈托一手提拔的人選。這層層疊疊的關係網恐怕是蘇哈托一案進展緩慢的主要原因吧。

　　2008 年 1 月，蘇哈托再次因病住院，這一次再也沒有出來。蘇哈托病危之際，印尼司法部長宣佈，政府已就有關前總統蘇哈托涉嫌貪污的指控，與蘇哈托家人庭外和解。蘇哈托病逝後，其長女呼籲人們原諒蘇哈托生前所下犯下的任何過錯。

　　別了，獨裁者蘇哈托，雖然這種方式無論對民眾，還是對蘇哈托來說，都有些過於落寞，但人既已死，也只能如此告別。

世紀大審—從權力之巔到階下之囚

作　　　者	李濤 編著
發 行 人	林敬彬
主　　　編	楊安瑜
編　　　輯	蔡穎如
美 術 編 排	帛格有限公司
封 面 設 計	Chris' Office
出　　　版	大都會文化　行政院新聞局北市業字第89號
發　　　行	大都會文化事業有限公司
	110台北市信義區基隆路一段432號4樓之9
	讀者服務專線：(02)27235216
	讀者服務傳真：(02)27235220
	電子郵件信箱：metro@ms21.hinet.net
	網　　　址：www.metrobook.com.tw
郵 政 劃 撥	14050529 大都會文化事業有限公司
出 版 日 期	2009年4月初版一刷
定　　　價	250元
I S B N	978-986-6846-63-2
書　　　號	Focus-006

Metropolitan Culture Enterprise Co., Ltd.
4F-9, Double Hero Bldg., 432, Keelung Rd., Sec. 1,
Taipei 110, Taiwan
Tel:+886-2-2723-5216　Fax:+886-2-2723-5220
E-mail:metro@ms21.hinet.net
Web-site:www.metrobook.com.tw

＊本書由北京智美利達文化傳播有限公司授權繁體字版之出版發行。

國家圖書館出版品預行編目資料

世紀大審：從權力之巔到階下之囚. / 李濤 編著.
-- 初版. -- 臺北市：大都會文化, 2009.04
　面；　公分. -- (Focus；6)

ISBN 978-986-6846-63-2 (平裝)

1.元首　2.國際政治　3.世界傳記

781.057　　　　　　　　　　　98004172

世紀大審
從權力之巔到階下之囚

北 區 郵 政 管 理 局
登記證北台字第9125號
免　貼　郵　票

大都會文化事業有限公司

讀　者　服　務　部　　　　收

110台北市基隆路一段432號4樓之9

寄回這張服務卡〔免貼郵票〕
您可以：
◎不定期收到最新出版訊息
◎參加各項回饋優惠活動

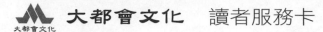

大都會文化 讀者服務卡

書名：**世紀大審**—從權力之巔到階下之囚

謝謝您選擇了這本書！期待您的支持與建議，讓我們能有更多聯繫與互動的機會。

A. 您在何時購得本書：_____年_____月_____日

B. 您在何處購得本書：_____書店，位於_____(市、縣)

C. 您從哪裡得知本書的消息：

　　1.□書店　　2.□報章雜誌　　3.□電台活動　　4.□網路資訊

　　5.□書籤宣傳品等　　6.□親友介紹　　7.□書評　　8.□其他

D. 您購買本書的動機：（可複選）

　　1.□對主題或內容感興趣　　2.□工作需要　　3.□生活需要

　　4.□自我進修　　5.□內容為流行熱門話題　　6.□其他

E. 您最喜歡本書的：（可複選）

　　1.□內容題材　　2.□字體大小　　3.□翻譯文筆　　4.□封面　　5.□編排方式　　6.□其他

F. 您認為本書的封面：1.□非常出色　　2.□普通　　3.□毫不起眼　　4.□其他

G. 您認為本書的編排：1.□非常出色　　2.□普通　　3.□毫不起眼　　4.□其他

H. 您通常以哪些方式購書:(可複選)

　　1.□逛書店　　2.□書展　　3.□劃撥郵購　　4.□團體訂購　　5.□網路購書　　6.□其他

I. 您希望我們出版哪類書籍：（可複選）

　　1.□旅遊　　2.□流行文化　　3.□生活休閒　　4.□美容保養　　5.□散文小品

　　6.□科學新知　　7.□藝術音樂　　8.□致富理財　　9.□工商企管　　10.□科幻推理

　　11.□史哲類　　12.□勵志傳記　　13.□電影小說　　14.□語言學習（_____語）

　　15.□幽默諧趣　　16.□其他

J. 您對本書(系)的建議：

_____

K. 您對本出版社的建議：

_____

讀者小檔案

姓名：_____　性別：□男 □女　生日：____年____月____日

年齡：□20歲以下 □21～30歲 □31～40歲 □41～50歲 □51歲以上

職業：1.□學生 2.□軍公教 3.□大眾傳播 4.□服務業 5.□金融業 6.□製造業

　　　7.□資訊業 8.□自由業 9.□家管 10.□退休 11.□其他

學歷：□國小或以下 □國中 □高中／高職 □大學／大專 □研究所以上

通訊地址：_____

電話：（H）_____　（O）_____　傳真：_____

行動電話：_____　E-Mail：_____

◎謝謝您購買本書，也歡迎您加入我們的會員，請上大都會文化網站 www.metrobook.com.tw
登錄您的資料。您將不定期收到最新圖書優惠資訊和電子報。

大都會文化
METROPOLITAN CULTURE